Das Verhältnis der Religionen in Albanien

Arlinda Merdani

Das Verhältnis der Religionen in Albanien

Neue Perspektiven für die Europäische Union

 Springer VS

RESEARCH

Arlinda Merdani
Nürnberg, Deutschland

ISBN 978-3-531-19838-5   ISBN 978-3-531- 19839-2 (eBook)
DOI 10.1007/978-3-531- 19839-2

Die Deutsche Nationalbibliothek verzeichnet diese Publikation in der Deutschen National-
bibliografie; detaillierte bibliografische Daten sind im Internet über http://dnb.d-nb.de
abrufbar.

Springer VS

Gedruckt auf säurefreiem und chlorfrei gebleichtem Papier

Springer VS ist eine Marke von Springer DE. Springer DE ist Teil der Fachverlagsgruppe
Springer Science+Business Media
www.springer-vs.de

Mit viel Liebe für meinen geliebten Bruder **Shkëlqim**

Diese Arbeit ist ihm gewidmet.

Danksagungen

Mein Dank gilt

meiner Familie, die mir immer geholfen hat und mir immer ein „warmes Nest" bereitet hat;

einer Freundin, die mich beim Korrekturlesen der fertigen Arbeit unterstützte;

Linda Geiger, die mir mit ihren exzellenten Sprachkenntnissen bei der Übersetzungskorrektur der Interviews geholfen hat;

Prof. Dr. Seubert für seinen Rat und seine Begleitung während der Arbeit;

sowie all den im Text namentlich genannten Experten, die sich die Zeit genommen haben und durch ihre Interviews zur lebendigen und aktuellen Gestaltung dieser Arbeit beigetragen haben.

Ohne diese Personen wäre diese Arbeit nicht möglich gewesen.

Arlinda Merdani

Inhaltsverzeichnis

Abbildungsverzeichnis

1 Einleitung

Im Rahmen meiner Studien, Praktika und meiner Arbeit bin ich immer wieder mit der Frage der Religionsfreiheit und der damit verbundenen Gesetzgebung konfrontiert worden. In Ländern, die sich in die Europäische Union (EU) integrieren und bei solchen, die es bereits sind, bleibt dies ein interessanter Harmonisierungsprozess, der beispielhaft für den Umgang mit gewachsenen landeseigenen Strukturen und neuen durch die Integration bedingten Einflüssen gesehen werden kann. Da ich mich als Albanerin natürlich insbesondere mit diesem Prozess in Albanien auseinandergesetzt habe, erscheint es mir sehr interessant, diese Prozesse am Beispiel meines Heimatlandes zu untersuchen und darzustellen, gerade auch, weil über dieses Thema, soweit ich das überprüfen konnte, bisher keine Forschungsarbeiten vorliegen.

Heute haben wir eine EU mit 27 Mitgliedern. Die Vielfalt der Kulturen, Religionen, Bräuche und Gesellschaften, der unterschiedlichen Geschichte und die Akzeptanzfähigkeit neuer Kulturen und Religionen lässt Raum für Überlegungen, wie ein friedliches Zusammenleben aussehen könnte. Die Rahmenbedingungen für dieses Zusammenleben regeln jeweils die Mitgliedsländer. Auf gemeinsamer Ebene der EU wird jedoch versucht, eine größtmögliche Einigkeit auf dem kleinsten gemeinsamen Nenner zu erzielen, obwohl dies manchmal schwer fällt und Zwischenfälle und Diskussionen auslöst.

Insbesondere in den letzten Monaten gibt es in der europäischen Arena eine große Diskussion über die Vielfalt der Religionen: Auf einer Seite befinden sich diejenigen Religionen, welche schon eine längere Geschichte in europäischen Ländern haben (z.B. die verschiedenen Richtungen des Christentums), auf der anderen Seite stehen diejenigen Religionen mit einer „jüngeren" Tradition auf dem europäischen Boden, z.B. wie der Islam.

Zu den Diskussionspunkten gehören aus staatsrechtlicher Sicht der noch immer sehr strittige Europabegriff und aus kultureller Sicht die Frage nach einer Europäischen Identität. Insbesondere bekommt dieser Punkt Bedeutung, wenn vom EU-Beitritt der Türkei die Rede ist. Leider gibt es eben als allseits vereinbarte Arbeitsgrundlage kein „Grundbuch", in dem die geografischen „Grundstücke" Europas und damit seine Grenzen eingetragen sind. Auch ist es verwirrend, wenn wir den kulturellen bzw. rechtskulturellen Aspekt mit dem geografisch-historischen vergleichen. Häberle fragt sich an diesem Punkt z.B., ob etwa die Türkei wegen ihres Laizismus und ihres relativ stark von Europa beeinflussten Rechtssystems einschließlich ihrer Verfassung dazu gehört oder wegen der wieder vordringenden islamischen Religion (oder z.T. auch islamischen Kultur) gerade nicht dazu gehört.[1]

Die Europäische Union hat in ihrem aktuellen Bestand kein Mitgliedsland mit muslimischer Mehrheit, sondern vielmehr lediglich Mitglieder mit muslimischen Minderheiten. Kroatien, Mazedonien (FYROM), Serbien, Montenegro, Island und die Türkei sind offizielle Beitrittskandidaten. Albanien hat die Mitgliedschaft beantragt. Kosovo, Bosnien und Herzegowina wünschen ebenfalls eine Mitgliedschaft in der EU. Die Beitrittsländer müssen natürlich eine Vielzahl bestimmter Voraussetzungen erfüllen, um Mitglieder zu werden, aber die kulturelle Vielfalt, die sie mitbringen, wird das Spektrum der möglichen Spannungen erweitern.

Die Bedenken sind groß, denn man bezieht sich oft auf die christlichen Ursprünge Europas so wie Eugen Kogon den „Europäer" und seine Kultur einmal beschrieben hat:

„Ein Europäer ist, wer die geistigen Wurzeln des Abendlandes in sich trägt. Das heißt nicht, dass er sie kennen muss, sondern dass er sie in seiner Substanz hat. Wir stammen aus Rom, wir stammen aus Athen, und wir stammen aus Jerusalem. Wir haben den Geist der staatlichen Ordnung und des Rechtes von den Römern übernommen, wir haben den Geist der individuellen Freiheit und der Schönheit von den Griechen und insbesondere von den Athenern übernommen, und wir haben den Geist des Alten und des Neuen Testaments in uns aufgenommen."[2]

Diese Definition der religiösen und kulturellen Dimension Europas und eine weitverbreitete vergleichbare Einstellung dazu sind der Ansatzpunkt der vielen Diskrepanzen über den Beitritt der Türkei in die EU. Viele bezeichnen Europa skeptisch als einen „christlichen Klub" und andere sind offen für einen religiösen Pluralismus in Europa, zumindest behauptet das Shakman in ihrem Buch.[3] Diese Einstellung geht aber noch tiefer. Die Türkei hat den offiziellen Antrag zum Beitritt in die EU im Jahre 1987 abgegeben. Dieser Antrag wurde mehrmals abgewiesen, da die Türkei die Kopenhagen Kriterien nicht erfüllte. Verhandlungen über den Beitritt werden immer wieder aufgenommen und neue Daten eines möglichen Beitritts werden ins Auge gefasst. Europäische Umfragen haben jedoch gezeigt, dass es in Europa selbst Skepsis über die Aufnahme der Türkei in die EU gibt. Auch europäische Politiker haben ihre Bedenken geäußert, so wie der frühere französische Präsident Valery Giscard d'Estaing, der die Aufnahme der Türkei in die EU als das Ende Europas sah. Shakman geht sogar soweit, dass

---

[1]   Häberle (1997): Europäische Rechtskultur. S.14
[2]   Gruner (2004): Europa Anmerkungen…in: Gruner; Woyke (Hrsg): Europa-Lexikon…S.57
[3]   Shakman (2008): The politics of secularism…S.84-89

sie sich in diesem Punkt auf den amerikanischen Islamexperten Bernard Lewis bezieht, der vorausgesagt hat, dass Europa am Ende dieses Jahrhunderts islamisch geprägt sein wird. Wenn Lewis Recht hat, so Shakman, war die Befreiung Wiens von den Türken im Jahre 1683 vergeblich.[4]

Ist Europa mehr als das? Tatsache ist, dass schon allein demografisch die muslimischen Minderheiten in den europäischen Ländern ein deutliches Wachstum erleben und immer mehr an Bedeutung gewinnen. Laut Eurostat ist die ausländische Bevölkerung in den europäischen Mitgliedsländern von 30.798.059 im Jahr 2008 auf 31.860.300 im Jahr 2009 gestiegen, das heißt also um über 1 Million in einem Jahr.[5] Der Islam ist die größte Minderheitenreligion in Europa. Klausen weist darauf hin, dass es im protestantischen Nordeuropa mittlerweile mehr Muslime als Katholiken gibt, sowie mehr Muslime als Protestanten im katholischen Südeuropa. Weiterhin zeigt sie, dass die Zahl der Muslime in der Politik der jeweiligen europäischen Länder steigt: Zurzeit sind ca. 30 muslimische Vertreter in den verschiedenen Parlamenten.[6] Toleranz ist das meist genannte Wort in den öffentlichen Diskussionen. Gibt es mehr als Toleranz? Verstehen wir das gleiche unter diesem Begriff?

Schon nach der Wende in den 90er Jahren war es der große Wunsch der Albaner *„Albanien so wie ganz Europa zu haben".* Die Anstrengungen, diesen Wunsch zu erfüllen, waren – und sind – groß und wurden 2006 mit der Unterschrift des Stabilisierungs- und Assoziierungsabkommen mit der Europäischen Union offiziell zum Ausdruck gebracht.

Am 28. April 2009 stellte Albanien, das seit dem 1. April 2009 Mitglied der NATO ist, den offiziellen Antrag zum Beitritt in die EU. Der europäische Weg Albaniens ist somit offiziell eröffnet. Sind nicht die europäischen Wurzeln Albaniens schon tief in der Geschichte begründet und sogar schon in der Bibel erwähnt, wie ich später zeigen werde? Als ein Land, das nach Statistiken von 1942 eine muslimische Mehrheit aufweist, das aber nach neueren Schätzungen diese möglicherweise bereits verloren hat, hat Albanien, wie kaum ein anderes Land, in der südöstlichen Region Europas eine wichtige Rolle für Frieden und Stabilität gespielt.

Durch die Veranstaltung der ersten interreligiösen Balkantreffen hat Albanien ein hervorragendes Beispiel für den überregionalen Frieden und Dialog gegeben. Zu dem ersten und zweiten *„Balkan Gathering"* konnten unter der

---

4 Shakman (2008): The politics of secularism... S.84-89

5 Eurostat: Population by citizenship – Foreigners. In:
http://epp.eurostat.ec.europa.eu/tgm/table.do?tab=table&plugin=1&language=en&pcode=tps001
57 (eingesehen am 30.06.2010)

6 Klausen: Europas neue muslimische Elite. In: Politik und Zeitgeschichte 20 / 2005.
In:http://www.bpb.de/publikationen/Q4Y3QR,1,0,Europas_neue_muslimische_Elite.html (eingesehen am 30.06.2010)

gemeinsamen Schirmherrschaft des Albanischen Staatspräsidenten Alfred Moisiu und des Mazedonischen Staatspräsidenten Boris Traikowsky in Durrës, Albanien, im Jahre 2003 und 2005, Politiker und Geistliche aus allen Balkanlän-
dern und aller Glaubensrichtungen in Albanien zusammen kommen. Albanien
hat als Land einen Veranstaltungsort geboten, der ein Maximum an religiösem
Frieden und politischer Freiheit in dieser Region erwarten ließ.[7]

Die Ergebnisse dieser Veranstaltungen haben das bestätigt und bald zu
greifbaren politischen Ergebnissen im Frieden von Ohrid vom 19. November
2003 und zu anderen für die Region stabilisierenden Auswirkungen geführt. Ein
Beispiel dazu ist die Unterzeichnung der „The Tirana Summit Declaration on
Inter-Religious and Inter-Ethnic Dialogue in South-East Europe" am 10. Dezember 2004, in der der interreligiöse Dialog zwischen den Ländern Südosteuropas
hervorgehoben wurde.[8]

Im November 2009 fand wieder ein überregionales Treffen zwischen 35
Organisationen der zivilen Gesellschaft aus 21 Ländern des EU- und des Mittel-
meerraumes statt. Dieses Treffen wurde in Tirana unter dem Motto „Die Heraus-
forderungen der religiösen Koexistenz" organisiert. Noch einmal wurde das
beispielhafte Modell des friedlichen Zusammenlebens der Religionen in Albani-
en hervorgehoben.

Albanien gilt bei vielen als ein positives Beispiel der religiösen Akzeptanz
und des friedlichen Zusammenlebens der Religionsgemeinschaften und ihrer
Anhänger. Viele sehen ein positives Toleranzklima unter den albanischen Leitern, den Entscheidungsträgern und unter der Bevölkerung.

Vor einigen Jahren besuchte eine albanische Delegation, die aus geistlichen
Leitern Albaniens (Orthodoxe, Katholiken, Muslime) bestand, Bosnien. Dieser
Besuch war ein symbolischer Ausdruck des Wunsches nach einer friedlichen
Koexistenz mit Bosnien. Das interessante Bild der Vielfalt der Religionen und
ihr gegenseitiger Respekt voreinander verleihen Albanien als einem Land mit
einem totalitären atheistischen Abschnitt in seiner jüngsten Geschichte eine ein-
zigartige Position. Diese Vielfalt und dieser gegenseitige Respekt sind von vielen
Persönlichkeiten bemerkt und auch gelobt worden. Papst Johannes Paul der
Zweite hat es so beschrieben:

„I wish Albania to become increasingly the fatherland of ecumenism and interreligious dialogue. Can there be a more worthy praise for you in having Europe and the

---

[7]   Archiv der Nehemia Stiftung Albanien: Balkan Gathering „Strengthening Friendship" (Zugang
      am 28. April 2010)
      An diesem Treffen nahmen viele Persönlichkeiten aus den USA, England, Albanien, Österreich,
      Bosnien und Herzegowina, Bulgarien, Kroatien, Kosovo, Mazedonien, Rumänien, Serbien und
      Montenegro und aus der Türkei statt. Dabei war auch der Kongressman Frank Wolf.

[8]   Notiz Arlinda Merdani (im folgenden A.M.): Diese Deklaration ist unter: http://www.
      unesco.org/dialogue/tirana/tirana_declaration.pdf zu lesen. (eingesehen am 15.04.2010)

world point to you as an epitome of dialogue, nonviolence and mutual understanding? The Albanian people – and it pleases me that this occurred to me right now – are to be taken as an example in this respect".[9]

Albanien erlebt seit ca. 20 Jahren wieder Religionsfreiheit. Dabei gibt es dort Religionsgemeinschaften, deren Existenz bereits sehr weit in die albanische Geschichte zurückgeht und auch solche, die erst nach der Öffnung des Landes Anhänger gefunden haben. Bisher scheinen diese alle sehr gut zu harmonieren. Ist das nur an der Oberfläche so? Oder hat Albanien etwas, was vielleicht für andere Länder ein Orientierungsrahmen sein könnte?

Ausgehend von den Überlegungen oben stellt sich die Frage, ob das albanische Modell der Multireligiösität als Modell des friedlichen Zusammenlebens faktisch begründet ist oder ob es sich mehr um eine Illusion oder gar nur um Propaganda handelt. Wenn Albanien ein friedliches Modell der multireligiösen Zusammenarbeit bietet, stellt sich weiterhin die Frage, ob Albanien hier möglicherweise bereits auf seinem Weg in die EU einen Orientierungsrahmen für andere Mitgliedsländer oder Beitragskandidaten liefern kann, oder ob dieses Modell aufgrund von historischen Besonderheiten vielleicht doch nur in Albanien funktioniert. Dies ist die Frage, der ich in den folgenden Ausführungen nachgehen will. In diesem Zusammenhang ist dann die Herausarbeitung einiger Impulse vorgesehen, die möglicherweise von Albanien übernommen werden könnten.

---

[9] Dom Lush Gjergji: Gjendja aktuale fetare në Shqipëri. In: Krishtërimi ndër shqipëtarë (Die aktuelle Lage der Religionen in Albanien. In: Das Christentum unter den Albanern). Tiranë: Toena. (2000). S. 483.

2 Definitionen

Nachfolgend werden einige Hinweise zum Gebrauch bestimmter Bezeichnungen und Wörter in dieser Arbeit gegeben. Diese Erklärungen sind wichtig, um zu verstehen, wie sie unter den Gläubigen in Albanien und in dieser Arbeit verstanden werden.

Das allererste Wort, das bei jedem Interview und im allgemeinen Sprachgebrauch häufig vorkommt, ist das Wort Gott.

Gott – Das Wort Gott ist die Bezeichnung, der Name für den höchsten und eigentlichen, den letztlich einzig gemeinten Inhalt religiösen Glaubens. Zugleich ist der Begriff Gott, wen bzw. was immer er als Name in den unterschiedlichen Religionen und Glaubensweisen konkret bezeichnet und wie immer er verstanden werden mag, nicht außerhalb kritischen Denkens angesiedelt.[10]

In der albanischen Sprache heißt Gott auch „Herr". Das große Albanisch-Albanisch Wörterbuch erklärt diese zwei Wörter folgendermaßen:

Gott (Perëndi-a) – Das allerhöchste übernatürliche Wesen, das die Welt erschaffen hat und über ihr steht und das alles führt und leitet.

Der Gottesbegriff hat sich sicherlich in der Verwendung innerhalb der neueren Geschichte Albaniens gewandelt. Einesteils wurde darunter eine universelle, abstrakte Person oder Religion verstanden, die mehr ihre Gestaltung in der eigenen Vorstellung angenommen hat, oder ideologisch geprägte Vorgaben des totalitären Kommunistischen Regimes.[11] Auch außerhalb des Erfahrbaren, Erreich-

---

[10] Franz; Baum; Kreutzer (Hrsg.): Lexikon philosophischer Grundbegriffe... S.128

[11] Notiz A.M.: In diesem Zusammenhang ist der 5. Kapitel des Buches „Der eigene Gott" von Ulrich Beck interessant. Kapitel V - Die List der Nebenfolge: Fünf Modelle der Zivilisierung weltreligiöser Konflikte: Ein Modell ist das Marktmodell. Der Gläubige als Kunde kann zwischen verschiedenen Gott-Angeboten wählen. Die Koppelung zwischen Gott und der Warenform kann zu einer Blasphemie führen: "Dein Geld fahre mit dir ins Verderben, weil du gemeint hast, die Gabe Gottes durch Geld erkaufen zu können" (Apg. 8, 20). Das zweite Modell ist der religionsneutrale Verfassungsstaat. Nach Jürgen Habermas haben die Religionen die weltanschauliche Vielfalt nicht nur als kleineres Übel hinzunehmen, sondern zu bejahen. Ein anderes Modell stammt von Hans Küng. Die goldene Regel eines Konfuzius könnte man für alle Religionen verallgemeinern: "Was du nicht willst, das man dir tut, das füg auch keinem anderen zu." Das fünfte Modell stammt von Mahatma Gandhi. Erst ein Austausch mit fremden Kulturen und Religionen wird als Bereicherung erfahren. In: http://www.socialnet.de/rezensionen/6618.php (eingesehen am 30.06.2010)

baren anzusiedelnde abstrakte Personifizierungen haben vermutlich insbesondere
während der Zeit von Enver Hoxha das Gottesbild bei manchen geprägt. Auch
wird in Gesprächen mit den Bürgern in Albanien immer wieder die Aussage
gemacht *„Wir haben sowieso alle den gleichen Gott"*. Dies wird oft benutzt, um
Konfliktpotentiale zu vermeiden, oder auch um zum gegenseitigen Verständnis
beizutragen.

In den Interviews wurde der Begriff „Gott" mehrfach verwendet. Allerdings
könnte der Begriffsinhalt jeweils die hier aufgeführten Varianten enthalten. Die
hier angegebenen Definitionen und Erklärungen sollten deshalb zum bessereren
Verständnis in Erinnerung behalten werden.

Herr (Zot-i) – Das allerhöchste übernatürliche Wesen, das die Welt erschaffen
hat und das alles führt und leitet. Das Wort drückt aber auch Herrschaft und
übergeordnete Macht aus, der sich der Mensch unterordnet. Interessanterweise
wird dieses Wort in der albanischen Sprache von Christen wie von Muslimen
gleichermaßen verwendet. Sicher ist diese Tatsache auch als ein wesentliches
sprachliches Element anzusehen, das in der Zeit der Nationsbildung Ende des 19.
und Anfang des 20. Jahrhunderts Christen und Muslime eher vereinte und nicht
entzweite.

Sekte – Das Wort Sekte bedeutet zunächst Schule, Lehre, Partei (von lat. sequi –
folgen). Ursprünglich hatte der Begriff eine wertneutrale Bedeutung. Durch die
Auseinandersetzungen mit Kirche und Staat wurde er allerdings negativ geprägt
und (beeinflusst vom lat. secare – abschneiden) als Bezeichnung für die Abwei-
chung von der rechtmäßigen Lehre benutzt. Heute wird das Wort für religiöse
Sondergemeinschaften verwendet, die im Vergleich zu den großen Religionsgemeinschaften als relativ kleine Organisationen in ihrer Lehre von den großen
Religionsgemeinschaften abweichen, manchmal einen Absolutheitsanspruch
vertreten, oft nicht ökumenisch orientiert sind und durch aggressive Werbung
und Fanatismus auffallen.[12] Im albanischen Sprachgebrauch besteht allerdings
nicht immer Klarheit darüber, dass es auch negative Bedeutung haben kann,
wenn es direkt übersetzt wird, so wie auch das Wort „Kult" in der albanischen
Sprache eine neutrale Bedeutung hat im Gegensatz zur englischen oder deutschen Sprache.

Mission – Es gibt verschiedene Ansichten über „Mission". Am häufigsten wird
mit Mission im christlichen Umfeld die Verkündung des Evangeliums in verschiedenen Gebieten dieser Welt und die Gründung christlicher Kirchen bezeichnet. Seit dem Zweiten Weltkrieg wird die Ansicht vertreten und praktiziert,

---

[12] Ruh; Seeber; Walter (Hrsg.): Handwörterbuch religiöser Gegenwartsfragen... S.428

dass Mission letztlich nicht ohne Kirche und Kirche nicht ohne Mission bestehen kann.[13] Im islamischen Umfeld insbesondere für Europa wird Mission aus verschiedenen Gründen als der Aufruf zur Hinwendung zum Islam verstanden.[14] In diesem Sinn wird das Wort Mission auch in Albanien verstanden und auch im Folgenden in dieser Arbeit verwendet. Zusätzlich zu dieser Bedeutung bezeichnet das Wort in Albanien auch die verschiedenen diakonischen Tätigkeiten, die von den Missionen geleistet werden.

Im politischen Sinn ist der Begriff wertneutral, während in den europäischen Medien der Begriff zunehmend mit negativem, aggressivem und fanatischem Verhalten in Verbindung gebracht wird. Diese Assoziation ist im Sprachgebrauch der Interviewten nicht zu erkennen gewesen. Hier scheint ausschließlich die oben genannte eher neutrale Bezeichnung gemeint gewesen zu sein.

Tekke - ist das Gebetshaus in dem die Bektashi Religionsgemeinschaft ihre zeremoniellen Elemente des Glaubens praktiziert.

Säkularität – Der Begriff „Säkularität" ist ein vielseitig verwendeter Begriff. Zusammen mit den Begriffen „Säkularismus" und „Säkularisierung bzw. Säkularisation" bildet dieser Begriff ein Wortfeld, das seit Beginn des 20. Jhs. vor allem für die Beschreibung und Wertung des Verhältnisses zwischen moderner Gesellschaft und Religion erhebliche Bedeutung gewonnen hat. An dieser Stelle ist für diese Arbeit nur den Begriff „Säkularität" wichtig (in diesem Zusammenhang abgeleitet auch „säkular"), ohne die Komplexität der anderen Begriffe einzubeziehen. Säkularität heißt Freiheit von direkten religiösen Vorgaben und Sinngefügen zunächst für den Staat mit seiner Gesetzgebung und Rechtssprechung. Die Staatsaufgaben und Staatsziele werden rein säkular, diesseitig orientiert und religionsunabhängig formuliert: Sicherung des äußeren und inneren Friedens, Sicherung eines Freiheitsraums der Bürger. Der Staat ist nur noch für die Friedensordnung zuständig; eine Wahrheitsordnung liegt außerhalb seiner Zuständigkeit. Der Staat verpflichtet sich zur religiösen Neutralität.[15] In diesem Sinn ist auch der Begriff in dieser Arbeit und in den Interviews verwendet worden.

---

[13] Ebd.: S.275-276

[14] Ebd.: S.283

[15] Ruh; Seeber; Walter (Hrsg.): Handwörterbuch religiöser Gegenwartsfragen... S.415

3 Methodologie

Als Methodologie für diese Arbeit wurde das leitfadengestützte Experteninterview gewählt. Das Experteninterview bezieht sich auf einen klar definierten
Wirklichkeitsausschnitt. Der Befragte ist hier weniger als Person (wie z.b.
bei biografischen Interviews), sondern in seiner Funktion als Experte für bestimmte
Handlungsfelder interessant. Er wird nicht als Einzelner, sondern als Repräsen-
tant einer Gruppe in die Untersuchung einbezogen. Mayer definiert Experte als
jemanden, der auf einem begrenzten Gebiet über ein klares und abrufbares Wissen verfügt. Seine Ansichten gründen sich auf sichere Behauptungen und seine
Urteile sind nicht bloße Raterei oder unverbindliche Annahmen.[16]
    Ausgewählt wurden Persönlichkeiten aus den Religionsgemeinschaften, aus
der Gesellschaft, der Politik und dem Staat. Sechs von ihnen sind Vertreter der
verschiedenen Religionsgemeinschaften in Albanien. Die islamischen Glaubensrichtungen sind durch die Vertreter der Muslime (Herr Dorian Demetja) und der
Bektashi (Herr Syrja Xhelaj) vertreten; die christlichen Glaubensrichtungen
durch die Vertreter der Orthodoxen (Herr Andon Merdani), der Katholiken (Herr
Don Gjergj Meta), und der Protestanten. Zu den Protestanten gehören der Vertre-
ter der Evangelischen Allianz Albaniens (Vëllazëria Ungjillore e Shqipërisë)
(Herr Fitor Muça) und der Vertreter der Apostolischen Kirche Pogradec (Herr
Ardi Shkullaku), die Mitglied der Evangelischen Allianz Albaniens ist. In der
Auswertung der Interviews habe ich auch untersucht, ob es Unterschiede in den
Aussagen gibt, die sich auf die jeweilige Zugehörigkeit zu den verschiedenen
Gruppen (Muslime - Christen, Orthodoxe, Katholiken, Protestanten) bezieht,
sowie die Frage, ob bei gleichen oder ähnlichen Aussagen Verknüpfungen in der
Interessenlage, unabhängig welcher Art, evtl. auch familiärer Art bestehen. So-
fern diese jedoch nicht auffällig oder für mich erkennbar waren, habe ich sie im
nachfolgenden Text nicht explizit erwähnt.
    Drei der Interviewten kommen aus der Politik und prägen somit auch die
Gesellschaft. Hier wurde ein inländischer Vertreter, der Doktor der Sozialwissenschaften an der Universität Tirana und Abgeordneter im Albanischen Parlament ist (Herr Mark Marku), den ausländischen Vertretern (Herr Botschafter
Bernd Borchardt und Herr Hans Ahlfeld), die in enger Verbindung zu dem Land
stehen und mehrere Jahre dort leben oder gelebt haben, teilweise gegenüberge-
stellt bzw. übereinstimmende Aussagen zusammengefasst.

---

[16] Mayer (2009): Interview und schriftliche Befragung... S.38-41

Zwei der Befragten sind bzw. waren Leiter der gleichen staatlichen Instanz (Herr Rasim Hasanaj und Herr Fatri Sinani), die die Kommunikation zwischen den Religionsgemeinschaften und anderen staatlichen Strukturen ermöglichen und erleichtern soll. Herr Rasim Hasanaj ist der Direktor des Staatlichen Komitees für Glaubensfragen unter der jetzigen Regierung und Herr Fatri Sinani war der Direktor des Staatlichen Komitees für Glaubensfragen unter der sozialistischen Regierung.[17] Bewusst wurden Vertreter desselben Büros unter den verschiedenen Regierungen ausgewählt, da die jeweils andere Regierung sich mit der Opposition abwechselte. Auch hier wurde auf unterschiedliche oder übereinstimmende Aussagen geachtet, um festzustellen, inwieweit ggf. politische Interessenlagen Einfluss nehmen oder genommen haben. Sofern keine Unterschiede oder andere Auffälligkeiten waren, blieben diese ebenfalls aus Gründen der Übersicht unerwähnt bzw. es wurde auf eine Differenzierung verzichtet.

Mayer definiert als kennzeichnend für Leitfadeninterviews den Leitfaden, der mit offen formulierten Fragen dem Interview zu Grunde liegt. Durch den konsequenten Einsatz des Leitfadens wird zum einen die Vergleichbarkeit der Daten erhöht und zum anderen gewinnen die Daten durch die Fragen eine Struktur. Auf diese kann der Befragte frei antworten. Der Leitfaden dient als Orientierung bzw. Gerüst und soll sicherstellen, dass nicht wesentliche Aspekte der Forschungsfrage im Interview übersehen werden.[18]

Das Experteninterview wurde nach Themenkomplexen erstellt, die in der Untersuchung zu Grunde liegenden Problemstellung Berücksichtigung finden und zur Beantwortung der Forschungsfrage führen. Aus den Fragen der Interviews wurden elf Themenkomplexe gebildet.[19,20] Die Fragen wurden als *open-ended* Fragen formuliert, d.h. die möglichen Antworten waren nicht vorgegeben. Solche Fragen liefern gründliche Informationen und erlauben den Befragten sich frei auszudrücken.[21] Bei der Erstellung des Leitfadens wurde auch darauf geachtet, dass Daten für die anderen informativen Punkte der Masterarbeit, die Literatur ergänzend, gewonnen werden konnten. Diese Daten sollten dazu dienen, aktuelle Entwicklungen in die Masterarbeit mit einzubeziehen und wurden entsprechend zitiert.

---

[17]   Notiz A.M.: Albanien wird ab Juni 2009 von einer Koalition zwischen der Demokratischen Partei Albaniens und der Sozialistischen Bewegung für Integration, einer Linkspartei, regiert. Bis 2005 war die Sozialistische Partei Albaniens an der Macht. Im Jahr 2013 gibt es parlamentarische Wahlen.

[18]   Mayer (2009): Interview und schriftliche Befragung...S.37

[19]   Notiz A.M.: Ein Muster des Leitfadens der Interviews ist im Anhang S.5-6 dargestellt.

[20]   Auf den Anhang kann im OnlinePLUS Programm des Springer VS Verlags unter: www.springer-vs.de/Buch/978-3-531-19838-5/Das-Verhältnis-der-Religionen-in-Albanien.html zugegriffen werden. Dieses gilt für alle folgenden Hinweise auf den Anhang.

[21]   Kumar (2005): Research Methodology...S.132-135

Zu Beginn der Befragung stellte sich das Problem der Erreichbarkeit der ausgewählten Experten. Schon während meines Aufenthalts in Albanien im Februar 2010 hatte ich entweder telefonisch oder persönlich mit den ausgewählten Personen Kontakt aufgenommen. Einige der Experten haben mir durch weitere Kontakte zu anderen Experten geholfen und für mich Termine mit diesen Personen ausgemacht. Die anderen Termine wurden vorher und rechtzeitig telefonisch oder per E-Mail vereinbart.

Um das Problem der Verständlichkeit und auch der Bedeutungsabmilderung der Fragen zu lösen, wurden den Experten die Fragen bereits vorab per E-Mail zur Verfügung gestellt. Somit konnten sich die Befragten unabhängig von der Befragungssituation mit den Themenstellungen auseinandersetzen. Einige der Befragten nutzten die Möglichkeit, sich auf die Fragen vorzubereiten, um auch Fakten zu präsentieren.

Die Durchführung des Interviews wurde mit dem Einverständnis der Befragten digital aufgenommen, sodass ich mich als Interviewerin auf die Befragung konzentrieren konnte. Das Gespräch zum Interview begann mit einer kurzen Begrüßung, der Vorstellung der Interviewerin, des Arbeitsthemas und der Absicht, diese Arbeit in einer näheren Zukunft zu veröffentlichen. Je nach Zeit und Flexibilität der Befragten, wurde versucht, alle Fragen des Leitfadeninterviews zu stellen. Dabei wurde beachtet, dass das Interview nicht zu einem Frage-und-Antwort-Dialog verkürzt wird, sondern flexibel und unbürokratisch gehandhabt wurde. Manchen Interviewten wurden aufgrund ihrer begrenzten Zeit nur einige der vorbereiteten Fragen gestellt. Das Interview musste jedoch nicht strikt nach der zuvor festgelegten Reihenfolge der Fragen des Leitfadens verlaufen. Auch hatte ich selbst zu entscheiden, ob und wann ich detailliert nachfragen wollte. Während des Interviews hatten manche Befragten spezielle Aufzeichnungen zur Hand, aus denen sie zitiert haben. Das Interview wurde jeweils mit einem kleinen Small-Talk und einer Danksagung beendet. Vereinbart wurde, dass die Personen das transkribierte Interview per E-Mail zugeschickt bekommen.

Die von mir in der albanischen Sprache geführten Interviews wurden entweder schriftlich von den zu interviewenden Personen beantwortet oder von mir im Gespräch aufgezeichnet. Die Aufzeichnungen wurden dann zunächst in der Originalsprache niedergeschrieben. Es wurde kein Gedächtnisprotokoll und keine Zusammenfassung der gehörten Aussagen niedergeschrieben, sondern es wurde real transkribiert, wie sich die Befragten geäußert haben.[22] Bei der Transkription wurden die Sprachfloskeln, Denkpausen, Lachen, Stottern, paraverbale Äußerungen (hm, äh, usw.), sowie die Begrüßungs- und Abschiedsformeln ausgelassen, damit sich der Text fließend lesen lässt und der Leser sich auf die

---

[22] Gläser; Laudel (2009): Experteninterviews und qualitative Inhaltsanalyse... S.193

Kernargumente konzentrieren kann. Die niedergeschriebenen Interviews wurden
auch grammatikalisch korrigiert. Die Standardorthografie wurde beachtet und
auch im transkribierten Text hinzugefügt. Die zusammengehörenden Aussagen
wurden inhaltlich als ein Absatz formatiert. Die formatierten Interviewdokumen-
te wurden dann dem Autor zur Überprüfung gesandt. Anschließend wurden die
Interviews zum größten Teil von mir übersetzt. Einige andere wurden von Linda
Geiger übersetzt, bzw. gegenseitig kontrollgelesen. Bei der Übersetzung wurde
grundsätzlich auf die Eleganz der Sprache zugunsten der Genauigkeit der Aussage verzichtet. Anschließend wurde die Übersetzung von einem Muttersprachler
in der deutschen Sprache nochmals überprüft.

Die Auswertung der Interviews ist die Grundlage für das abschließende Kapitel, in dem die Forschungsfrage beantwortet wird und festgestellt wird, ob das
albanische Religionsmodell für die EU als Orientierungsrahmen dienen könnte.

Die Fragen der Interviews wurden in Themenkomplexe geordnet und die
Expertenaussagen in zwei Gruppen ausgewertet: Zum einen die Vertreter der
Religionsgemeinschaften, zum anderen die Vertreter der Politik, der Gesellschaft
und des Staates.

Vorgegangen wurde bei der Auswertung auf der Grundlage des sechsstufi-
gen Auswertungsmodells nach Mayer.[23] Die Aussagen zu den jeweiligen Themenkomplexen wurden zuerst im Interviewtext markiert, dann die Einzelinfor-
mationen extrahiert. Hierbei wurde bewusst auf eine weitere Paraphrasierung des
Textes verzichtet, um die Aussagen, die zum Teil bereits übersetzt werden mussten, möglichst in ihrer Exaktheit zu erhalten. In der nächsten Stufe wurde nach
der Zergliederung des Interviews eine innere Logik zwischen den Einzelinforma-
tionen hergestellt. Dabei wurden sowohl die bedeutungsgleichen als auch die
sich widersprechenden Informationen berücksichtigt. Die Zuordnung der einzelnen Passagen wurde hier noch weiter detailliert, differenziert und präzisiert.
Danach erfolgte eine Erstellung der Auswertung mit Text- und Interviewaus-
schnitten. Abschließend wurde aus dem Auswertungstext eine Präsentation entwickelt. Ziel war hier die Darstellung der Auswertung.

Bei der Auswertung der Argumente wurde darauf geachtet, dass die Aussagen der Vertreter der Religionsgemeinschaften stärkere Berücksichtigung fanden, da sie den direkten Einfluss auf die Glaubenden haben und Multiplikatoren
der Meinungsbildung sind. In zweiter Linie wurden die Vertreter der Politik, der
Gesellschaft und des Staates als weitere Einflussgröße bewertet.

---

[23] Mayer (2009): Interview und schriftliche Befragung... S.47-50

4 Geschichte der Religionen in Albanien

„Eines Tages beschloss der liebe Gott, auf die Erde hernieder zu steigen, um zu sehen, was die Menschen aus seiner Schöpfung gemacht hatten. Er wanderte von einem Land zum anderen aber er konnte sich nicht zurechtfinden; diesen Menschen
war es doch wahrhaftig gelungen, alles durcheinander zu bringen. Wie groß waren
da seine Überraschung und seine Freude, als er nach Albanien kam. „Endlich! Das
erste Land, das ich wiedererkenne. Es ist alles so geblieben, wie ich es geschaffen
habe."[24]

Auf diese oder ähnliche Weise beginnt die Erzählung über Albanien in vielen
Büchern, die ich als Literatur benutzt habe. Vielen ist Albanien heute nur als ein
rückständiges Land bekannt. Andere kennen es durch die Erzählungen von Karl
May, der Albanien nie bereiste und trotzdem ein Buch darüber schrieb. Wieder
andere lasen Edith Durham, Lord Byron usw., die das Bild über Albanien präg-
ten, wie es im 19. Jh. war. Den meisten aber ist Albanien überhaupt nicht bekannt, da das Land bis kurz vor seiner Wende in den 90er Jahren als „terra in-
cognita" oder als der „weiße Fleck Europas" galt. Heutzutage, wo auch immer in
Albanien, in Städten, in Dörfern, in den Bergen – überall findet man Denkmäler,
Statuen, Büsten, Tafeln, die an „die Helden" erinnern, die mit der Waffe oder
ideologisch für das Vaterland kämpften. Um Albanien zu verstehen, muss man
deshalb unbedingt einen Blick zurückwerfen in die Vergangenheit, auf die oft
verschlungenen Wege, die zur internationalen Bewusstwerdung führten und zum
albanischen Selbstverständnis gehören. Deshalb möchte ich an dieser Stelle einen Überblick über die Herkunft, die Geschichte Albaniens bis kurz nach der
Machtübernahme der Kommunisten im Jahre 1945 geben, und die geografische
Lage Albaniens sowie die Geschichte der Anfänge der Religionen in Albanien
darstellen, als Voraussetzung für die spätere Entwicklung der Religionen in Albanien. Dabei habe ich bewusst darauf verzichtet, die geschichtliche Entwicklung der Religionen in anderen europäischen Ländern darzustellen, weil das den
Umfang dieser Arbeit überschritten hätte.

---

[24] von Kohl (1998): Albanien. S.10

4.1 Historischer Abriss: Herkunft und Kultur der Albaner

Es gibt verschiedene Ansichten darüber, wann Albaner zum ersten Mal in der internationalen Arena erwähnt wurden. Seit Ende des 5. Jhs. v. Chr. können wir im Nordwesten von Mazedonien einen Zusammenschluss von Stämmen feststellen, die in der griechisch-lateinischen Überlieferung als *„Illyrer"* bezeichnet wurden. Diese Formation hat sich ohne Unterbrechung bis 168 v. Chr., dem Jahr der römischen Eroberung erhalten[25]. Manche Historiker behaupten, dass das erste geschichtliche Auftreten der Albaner als *„Arvanitas"* erst im 11. Jh. bei dem byzantinischen Geschichtsschreiber Michael Attaleiates in seiner Chronik über die Jahre 1034-1079 erwähnt wird.[26] Andere schreiben, dass Albaner schon bei Ptolomaeus im 2. Jh. erwähnt werden.[27] Lateinische Quellen vom 14. Jh. erwähnen *Albanenses* oder *Arbanenses*.[28] In der Tat werden Albaner aber schon sehr früh erwähnt. Paulus schreibt in seinen Briefen an die Römer (Römer 15,19), dass er die rettende Botschaft von Christus von Jerusalem bis hin zur Provinz Illyrien verbreitet hat.[29]

Viele dieser Ansichten sind stark politisch und von ihrer Herkunft geprägt. Manche Quellen, die einige auch als anti-albanisch bezeichnen, berichten überhaupt nicht über die Existenz der Albaner als Nachfahren der Illyrer in den heutigen albanischen Gebieten. Andere Quellen erwähnen die Illyrer als ein großes Volk mit vielen Einzelstämmen, wobei die Pelasger einer dieser Stämme gewesen sein könnten.[30] Andere Historiker schreiben, dass die Pelasger im Balkan- und Ägäisraum gelebt haben. Ihre Sprache wurde als „barbarisch" bezeichnet, d.h. als nicht griechisch und kann nach Jacques nur durch die illyrische und albanische Sprache erklärt werden.[31] Die albanische Geschichtswissenschaft beschreibt die Pelasger und Illyrer als Vorfahren der Albaner. Diese Tatsache ist ihrer Meinung nach unumstritten und bewiesen durch viele archäologische Funde vor allem in den Gebieten von Maliq im Südostalbanien oder von Mat, Vajze, Pazhok in Nordalbanien und durch viele sprachliche Elemente wie Toponymen,

---

[25]   Schramm (1999): Anfänge des albanischen Christentums...S.26.

[26]   Stadtmüller (1966): Forschungen zur albanischen Frühgeschichte. S.160

[27]   von Kohl (1998): Albanien. S.42

[28]   Bartl (1995): Albanien. S.23

[29]   Vgl. hierzu auch Apostelgeschichte 17, 1. Hier wird die alte albanische Stadt Apollonia erwähnt.

[30]   Stadtmüller (1966): Forschungen zur albanischen Frühgeschichte. S.XVI

[31]   Jacques (1995): Shqiptarët... S.44
       Notiz A.M.: von Kohl schreibt in ihrem Buch „Albanien": Auch heute gibt es wieder eine Reihe von albanischen Frauen mit dem Namen der mutigen Königin Teuta – wie überhaupt illyrische Namen viel verwendet werden: z.B. Amantia (nach einem illyrischen Stamm und der gleichnamigen Stadt), Dita (nach einer illyrischen oder pelasgischen Gottheit), Taulanta (ebenfalls nach einem illyrischen Stamm) oder die Namen Bato oder Baton (ein illyrischer König), Bardhyl oder Bardh (soll vom illyrischen Stamm Bardhyli herrühren).

Hydronyme, Anthroponyme, die noch heutzutage in der modernen albanischen Sprache erkennbar sind.[32]

Das Illyrien der vorchristlichen Zeit hatte durch die Gründung des ersten illyrischen Reiches eine starke Stellung im Balkanraum. Im 4. Jh v. Chr erreichte das erste Reich der Illyrer seine höchste Entwicklungsstufe und Ausbreitung unter der Führung des Königs Bardhyl. Das zweite illyrische Reich entstand unter der Führung von Glaukias. 335 v. Chr. wurde Glaukias erstmals historisch fassbar, als er den illyrischen Fürsten Cleitus im Kampf gegen Alexander den Großen von Mazedonien unterstützte. Agron, der von 250 bis 230 v. Chr. regierte, war ein mächtiger illyrischer König, dessen Reich weite Teile Illyriens aus verschiedenen Stammesherrschaften umfasste. Sein Heer und seine Flotte waren ein bedeutender regionaler Machtfaktor auf dem Balkan und in der südlichen Adria.[33]

Nach dieser ruhmreichen Zeit gerät Illyrien in Vergessenheit. Viele Besatzer in der Zeit zwischen 168 v. Chr. bis 1385 u.a. Römer, Byzantiner, Bulgaren, Normannen und Slawen haben das Land überfallen und besetzt.

Schon damals gab es erste Versuche einen albanischen Staat zu gründen. So z.B. gab es zwischen den Flüssen Mati und Devolli, im Binnenland gelegen, ein Gebiet namens Arbanon. Ende des 12.Jh. stand Arbanon unter der Herrschaft von Progon. Nach dem 4. Kreuzzug, der mit der Eroberung der Kaiserstadt Konstantinopel durch die Kreuzfahrer 1204 der Existenz des Byzantinischen Reiches zunächst ein Ende bereitete, gewann Arbanon die politische Selbstständigkeit.[34] Das darf als der erste Staat gelten, der den albanischen Namen trug. Nach dem Tod des letzten Königs, Demetrios, im Jahre 1216, wurde Arbanon zum Spielball der konkurrierenden Nachbarmächte und am Ende dem Kaiserreich von Nikäa angegliedert. Das war das Ende des ersten albanischen Staates.[35]

Der Raum des heutigen Albaniens war aber nicht nur Spielball für Nachbarmächte wie Serbien, Griechenland und Bulgarien, sondern 1258 besetzte der König von Sizilien und Sohn Kaiser Friedrichs II., der Staufer Manfred, Korfu und die Städte Durres, Vlora und Butrint. Die Herrschaft des Staufers war nicht von langer Dauer. Die Gebiete wurden anjouvinisch, nachdem Karl von Anjou 1268 den König von Sizilien besiegte. 1272 proklamierte er das „Regnum Albaniae", zu dessen König er sich erklärte. Trotz der vielen Vergünstigungen, die der König den Albanern verlieh, um deren Unterstützung zu bekommen, konnte seine Politik nur einen Teilerfolg erleben, denn viele Albaner waren nicht bereit,

---

[32] Historia e Popullit Shqiptar I (2002): S.40

[33] Historia e popullit shqiptar I (2002): S.62-102

[34] Bartl (1995): Albanien. S.24

[35] Bartl (1995): Albanien. S.25

sich dieser fremden Herrschaft zu unterwerfen.[36] Karl von Anjou verlor seine
Macht, als Byzanz 1286 seine Herrschaft in den albanischen Gebieten antrat. Es
folgte die serbische Dynastie der Nemanjiden, die 1355 mit dem Tod des Königs
Stefan Dušan rasch wieder zerfiel. Allerdings hinterließ diese kurze Herrschaft
ihre Spuren insbesondere im Kanzleiwesen der albanischen Dynastien im 14.
und 15. Jh.[37]

Die Osmanische Eroberung kam in den albanischen Gebieten nicht ganz
unerwartet, die im 14. Jh. nichts anders als ein Konglomerat lokaler Herrschaften
darstellten. Nach der Schlacht von 1385, in der Karl Thopia die Türken zu „Hilfe" gegen die Dynastie Balshas II. rief, erkannten viele albanische Herren die
Oberhoheit des Sultans an. Sie wurden in ihrer Position bestätigt, mussten aber
Tribut (haraç) zahlen, Hilfstruppen stellen und ihre Söhne an den Sultanshof
schicken.[38] Die albanischen Städte zerfielen nacheinander unter der türkischen
Besatzung. 1431 fassten die Türken alle albanischen Gebiete unter ihrer Herrschaft zu einem eigenen Verwaltungsbezirk zusammen, dem Albanischen Sand-
schak, der zehn Unterbezirke, sog. Vilayets, hatte und den ganzen westlichen
Teil des heutigen Süd- und Mittelalbanien umfasste.[39],[40]

Der Besatzungszustand dauerte fast 500 Jahre, in denen immer wieder versucht wurde, sich von den Besatzern zu befreien und einen eigenen albanischen
Staat zu gründen. Alle Versuche blieben erfolglos. Erst im Rahmen der Befrei-
ungskämpfe in Südosteuropa gegen die Hohe Pforte am Ende des 19. und Anfang des 20. Jhs. konnten die Albaner ihre Unabhängigkeit gewinnen. Am 28.
November 1912 trat in Vlora ein albanischer Nationalkongress zusammen, an
dem 37 Delegierte aus allen Landesteilen teilnahmen. Albanien wurde für unabhängig erklärt und eine provisorische Regierung gebildet. Die Kabinettsposten
dieser ersten albanischen Regierung waren paritätisch mit Muslimen und Christen besetzt.[41]

Die Zeit von 1912 bis 1945 ist durch verschiedene nationale und internationale Versuche gekennzeichnet, einen funktionierenden Staat zu formieren
und zu etablieren. In vielen Fällen waren diese Versuche erfolglos. Erst nach der
Unabhängigkeit wurde als Hauptproblem die Wahl eines geeigneten Fürsten für
Albanien gesehen. Nach einer 200tägigen Herrschaft des Prinzen Wilhelm zu

---

[36] Ebd.: S.27
      Notiz A.M.: Karl von Anjou wurde 1263 vom Papst als König von Neapel belehnt. 1266 wurde
      er als König von Sizilien gekrönt. Das Haus von Anjou war ein Zweig der französischen Herr-
      scherdynastie der Kapetinger.
[37] Bartl (1995): Albanien. S.30
[38] Bartl (1968): Die albanischen Muslime…S.16
[39] Siehe Karte unter: http://www.frosina.org/culturehistory/ethnicAlbania.asp
[40] Bartl (1995): Albanien. S.41
[41] Ebd.: S.135

Wied (1913-1914) erlebte Albanien während des Ersten Weltkriegs wieder verschiedene Besatzungen, von den Österreichern bis zu den Franzosen. Nach der
Pariser Friedenskonferenz, in der die albanische Frage erneut diskutiert wurde,
konnte 1920 die nächste albanische Regierung gegründet werden, die das große
Ziel hatte, die Souveränität Albaniens wiederherzustellen. Dieses Ziel wurde
auch durch den Völkerbund unterstützt. Instabilität ist also das Wort, das die
Lage Albaniens von 1921 bis 1945 am besten beschreibt. Verschiedene Regierungen, sogar ein Königreich, sowie die italienischen und deutschen Truppen
während des Zweiten Weltkriegs beherrschten Albanien in dieser Zeit. Die düs-
terste Periode in der Geschichte Albaniens war aber die Zeit nach 1945, nachdem
Albanien die Befreiung von den deutschen Truppen erklärte und die Kommunisten die Macht übernahmen.

4.2 Die geografische Lage Albaniens

Schon in der Antike spielten die albanischen Gebiete eine wichtige Rolle innerhalb Südosteuropas, und zwar durch einen sehr bedeutenden Weg für Kaufleute
und Truppen: Die Via Egnatia, die über Durrës und Apollonia entlang des
Shkumbini Flusses durch Mazedonien nach Thessaloniki und weiter nach Klein-
asien und ins Morgenland führte.[42] Der Historiker Georg Stadtmüller beschrieb
Anfang der 30er Jahre die Rolle Albaniens als die eines Durchgangslandes zwischen der Adria und der Balkanhalbinsel für etwa 2000 Jahre.[43] Diese Aussage
betraf damals auch die Religionen und deren Entwicklung.

Das heutige Albanien liegt am westlichen Rand der Balkanhalbinsel zwischen Montenegro und Kosovo im Norden, Mazedonien (FYROM) im Osten,
und Griechenland (Korfu) im Süden. Seine Grenzen wurden auf der Botschafter-
konferenz der Großmächte in London vom Jahre 1913 festgelegt. Österreich-
Ungarn trat dafür ein, dass kein ausschließlich von Albanern bewohntes Gebiet
an die Balkanstaaten abgetreten werden sollte.[44] Zu den Grenzen Albaniens gab
es mehrere Vorschläge.[45] Am Ende ließ die Grenzziehung die Gebiete von Kosovo, die albanischen Siedlungsgebiete in Westmazedonien und Nordgriechen-
land (Çamëria) sowie einige Gebiete an der Grenze zu Montenegro aus den heutigen Grenzen aus.

Albanien umfasst eine Fläche von 28.748 qkm, mit einer Grenzlänge von
720 km und einer Küstenlänge vom 362 km. Von Norden nach Süden sind es

---

[42] Siehe Karte unter: http://www.viaegnatiafoundation.eu/

[43] Jordan; Kaser; Lukan; Schwandner-Sievers; Sundhausen (Hrsg.): Albanien. Geographie... S.16

[44] Bartl (1995): Albanien. S.137

[45] Ebd. S.139

340 km und von Osten nach Westen 71 km. Nach Slowenien ist Albanien der kleinste Staat der Balkanhalbinsel. Die Landschaft ist vielfältig, von der Korabi-Gebirgskette im Osten mit dem höchsten Berg Albaniens (2751 m) bis hin zur Adriaküste im Westen mit herrlichen Stränden.

Albanien hat ca. 3,5 Mio. Einwohner. Es wird geschätzt, dass außerhalb der albanischen Grenzen ca. 6 Mio. Albaner vor allem in Kosovo, Mazedonien (FY-ROM), Montenegro, in der Türkei, in Kalabrien (Italien) und überall in der Diaspora leben.

Der Shkumbini Fluss, der in Richtung Ost-West durch Mittelalbanien fließt, gilt als die natürliche Grenze bei der Teilung Albaniens in *Gegë* (nördlich des Flusses) und *Toskë* (südlich). Noch vor der Osmanischen Besatzungszeit war der Norden, also die *Gegë*, mehr unter romanischem Einfluss und der Süden, also die *Toskë*, mehr unter byzantinischen Einfluss. Die Unterschiede sieht man vor allem in der Volksmusik, im Dialekt, in den Volkstrachten und in manchen Ritualen und Sitten. Was aber beide miteinander verbindet, sind u.a. zwei Merkmale, die ich kurz erläutern möchte:

- Die Gastfreundschaft: Im Albanischen kennt man keinen Unterschied zwischen den Begriffen „Gast" und „Freund", beide alb. *„mik", „miku".* Die Gastfreundschaft ist eine wichtige und hochgeschätzte Tugend. Dass jemand nicht willkommen geheißen wird oder draußen ohne Unterkunft bleibt, ist für die Albaner trotz wirtschaftlicher Schwierigkeiten undenkbar. Die Gastfreundschaft gilt als heilig und wird uneingeschränkt angeboten. Nachdem ein Gast die Schwelle eines Hauses betreten hat, bekommt er stets etwas zu essen und zu trinken, auch wenn dies nur symbolisch durch ein Glas Raki (Schnaps), eine Tasse Kaffee oder zumindest ein Stück Kuchen verdeutlicht wird. Es gilt der albanische Spruch *„bukë, kripë e zemër"* (Brot, Salz und Herz).

- Neben der Gastfreundschaft gilt in der albanischen Kultur die *Besa* als heilig. Oberflächlich gesehen könnte man diesen Begriff mit dem westeuropäischen „Ehrenwort" vergleichen. *Besa* stellt als Ehrenwort die Zusicherung auf freies Geleit dar und wird mit Treue und Vertrauen in Verbindung gebracht. Sie hat auch immer dann eine wesentliche Rolle gespielt, wenn das Volk bedroht war, wenn es galt, gemeinsam einem Feind entgegenzutreten[46]. Ein Albaner würde eher sterben, als das gegebene Wort brechen, besonders wenn er jemanden in seinen Schutz genommen hat.

Aber nicht nur diese Merkmale sind für die albanische Kultur kennzeichnend, sondern das Land der Skipetaren wird noch viel mehr durch seine Haltung in der

---

[46]   von Kohl (1998): Albanien. S.134

Religionsfrage geprägt, wie das in den folgenden Kapiteln und Unterpunkten erläutert wird.

4.3 Anfänge der heutigen Religionen in Albanien

So waren nun Himmel und Erde erschaffen und nichts fehlte mehr. [...] Da nahm Gott Erde und formte daraus den Menschen. [...][47]

Seit der Erschaffung haben Menschen an Verschiedenes geglaubt. Ihr Verlangen nach etwas Übernatürlichem hat zu verschiedenen polytheistischen und heidnischen Glauben geführt, die in der Zeit vor Christus sehr verbreitet waren. Mit der Durchsetzung der Weltreligionen u.a. des Christentums wurden diese ursprünglichen Glaubensformen zurückgedrängt und in vielen Fällen vernichtet. Das geschah auch in den albanischen Gebieten. Bis zum Jahre 58 n. Ch. waren die Albaner im üblichen Sprachgebrauch Heiden, die eine andere Religion hatten. Die weiteren neuen Religionen kamen erst später nach Albanien und wurden dann ebenso albanische Realität.

4.3.1 Das Christentum

Das Christentum im heutigen Albanien sowie in den angrenzenden ethnisch-albanischen Gebieten ist eines der ältesten in ganz Europa. Die frühe Kirchengeschichte weist auf eine blühende christliche Gemeinde in der Hafenstadt Durrës mit siebzig Familien hin, nachdem der Apostel Paulus „von Jerusalem bis hin zur Provinz Illyrien die rettende Botschaft von Christus verbreitet hat".[48] Auch der Apostel Andreas soll in Epirus gepredigt haben. Apollos, der in der Bibel von Paulus mehrfach erwähnt wird, soll sogar „Bischof" (Aufseher) in Durrës gewesen sein.[49] Das romanisierte Küstenland des heutigen Albanien (die römischen Provinzen von Praevalis, Neuepirus und Altepirus) wurde anscheinend von Süddalmatien her christianisiert und bis zum 5.Jh. war das Christentum schon weit in das Binnenland Albaniens vorgedrungen.[50] In dieser Zeit stieß die Ausbreitung des Christentums jedoch auch auf heftigen Widerstand. Drei römi-

---

[47] Die Bibel: 1.Mose 2, 1 - 7

[48] Notiz A.M.: Peters (2001): Die Geschichte der Katholischen Kirche... argumentiert über diese Verbreitung in Illyrien folgendermaßen (S.7): Obwohl das Gebiet von Illyricum damals keineswegs nur auf das heutige Albanien beschränkt ist, ist die Vorstellung, Paulus habe bei seinen verbürgten Reisen in und aus Mazedonien auch die Via Egnatia in Richtung Durrhachium (Durrës) eingeschlagen, keinesfalls von der Hand zu weisen.

[49] Notiz A.M.: Des Weiteren siehe Anhang, Anmerkung 1: Notiz A.M. S.2.

[50] Elsie (2002): Handbuch zur albanischen Volkskultur... S.40

sche Kaiser, Decius, Aurelian und Dikletian, die aus der Provinz Illyricum des Römischen Reiches stammten, stehen in der Geschichte für eine Periode grausamer Christenverfolgung. Astio, ein späterer Bischof von Durrës ging als Märtyrer in die Geschichte ein.[51]

313 erklärte der Kaiser Konstantin I. das Christentum zur offiziellen Staatsreligion des Römischen Reichs. 325 berief er in Nikäa das erste ökumenische Konzil ein, an dem auch christliche Würdenträger aus dem heutigen Ostalbanien teilnahmen. Im Jahre 295 wurden die ersten Risse zwischen Ostrom und Westrom deutlich. Illyricum befand sich an der Kulturgrenze, wurde Teil des Oströmischen Reiches und damit auch offiziell christlich.[52]

Vor der slawischen Landnahme um 600 n. Chr. gab es im Gebiet des heutigen Albanien die Metropole Skutari (heute Shkodra) und mehrere Bistümer. Stadtmüller beschreibt die Situation nach der Landnahme folgendermaßen:

„[...] Die slawische Landnahme brachte einen großen Rückschlag: Die albanischen Flusstäler und Küstenebenen wurden zu slawischem Siedlungsboden, das romanisierte Bauerntum wurde verdrängt, die kirchliche Organisation vernichtet, während die *in* den Gebirgen lebenden, von der Romanisierung nur teilweise erfassten, von den Illyriern abstammenden Uralbaner zum Teil wieder *in* das Heidentum zurücksanken und zwischen dem 7. und dem 11. Jh. ein fast geschichtsloses Leben führten. [...]"[53]

Bis zu dieser Zeit blieben die albanischen Gebiete kirchenrechtlich bei Rom, auch wenn sie politisch zu Byzanz kamen. 732 wurden diese Gebiete der Oberhoheit Konstantinopels – also der Ostkirche – unterstellt und im frühen 9. Jh. wurden neue Bistümer vor allem in Kruja und Lezha errichtet.

4.3.1.1 Die Trennung zwischen Katholizismus und Orthodoxie

Nach langen Machtkämpfen zwischen Rom und Byzanz und ausgelöst durch die Exkommunikation des Patriarchen von Konstantinopel durch Papst Leo IX. im Jahr 1054, teilte sich das Christentum in zwei Hauptrichtungen: den westlichen Katholizismus und die östliche Orthodoxie. Es waren keine theologischen Differenzen, sondern kirchenpolitische Gründe, die zur endgültigen Trennung führten, denn die allmähliche Entfremdung hatte sich seit Jahrzehnten verstärkt. Die albanischen Gebiete standen im Spannungsfeld zwischen West- und Ostkirche, obwohl der Mehrheit der Bevölkerung die Unterschiede zwischen den beiden

---

[51]   Jung (1990): Skanderbegs Erben... S.14

[52]   Elsie (2002): Handbuch zur albanischen Volkskultur... S.41

[53]   Stadtmüller (1978): Albanien. In Realenzyklopädie:
       http://refworks.reference-global.com/Xaver/start.xav?col=Coll_EBR-TRE&startbk=deGruyter_TRE
       (eingesehen am 30.06.2010)

christlichen Kirchen überhaupt nicht wirklich bewusst gewesen zu sein schie-
nen.[54] Während die Nordgebiete des heutigen Albanien zunehmend unter den
Einfluss Venedigs kamen, blieben die Mittel- und Südgebiete byzantinisch-
orthodox. Das Land blieb also kirchlich wie kulturell ein ausgesprochenes
Grenzgebiet.

Trotz der Kirchenspaltung, die Realität im albanischen Leben wurde, löste
sie nie Intoleranz oder religiösen Fanatismus aus. Es gibt auch keine Berichte,
die auf die Existenz religiöser Konflikte zwischen den orthodoxen Albanern und
katholischen Albanern hinweisen. Dieser Geist der Koexistenz und des Ver-
ständnisses wurde weiter bewahrt, auch als sich die religiöse Struktur in den
albanischen Gebieten grundlegend veränderte und der größte Teil der Bevölkerung zum Islam konvertierte.[55]

4.3.1.1.1. Der Katholizismus

Während des Mittelalters bis zum 15. Jh. formierte sich im Jahr 1089 eine römisch-katholische Kirchenhierarchie mit dem Erzbischofssitz in Antivari, der für
die meisten Diözesen Nordalbaniens (Ulqin, Shkodra, Pulti, Drishti) zuständig
war und daher auch für die meisten katholischen Siedlungen der damaligen Zeit.
In dieser Zeit kamen viele katholische Orden ins Land: z.B. die Benediktiner, die
in der Nähe von Shkodra ein erstes Kloster gründeten; die Basilianer, für die
Karl Thopia 1381 das Johannes-Wladimir-Kloster in Elbasan einrichten ließ; die
Franziskaner, die seit 1240 missionarisch in Albanien aktiv waren und noch sind;
sogar der Heilige Franz von Assisi könnte selbst nach Lezha gekommen sein;
viel später dann die Jesuiten, die erst im 19. Jh. nach Albanien kamen.[56] Im Land
leisteten ca.131 Pfarreien mit 93 Priestern und 94 Ordensgeistlichen ihren
Dienst. In jener Zeit gab es auch Frauenorden, die in Albanien wirkten, z.B. die
Stigmatinnen, die Servitinnen und die Salesianerinnen.[57]

Während der Osmanischen Besatzung, in der alle albanischen Gebiete von
der Verbreitung der neuen Religion Islam betroffen waren, waren die Katholiken
nicht nur bedeutsame Schützer der albanischen Kultur, Sprache, Tradition und
Kunst, sondern auch im Militär. Besonders ist hier die Rolle Skanderbegs zu
erwähnen. Skanderbeg, der Nationalheld Albaniens, der eigentlich Gjergj Kastrioti hieß, war einer der Verteidiger christlicher und nationaler Interessen auf der

---

[54] Meyers online Lexikon.
In: http://www.retrobibliothek.de/retrobib/seite.html?id=127795 (eingesehen am 21.07.2009)
[55] Historia e Popullit Shqiptar I (2002): S.251-252
[56] Peters (2001): Die Geschichte der Katholischen Kirche... S.8
[57] Bartl (1993): Religionsgemeinschaften und Kirchen. In Grothusen, Klaus-Detlev (Hrsg.): Albanien... S.603

Balkanhalbinsel gegen das vordringende Osmanentum.[58] Er wurde 1404 als jüngster Sohn der wohlhabenden albanischen Dynastie Kastrioti geboren, die in Nordalbanien herrschte. Als Jugendlicher wurde er von den Türken als Geisel genommen und am Sultanshof in Adrianopel (dem heutigen Edirne) militärisch-muslimisch ausgebildet, um dem Sultan zu dienen. 1443 floh er und kehrte in seine Heimat zurück, um sein Land zum Kampf gegen die Türken zu vereinen. 25 Jahre lang kämpfte er gegen die Türken und gegen die Verbreitung des Islams in den christlichen albanischen Gebieten. Er wurde sogar von Papst Pius II. als „Athleta Christi" bezeichnet, weil dieser in Skanderbeg den Mann sah, der die christliche Sache gegenüber den Türken am wirkungsvollsten vertrat.[59]

Wie auch Don Gjergj Meta, der Sprecher der Erzbistumskonferenz Albaniens, feststellt, war die Rolle der Katholischen Kirche und des katholischen Klerus bei der Festlegung und Kultivierung der albanischen Sprache bemerkenswert. Beispiele hierfür sind z.B. die Taufformel von Pal Engjëlli (*Unte paghesont premenit Atit et birit et spertit senit / Ich taufe dich im Namen des Vaters, des Sohnes und des Heiligen Geistes*), oder Gjon Buzuku 1555 mit seinem „*Meshari*" (Gebetbuch), das eine Übersetzung der wichtigsten Teile der katholischen Liturgie war; weitere christliche Autoren sind Bogdani, Budi, Bardhi, Matrënga und all die anderen Namen aus dem katholischen Bereich.[60]

Wenig bekannt, aber sehr wichtig war das erste albanische Nationalkonzil der Katholischen Kirche im Jahr 1703 in der Diözese von Lezha unter der Leitung des Erzbischofs von Antivar, Mons. Vicentius Zmajevich. Dieses Konzil, das den Segen von Papst Clemens XI. hatte, vereinigte die Erzbischöfe, die Bischöfe, die Priester und die verschiedenen Missionare und setze sich zwei Ziele[61]: Erstens die Fehler zu vermeiden, die während der albanischen Islamisierung und des Prozesses des Kryptochristentums (Vgl. auch Kapitel 4.3.3) aufgetreten waren, und zweitens die katholischen Lehren genau festzulegen. Dieses Konzil war ein Schlüsselereignis in der Geschichte der Katholischen Kirche Albaniens, denn es verband die allgemeinen katholischen Lehren und das katholische Dogma, sowie auch die praktischen Rituale und beeinflusste das albanische Nationalgewissen.[62]

Auch bei der Proklamierung der Unabhängigkeit Albaniens spielten die Katholiken eine bemerkenswerte Rolle. Sogar der stellvertretende Regierungschef

---

[58] Notiz A.M.: Es wird behauptet, dass Skanderbeg u.a. katholisch war.

[59] Bartl (1995): Albanien. S.40
      Vgl. hierzu Jung (1990): Skanderbegs Erben... S.16

[60] Vgl. Interview vom 21.04.2010 mit Herrn Don Gjergj Meta, Katholische Kirche Albaniens. S. Anhang S.74.

[61] Notiz A.M.: Dieser Papst war albanischer Herkunft.

[62] Don Shan Zefi (2004): Kuvendi i Arbërit... In: Demiraj; Don Pashk Dani; Berisha (Hrsg.): Das Albanische Nationalkonzil... S.91-110

der ersten albanischen Regierung war ein katholischer Geistlicher, Mons. Nikolla Kaçorri. Vor und nach dem Ersten Weltkrieg waren die Katholiken die am besten ausgebildete und organisierte Körperschaft in Albanien.[63] Ihr Beitrag zur Schulbildung, vor allem von den Franziskanern und Jesuiten, und im Gesundheits- und Wohlfahrtswesen sollte nicht unterschätzt werden.

Die Pariser Friedenskonferenz im Jahre 1919 war sehr wichtig für die Zukunft des jungen albanischen Staates und für die Albaner. Es war die Zeit, in der die Großmächte Interesse an Albanien hatten und ihre Ansprüche deutlich machten. An dieser Konferenz nahm eine albanische Delegation teil unter Leitung des Bischofs von Lezha, Monsignore Luigj Bumçi und des albanischen Nationalpoeten und Franziskanerpaters Gjergj Fishta. Ziel der Delegation war die endgültige Wahrung der territorialen Integrität Albaniens, wie sie 1913 festgelegt worden war.[64]

Das albanische Zivilgesetzbuch wurde im Jahr 1928 in Albanien angenommen. Darin wurden drei Religionsgemeinschaften anerkannt: Der Islam, der Bektashismus und die Orthodoxe Kirche. Die katholische Kirche blieb sehr eng mit dem Vatikan verbunden.[65] Ihre Tätigkeit in den 30er Jahren bestand darin, den Menschen zu dienen, indem sie Freiheit, Gerechtigkeit und den Glauben an Gott predigte. Sie sah ihre Aufgabe in der Organisation des Soziallebens Albaniens, sowie der praktischen Hilfe, und darin, zur Verbesserung der wirtschaftlichen Lage der Menschen beizutragen, da Albanien in jener Zeit tief von der Wirtschaftskrise betroffen war.[66]

Erst nach dem Zweiten Weltkrieg kam es 1951 in der Generalversammlung des Klerus in Shkodra zu einem Statut für die katholische Kirche. Aus diesem Statut ging der nationale Charakter der Kirche hervor, jedoch ließ sie sich von den Glaubensgrundsätzen der katholischen Weltkirche leiten. Sie hatte keine organisatorischen, wirtschaftlichen und politischen Beziehungen zum Papst. Ziel der Kirche war das Lob Gottes, das Seelenheil und das materielle Wohlergehen des Volkes. Albanisch war die Amtssprache, Latein war auch als Gottesdienstsprache zulässig. Das Episkopat mit dem Erzbischof von Shkodra leitete die Kirche. Die Kirche konnte Verbindungen zu religiösen Gemeinschaften aufnehmen, jedoch nicht aus organisatorischen, wirtschaftlichen und politischen Gründen, sondern nur zur Koordinierung in Glaubensfragen. Im Vergleich zu den anderen Religionsgemeinschaften bekam die Katholische Kirche vom Staat nur leere Versprechungen, also weder die versprochenen Priesterseminare, noch die

---

[63] Peters (2001): Die Geschichte der Katholischen Kirche... S.9

[64] Ebd.: S.21

[65] Clayer (1997): Islam, State and Society... In: Poulton; Taji-Farouki (ed..): Muslim Identity and the Balkan State. S.118

[66] Prendi (2003): Don Shtjefën Kurti... S.18

Möglichkeit der Herausgabe kirchlicher Publikationen.[67] Mit der Machtübernahme der Kommunisten wurden auch die Aktivitäten der katholischen Religionsgemeinschaft verboten.

4.3.1.1.2. Die Orthodoxie

Nach der Kirchenspaltung folgten die meisten mittel- und südalbanischen Diöze-
sen dem byzantinischen Ritus. Sogar nach dem Zerfall des Byzantinischen
Reichs im Jahre 1204 blieben diese Gebiete weiterhin byzantinisch-orthodox.
Unter einer neuen Herrschaftsformation in den südlichen albanischen Gebieten
unter dem griechischen Despot von Epirus erlebten die Diözesen von Durrës,
Achrida (Ohrid), Kanina, Berat, Devoll, Himarë, Butrint usw. eine Blütezeit.[68]

Während der Osmanischen Besatzungszeit hatte die Orthodoxe Kirche, als
eine griechische Hierarchie, eine bessere Stellung als die Katholische. Sie war in
die Strukturen des Osmanischen Reichs stets integriert und amtlich anerkannt.
Sie galt als *millet*, d.h. als Glaubensgemeinschaft innerhalb des Reichs und hatte
das Recht auf eigene Kirchen, Schulen, Klöster usw. Sogar der Gebrauch der
griechischen Sprache wurde anerkannt.[69] Die Gründe für diese Besserstellung
der orthodoxen Kirche sind in ihrer Bereitschaft zu sehen, im Namen der Hohen
Pforte zu handeln und für den Sultan die Steuer zu sammeln. Darüber hinaus
hatten sowohl das Osmanische Reich als auch die orthodoxe Kirche die Religion
als Identifikationsmerkmal der Nation hervorgehoben: Die Muslime waren Türken und die Orthodoxen waren Griechen.[70]

Die Versuche der Albaner, die albanische Sprache in den Gottesdiensten
einzuführen, scheiterten am Widerstand der griechischen Geistlichkeit. Papas
Kristo Negovani, ein albanischer Priester, der es 1897 versuchte, wurde einige
Jahre später von griechischen Nationalisten ermordet.[71] In dieser Situation befand sich die Orthodoxie in Albanien kurz vor der Nationalbewegung für die Unabhängigkeit Albaniens. Die albanischen Orthodoxen der Diaspora, insbesondere
in Rumänien, Bulgarien und den Vereinigten Staaten engagierten sich für die
Unabhängigkeit Albaniens und für die Autokephalie der Albanischen Orthodoxen Kirche. 1907 wurde die erste albanische Orthodoxe Kirche in den Vereinigten Staaten gegründet. Auslöser für dieses große Ereignis war die Verweigerung
des dortigen griechischen Priesters, einen jungen orthodoxen Albaner, der sich

---

[67] Bartl (1993): Religionsgemeinschaften und Kirchen. In Grothusen, Klaus-Detlev (Hrsg.): Alba-
      nien... S.605-607
[68] Historia e Popullit Shqiptar (2002): S. 251
[69] Elsie (2002): Handbuch zur albanischen Volkskultur... S.164
[70] Pepa (2007): Tragjedia dhe lavdia e kishës katolike... S.80. Bd.1
[71] Bartl (1993): Religionsgemeinschaften und Kirchen. In Grothusen, Klaus-Detlev (Hrsg.): Alba-
      nien... S.599

als Albaner bekannte, einzusegnen. Die neue Albanische Orthodoxe Kirche ernannte den Albaner Fan Noli zu ihrem Priester. Am 22. März 1908 hielt Fan Noli in den Vereinigten Staaten den ersten Gottesdienst für die orthodoxe Kirche in albanischer Sprache.[72]

In der Folgezeit wurden mehrere albanische orthodoxe Kirchen in den Vereinigten Staaten gegründet und mehrere kirchliche Bücher in die albanische Sprache übersetzt. Das große Ziel von Fan Noli war ein albanisches Episkopat in den Vereinigten Staaten zu gründen, dessen Sitz er dann nach Albanien verlegen wollte, um so die Autokephalie der Albanischen Orthodoxen Kirche zu erklären. Der russisch-orthodoxe Bischof von New York hatte mehrmals versprochen, Fan Noli zum Bischof zu weihen und hatte sogar den 26. Juli 1919 festgelegt. An jenem Tag erschien aber von dort niemand zur Weihe. Die große Zahl von Albanern, die zu diesem Anlass gekommen war, ernannten Fan Noli zum Bischof und erklärten am 30. Juli 1919 die Albanische Orthodoxe Kirche für autokephal.[73] Allerdings hatten diese Ernennung und diese Erklärung keine kanonischrechtliche Bedeutung.

In Albanien war der griechische Einfluss immer noch sehr stark. Es fehlte an albanischer kirchlicher Literatur und die Gottesdienste wurden immer noch überwiegend in Griechisch gehalten. Die Autokephalie der Albanischen Orthodoxen Kirche wurde als Notwendigkeit angesehen, da sie die Gefahr der griechischen Einmischung in die albanische Politik sowie der griechischen territorialen Ansprüche in Albanien vermindern sollte. Die erste Maßnahme war die Abschiebung einiger griechischer oder pro-griechischer Bischöfe aus dem Land wegen „antinationalistischer" Aktivitäten.[74]

Erst am 28. April 1921 fand dann der erste orthodoxe Gottesdienst in albanischer Sprache in der Kirche „Shën Gjergji" in Korça/Albanien statt und beim ersten Kongress der albanischen Orthodoxen am 12. September 1922 in Berat wurde offiziell die Autokephalie der Albanischen Orthodoxen Kirche erklärt. Das Patriarchat in Konstantinopel nahm den Begriff Autokephalie nicht an, sondern nur den Begriff Autonomie, die nichts anderes als die weitere Abhängigkeit der albanischen Kirche von Konstantinopel bedeutete.[75] Um die Autokephalie hervorzuheben, beschloss der II. Kongress der albanischen Orthodoxen im Juni 1929 unter der Leitung des Erzbischof von Albanien, Dr. Visarion Xhuvani, in ihren Statuten, dass der Erzbischof, die Bischöfe, ihre regionalen Vertreter usw. albanischer Herkunft und Sprache sein mussten und die albanische Nationalität

---

[72] della Rocca (1990): Natione e Religione in Albania. S.39

[73] Ebd.: S.40-41

[74] Ebd.: S.41

[75] Xhuvani; Haxhillazi (Hrsg.): Visarion Xhuvani... S.4-5

haben mussten (Art.16).[76] Dieser Kongress fand unter dem Motto „Freie Kirche in einem freien Staat" statt. Trotz der Trennung von Kirche und Staat sahen die Statuten staatliche Zuschüsse vor (Art. 40b). Erst nach einem langwierigen Weg und nach mehreren Verhandlungen zwischen der albanischen Regierung jener Zeit, die die Albanische Orthodoxe Kirche in dieser Frage unterstützte, und dem Patriarchat Konstantinopels, wurde am 12. April 1937 endlich die Autokephalie der Albanischen Orthodoxen Kirche anerkannt.

Nach dem Ende des Zweiten Weltkriegs war das Verhältnis zwischen der orthodoxen Kirche und dem Staat zunächst gut. Im Februar 1950 versammelte sich der III. Kongress der Orthodoxen, in dem auch ein neues Statut verabschiedet wurde. Mit diesem Statut schwor die Autokephale Orthodoxe Kirche von Albanien ihre Treue zur Volksmacht und zur Vaterlandsliebe. Ihr leitendes Organ war die Heilige Synode, die aus dem Erzbischof und den Bischöfen bestand. Trotz des guten Verhältnisses zwischen Staat und Kirche wurde die Kirche von „unzuverlässigen Elementen" gesäubert, bevor sie 1967 vom Staat zwangsweise aufgelöst wurde.[77]

4.3.1.2 Der Protestantismus
Der Protestantismus kam erst im 19.Jh. nach Albanien, während Europa schon seit dem 16. Jh. die Reformation erlebte. Albanien war noch im Schatten der schwachen Türkei, während die Nachbarländer (Griechenland, Montenegro, Mazedonien und Serbien) die Freiheit durch den „Vertrag von San Stefano" bekamen. Es war die Zeit, als am Ende des 17. und Beginn des 18. Jhs. auf dem Balkan der Kampf um Autonomie bzw. Unabhängigkeit von der immer schwächeren Hohen Pforte begann.[78]

Der Protestantismus ging Seite an Seite mit einer Bewegung, deren ideologisches, politisches, kulturelles und soziales Ziel es war, Albanien zu vereinigen und zu entwickeln. Die Bewegung wurde als „Rilindja" bezeichnet (Wiedergeburt, Renaissance). Damit ist gemeint, dass eine neue Epoche für die Albaner beginnen sollte: Einerseits durch die unermüdliche Arbeit der christlichen Missionare bei der Verkündigung des Evangeliums und andererseits durch die unermüdliche Arbeit der albanischen Patrioten für die Unabhängigkeit Albaniens von den Türken.

---

[76] Ebd. S.103

[77] Bartl (1993): Religionsgemeinschaften und Kirchen. In Grothusen, Klaus-Detlev (Hrsg.): Albanien... S.601-603

[78] Notiz A.M.: Die Hohe Pforte war ursprünglich im arabischen Sprachraum die allgemeine Bezeichnung der Eingangspforte zu Städten und königlichen Palästen, später insbesondere die zum Sultanspalast in Istanbul. Später wurde der Begriff zur Bezeichnung des Sitzes des osmanischen Großwesirs beziehungsweise der osmanischen Regierung verwendet.

1817 wurde in der von der *British and Foreign Bible Society* veröffentlichten Zeitschrift ein Aufruf zur Übersetzung der Bibel in die albanische Sprache veröffentlicht. Die Arbeit begann 1820 und fünf Jahre danach wurde das Evangelium des Matthäus publiziert. 1828 folgte die ganze Übersetzung des Neuen Testaments in die albanische Sprache. 1830 soll die erste Verteilung des Wortes Gottes in den albanischen Gebieten gewesen sein.[79] Diese Übersetzungen und deren Verteilung machten es zum ersten Mal möglich, dass die Heilige Schrift von einer breiten Bevölkerung gelesen und verstanden werden konnte, und sie dienten u.a. auch als Grundlage für die Schaffung einer albanischen Schriftsprache.

Alexander Thomson, der neue Leiter der *Bible Society* für die Region Türkei, zu der auch Albanien gehörte, unternahm 1863 eine Reise nach Albanien, um selbst festzustellen, wie die geistliche Situation im Land war und wie man weiter helfen konnte.[80] 1865 kamen die ersten Missionare, Hermann Riedel nach Shkodra in Nordalbanien und Alexander Davidson nach Janina in Südalbanien. Riedel eröffnete in Shkodra eine Mädchenschule und verkündete das Evangelium nicht nur in Shkodra, sondern auch in Berat, Vlora, Elbasan und Tirana. Davidson predigte den Südalbanern das Wort Gottes und war erfolgreicher als Riedel, der unter der etwas strenger muslimischen Bevölkerung arbeitete.[81]

Riedel zog sich 1867 zurück. Seine Arbeit wurde von anderen weitergeführt. Trotz der guten Arbeit ausländischer Missionare gab es noch keine einheimischen Missionare, die die Nachhaltigkeit sichern konnten. Entscheidend für die Entwicklung der evangelischen Kirche wurde die Missionsarbeit von Gjerazim Qiriazi.

Gjerazim Qiriazi

Gjerazim Qiriazi wurde 1858 in Monastir (heute Bitola) in Mazedonien im albanischen Stadtteil geboren. Nachdem 1873 englische Missionare, Jenny und Marsh Byrd, nach Monastir gekommen waren, kaufte er ein Neues Testament und begann, regelmäßig darin zu lesen. 1878 besuchte er eine Bibelschule und durfte ab 1882 selbst das Evangelium verkünden.[82]

Zusammen mit diesen beiden gründete Gjerazim Qiriazi die erste evangelische Gemeinschaft in Monastir, wo zum ersten Mal ein evangelischer Gottesdienst in albanischer Sprache gefeiert wurde.[83] 1884 übernahm Gjerazim Qiriazi die Arbeit der *Bible Society* in Monastir, eine Arbeit, die er mit großer Sorgfalt

---

[79] Hellsten (2008): Historia e Krishtërimit në Shqipëri. S.52

[80] Jacques; Young (1998): Battle for Albania. S.32

[81] Ebd.: S.34-35

[82] Jacques; Young (1998): Battle for Albania S.81

[83] SEDA Albanian NGO (2000): Albania... S.71

ausführte. Bis 1888 hatte sich die Bibelverteilung in Nord- und Südalbanien verdoppelt. Das war ein Zeichen, dass die albanische Bevölkerung begann das Wort Gottes in ihrer eigenen Sprache zu schätzen. In Korça predigte Qiriazi 1887 in ständig überfüllten Versammlungsräumen. 1891 eröffnete er zusammen mit seiner Schwester Sevasti Qiriazi die erste albanische Mädchenschule. Sevasti veranstaltete u.a. Frauentreffen mit Bibellesungen und Gebeten in der albanischen Sprache.[84] Am 14.November 1892 gründete Qiriazi zusammen mit einigen anderen „Die Evangelische Allianz Albaniens". Diese Organisation führte ihr eigenes Presseorgan.[85]

Nach Qiriazis Tod am 2. Januar 1893 veröffentlichte sein Bruder Gjergj die Schriften von Gjerazim in dem Band „Hristomadhi me katër pjesë", Sofia 1902 (Hristomadhi in vier Teilen). Die evangelische Arbeit war mit dem frühen Tod Gjerazim Qiriazis nicht beendet. Von 1890 bis 1912 war in verschiedenen Städten des noch osmanisch besetzten Südbalkans auch der amerikanische Missionsrat tätig. Durch die Qiriazi-Familie weiteten sie ihre Missionstätigkeit auch auf die Albaner aus. Qiriazis Schwestern und zwei Missionare, Violet und Rev. Phineas B. Kennedy, übernahmen die Arbeit. So wurde auch in Kosova gepredigt, und bis zum Zweiten Weltkrieg existierte in Prishtina eine protestantische Kirche.[86]

Der Erste Weltkrieg und die unstabilen Regierungen in Albanien unterbrachen regelmäßig die Arbeit der christlichen Missionare, die aber trotzdem nie aufhörte, auch nicht wegen finanzieller Schwierigkeiten.[87] Der Protestantismus erlebte in Albanien in der Vorkriegszeit eine große Erweckung. Sonntagsschulen, Jugendzentren, Bibelkreise, Frauentreffen und Evangelisation in muslimischen Städten unter schwierigen Bedingungen gehörten zu dem unermüdlichen Einsatz dieser Missionare, denen Albanien und die Albaner am Herzen lag.[88]

Über diese Liebe für das kleine Land im Südosten von Europa berichtete auch Edwin Jacques in seinem bekannten Buch „Albaner. Eine ethnische Geschichte von der Antike bis zur Gegenwart". Mit dem Beginn des Zweiten Weltkriegs verließen dann viele Missionare und Pfarrer Albanien.

4.3.2 Der Islam

Nachdem die Türken seit Jahrhunderten versucht hatten, durch Spanien und Italien in Europa einzudringen, bot die balkanische Kleinstaatenwelt im 14.Jh.

---

[84] Jacques; Young (1998): Battle for Albania. S.82

[85] SEDA Albanian NGO (2000): Albania... S.71

[86] Elsie (2002): Handbuch zur albanischen Volkskultur... S.174

[87] Jacques; Young (1998): Battle for Albania. S.106

[88] Hellsten (2008): Historia e Krishtërimit në Shqipëri. S.62

die passenden Voraussetzungen für die türkische Eroberung. Untereinander verfeindet, im Zerfall begriffen, waren die balkanischen Fürsten und Könige nicht in der Lage, den Eroberern wirksamen Widerstand entgegen zu setzen.[89] Der Versuch, ein balkanisches Bündnis unter dem serbischen Prinz Lazar zu gründen, scheiterte 1389 durch die Niederlage in der Schlacht auf dem Amselfeld. Der Ausweitung der türkischen Herrschaft stand nichts mehr im Weg.

Mit der türkischen Besatzungszeit begann auch die Verbreitung des Islam, allerdings gab es während der ersten Jahrzehnte osmanischer Herrschaft nur wenige Muslime unter den Albanern. 1577 waren Nord- und Mittelalbanien noch fest in katholischen Händen. Erst im 17. und 18. Jh. begann die vermehrte Konversion zum Islam, die bis in das 19. Jh. hinein ständige Fortschritte auf Kosten der katholischen und der orthodoxen Kirche machte.[90]

Lord Byron beschrieb in seinem bekannten Gedicht „Childe Harold" die Situation der Albaner im Bezug auf die Verbreitung des Islam in folgender Weise:

Land of Albania! let me bend mine eyes
On thee, thou rugged nurse of savage men
The cross descends, thy minarets arise,
And the pale crescent sparkles in the glen,
Through many a cypress grove within each city's ken.

Albanien ist das einzige Land auf dem Balkan, in dem die Islamisierung zwei Drittel der einheimischen Bevölkerung erfasste. Noch heute gibt es Diskussionen über die Frage, wie sich der Islam in Albanien durchsetzte. Forscher und Historiker vertreten unterschiedliche Ansichten, warum und wie Albaner zum Islam konvertierten.[91] Manche sind der Meinung, dass der Islam den Albanern aufgezwungen wurde. Wer nicht zum Islam konvertierte, musste höhere Steuern an die Türken zahlen, während die neu konvertierten Muslime von den Steuern befreit waren. Wer Christ bleiben wollte, wurde enteignet: Äcker, Haus und Eigentum. Ein Christ konnte auch nur unter erschwerten Bedingungen seinen Beruf ausüben. Diese und noch weitere Einschränkungen wurden ihm auferlegt.

Andere sind der Meinung, dass viele Albaner eine Karriere im Osmanischen Reich anstrebten und die Zugehörigkeit zum Islam ein erfolgreicher Weg dazu

---

[89] Bartl (1995): Albanien. S.40

[90] Stadtmüller: Die Islamisierung bei den Albanern. In: Jahrbücher für Geschichte Osteuropas (1955): S.426

[91] Notiz A.M.: 2008 erschien in Albanien ein Buch eines Politikers, Ben Blushi, mit dem Titel „Leben auf der Insel" (Albanisch: Të jetosh në ishull). In seinem Buch beleuchtet er die dunkle Epoche des albanischen Mittelalters und der Islamisierung des Landes. Sein Buch und seine Äußerungen über dieses delikate Thema wurden nicht so gut von der islamischen Gemeinschaft aufgenommen. Dieses Buch sorgte in der Öffentlichkeit für eine große Diskussion über die religiöse Identität der Albaner.

war. Manche sahen im Islam eine attraktive Religion, bei der jeder ohne aus-
drückliche Zeremonien und lange Lehren einfach zum Muslim werden konnte,
indem er nur den neuen Glauben in der Öffentlichkeit verkündigen musste. Andere Gründe für die Verbreitung des Islam waren auch die Streitigkeiten und
Spaltungen zwischen den christlichen Gemeinschaften, die dadurch genug Raum
für die Verbreitung des Islams geschaffen hatten.[92]

Die verschiedenen Gründe, warum sich der Islam in Albanien im Unterschied zu den anderen ebenso von den Türken eroberten Ländern so verbreiten
konnte, sind letztlich nicht ganz geklärt. Tatsache ist jedoch, dass am Ende des
19. Jh. Albanien der einzige europäische Staat mit einer muslimischen Bevölkerungsmehrheit war.

Mit der Unabhängigkeitserklärung im Jahre 1912 und mit der Bildung der
ersten albanischen Regierung wurde der Staat an keine Religion gebunden. Der
Islam war mit Abstand die größte Religionsgemeinschaft im Land, aber nie
Staatsreligion. Bis 1929 wurden die Muslime in Albanien von einem sechsköpfi-
gen Hohen Rat des Seriat (islamisches Recht) mit dem Obermufti von Tirana an
der Spitze geleitet.[93]

Im Jahr 1921 erklärte eine nationale albanische muslimische Allianz die
Unabhängigkeit vom Kalifat in Konstantinopel. *De jure* und *de facto* geschah
das im März 1923 im Rahmen des I. Kongresses der albanischen Muslime. In
diesem Kongress wurde auch die Albanische Muslimische Gemeinschaft *(Ko-
muniteti Musliman Shqiptar)* gegründet. Das neue Organ bestand aus vier Personen im Hohen Rat des Seriat. Sein Leiter vertrat diesen Rat.[94]

Im Oktober 1923 veröffentlichte die Albanische Muslimische Gemeinschaft
die erste offizielle Zeitschrift des Islam „*Zani i Naltë"* (Die obere Stimme). 1924
fand im öffentlichen Diskurs in Albanien eine große Diskussion über den Schleier der muslimischen Frauen statt. Diese Zeitschrift war in erster Linie gegen den
Schleier. Sogar muslimische Abgeordnete äußerten sich gegen den Schleier, so
dass die muslimischen Frauen die gleichen Rechte wie die christlichen bekamen.
Der Schleier wurde im Jahr 1937 offiziell verboten.[95]

Im II. Kongress der Albanischen Muslimischen Gemeinschaft wurde 1929
beschlossen, dass die Führung von einem Generalrat durchgeführt werden musste und dass die Muslime verpflichtet waren, die Brüderlichkeit der Albaner aller
Konfessionen zu propagieren und sich mit der modernen Zivilisation vertraut zu
machen. In den 30er Jahren, während der Regierung von Ahmed Zogu, erlebte

---

[92] Hellsten (2008): Historia e Krishtërimit në Shqipëri. S.45-47
      Vgl. hierzu noch Jacques (1995): Shqiptarët... S.243-246
[93] Bartl (1993): Religionsgemeinschaften und Kirchen. In Grothusen, Klaus-Detlev (Hrsg.): Alba-
      nien... S.592
[94] Basha (2000): Islami në Shqipëri... S.121
[95] della Rocca (1990): Natione e Religione in Albania. S 24-25

der Islam einen Rückschlag, da König Zogu alle offiziellen Beziehungen zu islamischen Gemeinschaften im Ausland abbrach und verbot.[96]

Der III. Kongress der Albanischen Muslimischen Gemeinschaft beschloss im Mai 1929 ein neues Statut, in dem nochmals bestätigt wurde, dass die Muslime sich für die Brüderlichkeit, die Einheit der Nation, den Patriotismus und die moderne Zivilisation einsetzen. In Artikel 62 dieses Statuts wurde die Trennung von Religion und Staat hervorgehoben und auch der Wunsch, jeden Freitag für den Staat, den Staatschef, die Nation und die Armee zu beten. In anderen Artikeln wurden auch die Fragen der Einnahmen der Muslimischen Gemeinschaft festgelegt. Diese Einnahmen bestanden aus Stiftungseinkünften, Zuwendungen des Staates und Spenden. Der Staat sicherte der Gemeinschaft auch ein Gebäude zur Ausbildung des geistlichen Nachwuchses zu. Dieser Status wurde im Jahre 1950 von der albanischen Regierung bestätigt.[97]

Der Islam in Albanien war hauptsächlich sunnitischer Richtung. Neben dem Sunni-Islam gab es in Albanien auch eine Reihe von islamischen Sekten, die in dem von der Regierung 1950 bestätigten Status der Albanischen Muslimischen Gemeinschaft als Bestandteile dieser Gemeinschaft und durch einen Sektenreferenten und den Sektenrat gegenüber der Gemeinschaft vertreten waren.[98]

Robert Elsie gibt in seinem „Handbuch zur albanischen Volkskultur" einen Überblick der islamischen Sekten in Albanien während der Jahrhunderte.[99] Viele dieser Sekten waren Derwisch-Sekten: Aus der mittelalterlichen Bewegung des islamischen Mystizismus, auch Sufismus genannt, entstanden nach der schiitischen Tradition zahlreiche Derwisch-Sekten, auch „tariqat" genannt. Viele dieser Sekten kamen während der fünf Jahrhunderte osmanischer Herrschaft auch nach Albanien und Kosovo. Einige dieser Sekten sind:

Ahmadi-Sekte: Islamische Derwisch-Sekte. Missionare dieser Sekte waren bis zum Zweiten Weltkrieg in Albanien.

- Bajram-Sekte: Islamische Derwisch-Sekte. Sie wurde in Ankara von Hadschi Bajram Weli (gest. 1429) gegründet. Die Anwesenheit in Albanien wird wegen der Existenz einer Hadschi-Bajram-Moschee in Shkodra angenommen. Sonst ist kaum etwas über diese Bewegung in Albanien bekannt.

- Dschelweti-Sekte: Islamische Derwisch-Sekte. Die Anwesenheit dieser Sekte in Albanien ist bis zum Zweiten Weltkrieg belegt.

- Halweti-Sekte: Islamische Derwisch-Sekte. In Albanien waren sie nach den Bektashis die zweitstärkste Derwisch-Sekte. Diese Sekte wurde in den `90er Jahren wieder aktiv.

---

[96] Elsie (2002): Handbuch zur albanischen Volkskultur... S.101

[97] Bartl (1993): Religionsgemeinschaften und Kirchen. In Grothusen, Klaus-Detlev (Hrsg.): Albanien... S.594

[98] Ebd.: S.594

[99] Elsie (2002): Handbuch zur albanischen Volkskultur. S.6-210

- Kadiri-Sekte: Islamische Derwisch-Sekte. Erstmals im 18.Jh. in Albanien erwähnt und noch heute in Albanien aktiv.
- Melami-Sekte: Islamische Derwisch-Sekte. Die Kenntnisse über die Melami in Albanien sind begrenzt. Entstanden ist sie im 19. Jh. in Mazedonien, Kosovo und Albanien. Allerdings scheint sie nicht sehr verbreitet zu sein.
- Nakschbandi-Sekte: Islamische Derwisch-Sekte. In Albanien selbst war diese Sekte nicht weit verbreitet, in Prizren (heutiges Kosovo) hatte sie eine Tekke. Insbesondere war sie in Bosnien verbreitet.
- Sa´adi-Sekte: Islamische Derwisch-Sekte. Ihre Anwesenheit ist in vielen Städten Albaniens im 19. Jh. belegt. Es gibt keine Informationen über ihre heutige Existenz.
- Rifa´i-Sekte: Islamische Derwisch-Sekte. Erstmals im Jahre 1701 in Albanien, in Peqin. Ihre Anwesenheit ist noch heute zu bemerken.
- Schahseli-Sekte: Islamische Derwisch-Sekte. Obwohl in Albanien nicht nachgewiesen, gab es mindestens eine *Schahseli-Tekke* in Gjakova (heutiges Kosovo).
- Sinani-Sekte: Islamische Derwisch-Sekte. Ihre Präsenz ist nur während der Osmanischen Besatzungszeit nachzuweisen.
- Sindschiri-Sekte: Islamische Derwisch-Sekte. Ihre Existenz ist ebenso nur während der Osmanischen Besatzung belegt.
- Tidschani-Sekte: Islamische Derwisch-Sekte. Es ist unbekannt, wann die Tidschani zum ersten Mal in Albanien erschienen und wie lange sie in Albanien existiert haben.

Bis zum Jahr 1950 waren diese kleinen Sekten beinahe alle verschwunden. Nach und nach wurden sie dann während der kommunistischen Regierung aber auch gezielt ausgerottet.

Der Bektashismus
Es wird geschätzt, dass dieser islamische Derwisch-Orden nach dem Islam und der Orthodoxie die drittstärkste Religionsgemeinschaft in Albanien ist. Schätzungen sprechen von mehr als 15-20% der Albaner als Angehörige des Bektashismus.[100] Dieser schiitisch orientierte Derwisch-Orden, der nicht selten auch als Sekte bezeichnet wird, hat seinen Ursprung im 13. Jh. mit dem Hadschi Bektash Veliu. Aus einer großen prophetischen Familie in Persien stammend, lebte Hadschi Bektash in Anatolien, wo er 1282 die erste und älteste Bektashi *Tekke* der Welt gründete. Der Bektashismus ist ein mystisches islamisches Dogma, das den Koran und das Wort des Propheten zugrunde legt, sich mit der Vollkom-

---

[100] Bartl (1993): Religionsgemeinschaften und Kirchen. In Grothusen, Klaus-Detlev (Hrsg.): Albanien. S.594

menheit des Menschen beschäftigt und Gott in der Natur und in den Tieren, sowie in den Menschen findet.[101], [102]

Es gibt nicht viele Studien, die sich mit der Frühgeschichte des Bektashismus in Albanien befassen. Trotzdem wird meistens angenommen, dass ein Derwisch namens Sari Salltёk im 13. Jh nach Südosteuropa und auch zu den albanischen Gebieten ausgesandt wurde. Durch seine Hilfe entstanden die ersten Tekkes in den albanischen Gebieten, hauptsächlich um Kruja und in Mittel- und Südalbanien. Wegen der schiitischen Richtung galten zuerst die Bektashi bei der sunnitischen Bevölkerungsmehrheit nicht als rechtgläubig.[103] Doch durch ihren Glauben und durch die Missachtung einiger traditioneller islamischer Regeln wie den Verzicht auf Alkohol, den Frauenschleier und auf die Notwendigkeit, beim Beten die Richtung nach Mekka zu beachten, sowie ihr Predigen für Toleranz gegenüber allen nicht-islamischen Glaubensrichtungen ist ihr Wachstum in Albanien teilweise zu erklären. Diese Einstellung machte es auch möglich, eine gemeinsame Sprache mit den Orthodoxen und den Katholiken zu finden.[104]

Besondere Unterstützung für die Verbreitung des Bektashismus gab Anfang des 19. Jh. Ali Pascha von Tepelena, ein albanischer Pascha im Osmanischen Reich, der auch als der „Löwe von Janina" bezeichnet wurde und große Teile des damals osmanischen Albaniens und Griechenlands beherrschte. Es gibt verschiedene Ansichten zu der Frage, in welcher Form diese Unterstützung erfolgte. Doch Gründe sind sicher seine Toleranz gegenüber den Christen, die Tatsache, dass Ali Pascha einige Tekkes einrichten ließ, und sein wiederholtes Auftreten mit der runden Kopfbedeckung, die meist als eine Derwisch-Kopfbedeckung interpretiert wird.[105], [106]

Während der nationalen Rilindja-Bewegung spielten die Bektashi eine bemerkenswerte Rolle, die sich auf die Gedanken der Gleichberechtigung, der Toleranz, der Harmonie und der Zusammenarbeit mit allen Glaubensrichtungen stützte. Seit der Unabhängigkeit Albaniens im Jahr 1912 veranstalteten die Bektashis von 1921 bis 1950 fünf Kongresse. Bei diesen Kongressen wurde die Gründung der Bektashi Religionsgemeinschaft beschlossen. Diese Religions-

---

[101] Baba Rexhepi (2006): Mistiçizma islame dhe bektashisma. S.121-126

[102] Notiz A.M.: Des Weiteren siehe Anhang, Anmerkung 2: Doja (2008): Bektashismi në Shqipëri. S.2

[103] Bartl (1993): Religionsgemeinschaften und Kirchen. In Grothusen, Klaus-Detlev (Hrsg.): Albanien. S.595

[104] Vickers (2008): Islam in Albania. S.5. In: www.da.mod.uk/colleges/arag/document-listings/.../ 08(09)MV.pdf (eingesehen am 18.04.2010)

[105] Notiz A.M.: Diese Kopfbedeckung, in der Bektashi Sprache auch als Tadsch bekannt, ist weiß und gilt als Erkennungszeichen für einen Derwisch. Es wird behauptet, dass auf dem Grab von Ali Pascha ein Tadsch zu erkennen ist.

[106] Clayer (1999): Miti i Ali Pashës dhe bektashinjtë... S.39. In: Endeavour: www.ceeol.com

gemeinschaft, die zunächst weder von der Muslimischen Religionsgemeinschaft noch vom Staat anerkannt wurde, regelte alle religiösen, sozialen und ökonomischen Aktivitäten. In ihrem Statut beschlossen die Bektashis, die albanische Sprache zu ihrer Kultsprache zu machen und verpflichteten sich, in ihren Zeremonien für die Nation und den Fortschritt der Albaner zu beten. Ihre Devise war: *„Ohne Nation gibt es keine Religion"*. Die Bektashi Religionsgemeinschaft verband den Bektashismus mit dem Albanertum, ohne den Universalcharakter des Glaubens zu verändern.[107]

Vier Jahre nach dem Verbot aller Derwischorden in der Türkei beschloss der III. Kongress der Bektashi 1929, die Ordensführung nach Tirana als neuem Zentrum des Bektashismus zu verlegen.[108] Und obwohl die Bektashis noch nicht als selbstständige Religionsgemeinschaft anerkannt waren, erhielten sie viel mehr Autonomie im Rahmen der Muslimischen Gemeinschaft. Im IV. Kongress im Jahre 1945 wurde das neue Statut beschlossen. Die Bektashi Religionsgemeinschaft wurde eine eigene, von den Sunniten unabhängige juristische Person. Geregelt wurden auch die Hierarchie und die Organe der Gemeinschaft. Der Rat der Gemeinschaft war das oberste Organ mit dem Oberhaupt, das gleichzeitig auch das Weltoberhaupt der Bektashi war.[109]

Interessant ist die Tatsache, dass die Bektashi im Vergleich zu den sunnitischen Muslimen keine Staatszuschüsse bekamen. Das kann als ein mögliches Anzeichen für eine vorsichtige Distanzierung und Trennung zwischen dem Staat und der Religion interpretiert werden. Der IV. Kongress mit der Aufnahme der neuen Statuten sah eventuelle Subventionen des Staates vor. Gemäß diesen Statuten sollten die Bektashi eine neue Schule unterhalten sowie Bücher und religiöse Zeitschriften herausgeben. Neu war auch, dass die Bektashi die Dachorganisation für alle anderen Sekten wie Halweti und Rifa´i sein sollten.[110] Mit der Machtübernahme der Kommunisten wurden auch die Aktivitäten der Bektashi Religionsgemeinschaft verboten.

4.3.3 Das Kryptochristentum

Der Wandel von einem christlichen zu einem islamischen Land war zumindest oberflächlich vollzogen. Allerdings wurde Albanien nie streng muslimisch oder wirklich überzeugt muslimisch. Das verdeutlichen viele Fälle albanischer Familien, in denen einzelne Familienoberhäupter zum Islam konvertierten, aber wei-

---

[107] Die offizielle Internetseite der Bektashi Religionsgemeinschaft Albaniens unter: http://www.komunitetibektashi.org/in.php?fq=brenda&m=shfaqart&aid=50 (eingesehen am 03.07.2010)

[108] Notiz A.M.: Geschätzte Mitgliederzahl jener Zeit: ca. 7 Mio weltweit

[109] Bartl (1993): Religionsgemeinschaften und Kirchen. In Grothusen, Klaus-Detlev (Hrsg.): Albanien. S.597

[110] Ebd.: S.598

terhin ihre Kinder tauften und christliche Feiertage feierten.[111] Auch den Behörden gegenüber deklarierte man sich als Muslim und nahm einen muslimischen Namen an, blieb aber tatsächlich Christ. Diese Doppelexistenz blieb von den Behörden lange Zeit unentdeckt und wurde sogar vom christlichen Klerus stillschweigend geduldet.[112] Edith Durham, die im 19. Jh. Albanien besuchte, bezeichnet Albanien in ihren Erinnerungen als nicht christlich, als nicht muslimisch, als ein Land, wo Religion nach den eigenen Bedürfnissen geändert werden konnte.[113] Auch der Historiker T. Norris zitiert ein balkanisches Sprichwort, das besagen soll:

„Bis mittags der heilige Ilija und nachmittags Alija."[114]

Dieses Phänomen ist als Kryptochristentum bekannt. In der albanischen Sprache werden die Kryptochristen als *laramanë* (wörtlich: bunt, vielfarbig) bezeichnet. Besonders verbreitet war dies im Gebiet von Peja (heutiges Kosovo), auf dem Amselfeld und im Shpatgebirge Mittelalbaniens. Das Phänomen der *Laramani* (wörtlich: Vielfarbigkeit) wurde schon früher auf albanischem Boden sichtbar. Ein Anonymer beschrieb 1309 die Religion der Albaner als undeutlich. Er schrieb, wenn die Albaner gefragt werden, welche Religion sie haben, antworten sie, dass sie im Inneren Katholiken sind, aber an der Oberfläche Orthodoxe.[115] Diese Erscheinung kennzeichnete einen Teil der Albaner jener Zeit, der unvergleichlich mit den anderen südosteuropäischen Ländern war, die ja ebenso unter dem Druck der Osmanen standen.

---

[111] Schmidt (2007): Religion in Albanien. In: Südosteuropa Mitteilungen 05-06/2007. S.96

[112] Bartl (1993): Religionsgemeinschaften und Kirchen. In Grothusen, Klaus-Detlev (Hrsg.): Albanien... S.589

[113] Hellsten (2008): Historia e Krishtërimit në Shqipëri S.47

[114] Norris (1993): Islam in the Balkans... S.264
Notiz A.M.: Ilija steht hier für einen typischen christlichen Namen und Alija für einen typischen muslimischen Namen.

[115] Notizen aus einer Vorlesung von Prof. Dr. Bardhyl Demiraj, Leiter des Albanologischen Instituts an der LMU München über das Thema "Die Anfänge und die Dauer des Christentums bis zur Trennung der Kirche" am 15.06.2010

5 Religion als Identitätsmerkmal

Es ist sehr leicht, die Brücke vom letzten Punkt zu diesem neuen Kapitel zu schlagen. Denn die Frage, die an dieser Stelle entstehen könnte, ist, ob die Religion bei den Albanern als Identitätsmerkmal zu betrachten ist und wenn ja, welche Rolle sie als Identitätsmerkmal gespielt hat. Wenn im vierten Kapitel versucht wurde, die Geschichte der Anfänge der Religionen in Albanien als Voraussetzung für die weiteren Kapitel darzustellen, ist das Ziel dieses neuen Kapitels, die Rolle der Religion bei der Schaffung einer albanischen Identität festzustellen und einen Vergleich zwischen dem „Albanertum" und dem Atheismus als Ersatzreligionen zu wagen.

Nach einer italienischen Statistik von 1942 sah die konfessionelle Aufgliederung in Albanien damals folgendermaßen aus: Von 1.128.143 Einwohner waren 779.417 Muslime (69,1%), 232.320 Orthodoxe (20,6%), 116.259 Katholiken (10,3%) und 147 Albaner gehörten einer anderen (Protestanten oder Juden) oder keiner Religionsgemeinschaft an.[116] Allerdings wurde bei den Muslimen nicht zwischen den Sunniten und den Bektashi unterschieden. Diese Zahlen stellen auch die Situation der Religionen Ende des 19. und Anfang des 20. Jhs in Albanien dar, als es nicht nur im Raum Südosteuropas zu Nationalbewegungen kam. Bei vielen dieser Länder spielte die Religion eine sehr wichtige Rolle bei der Nationsbildung und der Stärkung der nationalen Identität. In der europäischen Geschichte des 19. und 20. Jh. verliefen gleichzeitig Prozesse der Ablösung, Hybridisierung und Synthetisierung von Religion und Nationalismus und führten zu sehr verschiedenen Ausprägungen von religiösen und nationalen Identitäten. Schulze macht einen Versuch der Typologisierung des Verhältnisses von Religion und Nationalismus im europäischen Rahmen. Er bezieht sich auf die auf Hans Kohn und Louis Snyder zurückgehende Unterscheidung zwischen einem westlichen und einem östlichen Typus des Nationalismus. Nach dieser Unterscheidung ist der Nationalismus im Westen ein ausschließlich politisches Gepräge auf der Basis der Freiheit, des Konstitutionalismus und eines Rechtssystems. Der Nationalismus im Osten sei weniger auf Politik als auf kulturelle Ressourcen, nicht zuletzt auf Religion, gegründet.[117] Also war es für Nationen West- und Osteuropas vielmehr typisch, dass sich konfessionelle und laizistische Nationsentwürfe gegeneinander profilierten. Problematisch wird das Verhältnis von

---

[116] Bartl (1993): Religionsgemeinschaften und Kirchen. In Grothusen, Klaus-Detlev (Hrsg.): Albanien... S.587

[117] Schulze Wessel (Hrsg.): Nationalisierung der Religion... S.10

Nation und Religion insbesondere in der Mehrkonfessionalität. Deshalb verlief der Prozess der Nationenbildung in Albanien aufgrund dieser Religionsvielfalt abweichend von den üblichen Modellen.

5.1 Die Rolle der Religion bei der albanischen Nationsbildung am Ende des 19. Jahrhunderts und Anfang des 20. Jahrhunderts

Nach fast fünf Jahrhunderten unter türkischer Besatzung gewannen die Albaner ihre Freiheit und Unabhängigkeit als letzter der Balkanstaaten. Der alte Traum vom eigenen Nationalstaat wurde wahr.[118] Anders als die Nachbarländer, in denen die Religion die erste und wichtigste Quelle der ethnischen und religiösen Identität gewesen ist, erlebte Albanien eine spezielle Entwicklung. Der Rilindja-Nationalbewegung stand die Teilung des Landes in verschiedene Religionen gegenüber: Islam, Bektashismus, Orthodoxie und Katholizismus und wie schon erwähnt, der Protestantismus, der in dieser Zeit seine Anfänge hatte.

Auch wenn die albanischen Nationalisten immer behauptet haben, dass diese Teilung unwichtig war, sind manche Forscher der Meinung, dass die religiösen Diskrepanzen Abgrenzungen in der albanischen Gesellschaft verursacht haben und dass die Religion ein Hindernis auf dem Weg zur nationalen Einheit Ende des 19. Jhs. war.[119] Erich Hobsbawn ist der Meinung,

> die Religion ist eine alte bewährte Methode, eine Gemeinschaft durch eine Art Kollektivismus und Brüderlichkeit zwischen Menschen, die sonst nichts gemeinsam hätten, einzurichten.[120]

In Albanien wurde die Religion durch das Albanertum ersetzt, wie auch Pashko Vasa es verkündet hatte (vgl. auch Kapitel 5.2.). Allerdings war das religiöse Umfeld in Albanien nicht zu ersetzen. Deshalb wurde versucht, eine Gemeinschaft mit einem einzigen Monotheismus zu bilden und dieser Monotheismus hieß „ein Gott", der für alle den gleichen Namen hatte und die verschiedenen Religionen an einem einzigen „Gott" verband.[121] Eine andere Lösung, also die Beachtung aller in Albanien präsenten Religionen und ihre Einbindung als

---

[118] Notiz A.M.: Die London-Konferenz am 17.12.1912, in der die sechs Großmächte, Österreich, Großbritannien, Frankreich, Italien, Deutschland und Russland die Unabhängigkeit Albaniens völkerrechtlich anerkannten.

[119] Duijzings (2002): Religion and politics of "Albanism"... In: Schwandner-Sievers; Fischer (Hrsg.): Albanian Identities... S.60

[120] Clayer (2007): Në fillimet e nacionalizmit shqiptar... S.404

[121] Clayer (2007): Në fillimet e nacionalizmit shqiptar... S.405

Schlüssel für die Nationsbildung, hätte aus der Sicht der damaligen führenden Kräfte der Rilindja Bewegung nicht funktionieren können.

Das Religiöse in den Albanern wurde als durch eine Art „Ersatzreligion", das Albanertum zufrieden gestellt.

Es gibt keinen Zweifel, dass die Religion eine erhebliche Rolle bei der Nationsbildung in Osteuropa spielte, allerdings gibt es keine Angaben inwieweit die Griechisch-Orthodoxe Kirche, die Römisch-Katholische Kirche und die Protestantische Kirche diesen Prozess beeinflusst haben[122]. Wenn wir allerdings die Ursprungmythen moderner Nationen betrachten, kann der Übertritt des Königs zum Christentum als „Geburt der Nation" gefeiert werden. England und die Niederlande hatten schon längst das protestantische Wertesystem angenommen und es national definiert.[123],[124]

In Griechenland war die Hauptfigur der Patriarch von Konstantinopel, der auch nach dem Niedergang des Byzantinischen Reiches eine wichtige Rolle spielte, denn er war nicht nur religiöses Oberhaupt aller Angehörigen seiner Kirche, sondern darüber hinaus übte er über Sprache und Liturgie einen dominierenden Einfluss nicht nur auf Griechen, sondern auch auf die Serben, Bulgaren und Rumänen und sogar Albaner aus.[125] Die Theorie des bekannten Vertreters der griechischen Theologie, Konstantinos Oikonomos, *„Die Kirche ist die Nation"* brachte klar zum Ausdruck, wie verbunden der griechisch-orthodoxe Glaube mit der Nationalität war. Diese Theorie wurde in einer Zeit propagandiert, in der die Hellenisierung der anderen Balkanländer gezielt betrieben wurde und in der diese Balkanländer für ihre Unabhängigkeit kämpften.[126] Es war also nicht leicht für einen albanischen Orthodoxen, sich für die Unabhängigkeit des Landes einzusetzen. Die orthodoxe Religionsgemeinschaft stand unter griechischem Kultureinfluss.

Die Serben konnten ihr historisches Bewusstsein wieder gestalten und auch hier spielte die Kirche eine ganz wichtige Rolle. Sie rief all die Territorien in Erinnerung, die in Besitz des ehemaligen serbischen Königreichs gewesen waren und das Erzbistum von Pec´, die unter der türkischen Herrschaft untergegangen waren. Sie förderte und unterstützte die slawisch-orthodoxe Tradition, welche

---

[122] Turczynski: Nationalism and Religion in Eastern Europe. In: East European Quarterly, Vol V, No.4, 1971-1972: S.468

[123] Haupt; Langewitsche (Hrsg.): Nation und Religion in Europa... S.22

[124] Vgl. hierzu Turczynski: Nationalism and Religion in Eastern Europe. In: East European Quarterly, Vol V, No.4, 1971-1972: S.470
Protestantism in the Danube countries formed a link between different religious and ethnic groups... Protestantism spread the ideas of enlightenment and liberalism, laying the foundations [...] for modern nationalism.

[125] Duda (1991): Nationalismus, Nationalität, Nation. S.46

[126] Turczynski: Nationalism and Religion in Eastern Europe. In: East European Quarterly, Vol V, No.4, 1971-1972:: S.480-481

slawische Apostel, nationale Heilige sowie Prinzen und Patriarchen miteinbe-
zog.[127]

Trotz der ständigen Versuche die Religion in diesem Prozess zu neutralisie-
ren, ist es interessant festzustellen, dass es dennoch Versuche gab, dem albanischen „Ökumenismus", eine feste religiöse Basis zu geben.[128] Insbesondere versuchte der Nationaldichter Albaniens, Naim Frashëri (1846-1900), den Bektashismus als eine religiöse Säule der albanischen Nationalbewegung hervorzuheben. Er hoffte, dass dieser heterodoxe und synkritische Orden die religiöse
Spaltung Albaniens eventuell überwinden und die Unterschiede zwischen Islam
und Christentum überbrücken könnte.[129]

> „If ever Albania has to rise from her degradation…it must be through the power
> of the Word of God, written and preached. The sooner this sovereign means of resto-
> ration, under the blessing of God, is brought into contact with the people, and
> pressed on their attention, the better."[130]

Durch diesen Ansatz und durch die Übersetzung und Verteilung der Bibel
in der albanischen Sprache war der Einsatz der Protestanten in Albanien präsent.
Trotzdem versuchten die Protestanten nicht, sich als Staatsreligion durch-
zusetzen. Es war vielmehr die Wichtigkeit der Übersetzung der Heiligen Schriften in die albanische Sprache, die die Protestanten zum Teil des Patriotismus
machte[131]. Sie halfen dem Nationsbildungsprozess, waren wegweisend im Bil-

---

[127] Ebd.: S.474

[128] Notiz A.M.: Die Rolle des Sunni-Islams wird an dieser Stelle mit der Rolle des Bektashismus
verknüpft und gesehen. In mehreren Büchern und Studien werden die bektashi Gebrüder Frashëri
mit ihren Werken als muslimische Patrioten genannt.

[129] Duijzings (2002): Religion and politics of "Albanism"… In: Schwandner-Sievers; Fischer
(Hrsg.): Albanian Identities… S.63
Vgl. hierzu auch Clayer, Nathalie: Der Balkan, Europa und der Islam. In: http://wwwg.uni-
klu.ac.at/eeo/Clayer_Balkan (eingesehen am 18.04.2010)
*Der Bektashismus spricht die Albaner in ihrer Menschlichkeit an – durch die Verkörperung des
nahöstlichen Ideals der Güte, durch seine interessanten Grundsätze, durch die Freiheit, die er
dem Individuum gewährt und durch seine abergläubische Seite, die sich der Schwächen des
sterblichen Menschen bedient. Er spricht sie als Albaner an durch seine Betonung an Patriotismus…[129] (Margaret Hasluck, 1925)*

[130] Jacques; Young (1998): Battle for Albania S.80

[131] Clayer (2007): Në fillimet e nacionalizmit shqiptar… S.467
Pro Jahr wurden ca. 1000 Kopien der Bibel verkauft. Das war eine nicht ganz unbedeutende
Zahl. Dieser Verkauf hatte einen beträchtlichen Einfluss in der Verbreitung der albanischen
Sprache.

dungswesen durch die Eröffnung von Schulen und gingen immer Seite an Seite mit den anderen Religionen, wenn es sich um historische Ereignisse handelte.[132]

Gerade auch die starke Betonung der Eigenverantwortung des Menschen und seiner direkten Verantwortung Gott gegenüber durch die Protestanten hat immer dazu geführt, dass sie sich stark sozial und gesellschaftlich engagierten und dadurch bis heute einen beträchtlichen Beitrag zur Gesellschaftsentwicklung geleistet haben (Siehe auch Kapitel 6.5, sowie die Interviews mit Herrn Don Gjergj Meta, Herrn Hans Ahlfeld und Herrn Fitor Muça im Anhang). Auf diesem Gebiet haben die Protestanten zusammen mit den Katholiken das Land entscheidend geprägt. Insofern ist die Bedeutung der protestantischen und katholischen Religionsgemeinschaften hervorzuheben, auch wenn die Anzahl der Gläubigen dies auf den ersten Blick nicht vermuten lässt.

Wie bereits erwähnt, waren seit der Kirchenspaltung im Jahre 1054 die albanischen Gebiete im Norden unter römischem Einfluss. Dort entwickelte sich im Lauf der Jahrhunderte eine katholische Identität, die sehr stark mit der ethnischen Identität der Bevölkerung verbunden war. Im Nationsbildungsprozess spielte der Katholizismus eine wichtige Rolle nicht nur durch die Veröffentlichung von Texten in der albanischen Sprache, sondern auch durch die Hervorhebung der albanischen Volkskultur und der regionalen Bräuche.[133] Ihre Einstellung in diesem Prozess wurde von Gjergj Fishta, einem katholischen Priester zum Ausdruck gebracht. Er schrieb:

„[...] die Religion trennt die christlichen Albaner von den muslimischen Albanern nicht; Albanien gehört zu den Albanern; alle ehren den Gott im Himmel und alle haben denselben Gott..."[134]

Die Gefahr der Gleichsetzung der „orthodoxen Identität" mit der „griechischen Identität" war der Antrieb für die albanischen orthodoxen Patrioten, die Autokephalie der Albanischen Orthodoxen Kirche auszurufen, wie diese auch in Bulgarien durch die Schaffung einer bulgarischen Orthodoxie erreicht wurde. Fan Noli, der Initiator der Autokephalie, wies daraufhin, dass die Versuche, eine einzige gemeinsame Religion zu finden, die die Albaner von politischen Intrigen fernhalten würde, nicht die Lösung der Probleme sei. Er war der Meinung, dass es nicht die Religion war, die geändert werden sollte, sondern vielmehr die

---

[132] Vgl. hierzu das Interview vom 21.04.2010 mit Herrn Fitor Muça, Evangelische Allianz Albaniens. S. Anhang: S.56-57

[133] Clayer (2007): Në fillimet e nacionalizmit shqiptar... S.474

[134] Albanisch: Feja nuk i ndan shqiptarët e krishterë nga shqiptarët myslimanë; Shqipëria është e shqiptarëve; të gjithë nderojnë Zotin në qiell dhe kanë të njëjtin Zot...

Geistlichen, weil sie Werkzeuge in den Händen der politischen Feinde Albaniens waren.[135]

Immer wieder gibt es zu diesem Thema Diskussionen, welche Rolle die Religion als Teil der Identität der Albaner gespielt hat. Anhand der Antworten der Experten auf diese Interviewfrage wird im Folgenden ein Überblick über diesen wichtigen Punkt gegeben.

Abbildung 1:   Themenkomplex 1: Religion als Teil der Identität der Albaner[136]

Gruppe 1: Vertreter der Religionsgemeinschaften		
1.	**Die islamischen Glaubensrichtungen**	
	a.	**Der Vertreter der Muslime, Herr Dorian Demetja**
		Die Religion spielte und spielt eine sehr wichtige Rolle. Durch sie haben die Albaner sich selbst gefunden und ihr Leben auf der Basis dieses Prinzips geregelt.
	b.	**Der Vertreter der Bektashi, Herr Syrja Xhelaj**
		Im Bezug auf die Identität kann ich sagen, dass die Religion nur eine periphere Rolle in der gemeinsamen Erinnerung der Albaner gespielt hat. Geschichtliche, landeskundliche und politische Faktoren haben dazu beigetragen, dass in unserem Land sozusagen ein religiöses Mosaik erblüht ist. Manche Forscher, so wie N. Clayer, V. Hasluck, I. Birge, F. Trix usw. teilen die Ansicht, dass die Identität der Albaner durch den Bektashismus am Besten bewahrt und vererbt worden ist.
2.	**Die christlichen Glaubensrichtungen**	
	a.	**Der Vertreter der Orthodoxen, Herr Andon Merdani**
		In einem weiteren Kontext, als nur dem Albanischen spielt die Religion eine wichtige Rolle bei der Kultivierung der menschlichen, und vor allem der nationalen Identität. [...] Wie auch schon erwähnt ist die Religion ein wichtiger Aspekt des Lebens, des Menschen und der Gesellschaft und im engeren albanischen Kontext würde ich sagen, dass die Albaner keine Ausnahme von dieser Regel bilden. Sie sehen sich selbst mit der religiösen Identität verbunden, aber in unserem albanischen Kontext bezieht sich das nicht auf eine bestimmte Religion, da wir einige Glaubensgemeinschaften haben. [...] Bei uns spiegeln alle Religionen die nationale Identität wieder, d.h. wir sind Albaner und wir stellen uns mit unseren religiösen Überzeugungen vor. Jeder bringt also die Werte des eigenen Glaubens und fügt

---

[135] Clayer (2007): Në fillimet e nacionalizmit shqiptar... S.446

[136] Notiz A.M.: Siehe Frage 1 im Muster des Leitfadens der Interviews im Anhang. S.5; Quelle: Eigene Darstellung.

		diese Werte der Nation, dem Staat und folglich der Gesellschaft hinzu.
	b.	**Der Vertreter der Katholiken, Herr Don Gjergj Meta**
		Vor dem Moment der Albanischen Renaissance hat die Katholische Kirche die Kontinuität der Zugehörigkeit der Albaner an der Europäischen Identität bewahrt, zumindest was den kulturellen Aspekt anbelangt, da die katholischen Kleriker in westlichen Universitäten ausgebildet wurden und die Kultur, die die Katholiken hier entwickelten dem westeuropäischen Stil entsprach und entspricht, aufgrund der Wurzeln die gewissermaßen dort liegen. [...] Der katholische Glaube ist erstens Teil der albanischen Identität, hat aber auch die Bildung dieser Identität beeinflusst,- nämlich durch Kultur und Literatur, durch Predigt und die Kultivierung des geistlichen Lebens.
	c.	**Der Vertreter der Evangelischen Allianz Albaniens, Herr Fitor Muça**
		Die Religion hinterlässt ihre Spuren in der Identität einer Nation, unabhängig davon, ob sie aktiv oder inaktiv ist. Im Fall Albaniens haben sich die geographische Lage und die Geschichte auf die Existenz einer religiösen Vielfalt wie z.B. katholisch, orthodox, evangelisch, muslimisch, bektashi und gleichzeitig einige Sekten, ausgewirkt. [...] Der Identität der Nation liegen mehr die anderen Elemente der Nation zugrunde, wie die Sprache, die Tradition und das geistliche Erbe. In manchen Fällen sind diese Elemente besonders hervorgehoben worden, um die Nation in verschiedenen Situationen, die sie zu bewältigen hatte, zu schützen.
	d.	**Der Vertreter der Apostolischen Kirche Pogradec, Herr Ardi Shkullaku**
		Meiner Meinung nach haben die Albaner sich mehr mit ihrer Nationalität und Geschichte als mit der Religion identifiziert. Die Religion hat die Albaner nicht behindert oder voneinander getrennt. Besonders in den jetzigen Jahren, nach der langen Zeit unter einer Diktatur, kann sich ein Großteil der Albaner, vor allem aus der älteren Generation, nicht mit der einen oder der anderen Religion identifizieren.
		Gruppe 2: Vertreter der Gesellschaft, der Politik und des Staates
1.		**Vertreter der Gesellschaft und der Politik**
	a.	**Der inländische Vertreter, Herr Mark Marku**
		[...] In dem Prozess der Nationalen Auferstehung (Rilindja Kombëtare), der Nationsbildung und deren Formung haben alle Religionen ihre Rolle gespielt [...] indem sie ihre Gläubigen nicht zu einer religiösen Identität geführt haben, sondern zu einer nationalen Identität. Von den verschiedenen Glaubensrichtungen im Lande ist es allgemein anerkannt, dass religiöse und nationale Identität keinen Widerspruch darstellen. Man kann Albaner sein und problemlos einen anderen Glauben haben; was uns vereint, ist, dass wir Albaner sind und was uns unterscheidet, ist der Glaube.

	b.	**Der ausländische Vertreter, Herr Bernd Borschardt**
		Es gibt den berühmten Satz, dass die Religion der Albaner das Albanertum ist. Ganz so würde ich es nicht sehen: Es gibt durchaus eine erhebliche Anzahl von Menschen, die sich ganz eindeutig einer Religion zuordnen. Dies ist an hohen Feiertagen zu beobachten. [...] Angesichts der Vielzahl der in Albanien vertretenen Religionen kann man aber auch nicht sagen, dass eine bestimmte Religion die Identität der Albaner prägt. Die sehr weit gehende Toleranz zwischen den einzelnen Religionsgruppen ist aber Teil einer Toleranz, die m.E. wiederum die Identität der Albaner prägt.
	c.	**Der ausländische Vertreter, Herr Hans Ahlfeld**
		Im Islam (spielt die Religion) keine sehr große, außer bei Praktizierenden (ca. 3 %), bei den Katholiken eine etwas größere (ca.12 %), bei den Orthodoxen eine große (über 50 %) und bei verschiedenen protestantischen Gruppen eine sehr große
2.	**Vertreter des Staates**	
	a.	**Der jetzige Vertreter (Staatliches Komitee für Glaubensfragen), Herr Rasim Hasanaj**
		Wie in jedem anderen Land der Welt geht die Religion auf einen frühen Ursprung zurück. Die Menschen haben sich mit der Religion identifiziert, da die Religion das allererste war. [...] In erster Linie identifizieren sich die Albaner als Albaner in Bezug auf die Nation und an zweiter Stelle steht die Religion, die in bestimmten historischen Momenten, wie in anderen Ländern, Änderungen auch in der Zivilisation gebracht hat.
	b.	**Der ehemalige Vertreter (Staatliches Komitee für Glaubensfragen), Herr Fatri Sinani**
		Ich denke, dass Religion sowohl historisch als auch aktuell eine eher zweitrangige Rolle bei der Identität der Albaner gespielt hat und spielt. Diese Rolle wird durch den geschichtlichen Weg der religiösen Glaubensrichtungen unter den Albanern bestimmt.

Quelle: Eigene Darstellung

Wie man den Antworten der Vertreter der Religionsgemeinschaften entnehmen kann, sind zwei Gruppen erkennbar. Die eine Gruppe repräsentiert von den Vertretern der Muslime, Orthodoxen und Katholiken sieht die Religion als einen wichtigen Teil der Identität der Albaner. Die Religion, sagt der Vertreter der Katholiken, spielte und spielt eine wichtige Rolle bei der Kultivierung der Kontinuität der Zugehörigkeit der Albaner zur Europäischen Identität. Er sieht die katholische Identität der Albaner in einem wichtigen Teil der Bildung und des geistlichen Lebens. Herr Andon Merdani, Vertreter der Orthodoxen, schätzt die

Religion als einen wichtigen Aspekt des Lebens und der Gesellschaft, die den Menschen hilft sich selbst zu finden.

Die andere Gruppe sieht die Rolle der Religion als peripher. Das behaupten die Vertreter der Bektashi, und die zwei Vertreter der Protestanten. Herr Fitor Muça, obwohl er die Spuren anerkennt, die die Religion in der Identität einer Nation hinterlässt, ist er dennoch der Meinung, dass im Fall Albaniens die geografische Lage, die Geschichte, die Sprache, die Tradition und das geistliche Erbe die wichtigsten Elemente der Identität der Albaner waren. Jedoch, sagt er, war die Religion nie ein Grund der Trennung oder Zersplitterung. Dieselbe Ansicht vertritt auch Herr Ardi Shkullaku. Er ist der Meinung, dass die Religion die Albaner nicht behindert oder voneinander getrennt hat. Herr Syrja Xhelaj bringt zum Ausdruck, obwohl er auch die Ansicht über die periphere Rolle der Religion teilt, dass der Bektashismus als Religion am besten die Identität der Albaner bewahrt und vererbt hat.

Die Gruppe der Vertreter der Politik, der Gesellschaft und des Staates ist in ihrer Meinung vielfältig. Herr Fatri Sinani sieht die Rolle der Religion in der Identität der Albaner aufgrund der historischen Besonderheiten als zweitrangig an, währenddessen sein Kollege, Herr Rasim Hasanaj, schwerpunktmäßig auf die historisch-prägende Rolle der Religion hinweist, dann jedoch, was die Gegenwart anbelangt, die Ansicht teilt, dass die Rolle der Religion eher säkundär ist. Herr Bernd Borchardt versteht unter dem Satz „*Die Religion der Albaner ist das Albanertum*" mehr als die ins Auge fallende erste Bedeutung. Er besagt, dass die Albaner zwar ihre nationale Identität haben, sie aber auch religiös sind, was insbesondere an wichtigen religiösen Feiertagen zu beobachten ist. Ganz wichtig an dieser Stelle findet er die Toleranz zwischen den einzelnen Religionsgruppen, die auch nach seiner Meinung Teil der Identität der Albaner ist. Herr Mark Marku ist der Meinung, dass die Religionen keinen Widerspruch zu der Nationsbildung dargestellt haben. Denn, so sagt er, sie haben ihre Gläubigen gemeinsam zu einer nationalen Identität geführt. Herr Hans Ahlfeld sieht die Rolle der Religion in ihrer gegenwärtigen Situation in der vielfältigen Ausübung der verschiedenen Glaubensrichtungen durch die Gläubigen.

Wie zusammenfassend erkennbar ist, hat die Religion eine wichtige Rolle in der Identität der Albaner gespielt, auch wenn dies unterschiedlich gewertet wurde. Übereinstimmend ist erkennbar, dass jede Religion die nationalen Werte und die nationale Identität unterstützt, diese bewahrt und weiter vererbt hat. Es ist nicht erkennbar, dass Religion ein Grund für Trennung war, sondern eher ein Mittel zur Vereinigung. Die nationale Identität wurde weder politisch mit einer einzigen Religion gleichgesetzt, noch wurde gegenwärtig dieser Anspruch von den Religionsgemeinschaften erhoben oder beansprucht, wie es in vielen anderen Ländern der Fall war. Wenn man von nationaler Identität sprach und spricht, dann spricht man von einer Religionsvielfalt unter den im heutigen Albanien lebenden Albanern.

5.2 Das „Albanertum" als Religionsersatz im Rahmen der Identitätsdefinition

Die Rilindja-Bewegung war in der albanischen Geschichte ein Schlüsselereignis, das Albanien auch in den folgenden Jahren weiterhin stark prägte. Sie entstand zuerst in den Gedanken einer Gruppe von albanischen Intellektuellen in der Diaspora. Den Auftakt und den Ansporn übernahm diese Bewegung von anderen europäischen Bewegungen, die ihre Anfänge schon weit früher hatten.

Die Wichtigkeit dieser Bewegung bestand darin, dass sie albanische Patrioten aller Religionen zu einem großen Ziel zusammenbrachte. Albaner, die bis jetzt in viele Religionen gespalten waren, konnten alle durch diese Bewegung vereinigt werden. Bemerkenswert in dieser Zeit war die Prägung des Begriffs *„Albanertum"*, der in erster Linie die Einheit aller albanischen Gebiete meinte. Religion war ein wichtiger Faktor für den Zusammenhalt, aber nicht das zentrale Element der Vereinigung der Albaner. Deshalb schreibt der albanische Patriot Pashko Vasa in seinem Werk:

„Albaner, seht nicht auf Kirchen und Moscheen, die Religion eines Albaners ist das Albanertum."[137]

Auch bei anderen Dichtern dieser Zeit war das Albanertum ein immer wiederkehrendes Thema, das unterschiedlich bearbeitet wurde.[138]

Ein sehr berühmtes Werk, das die nationalen Gefühle der Albaner ansprach, war das Werk von Pashko Vasa „Die Wahrheit über Albanien und die Albaner" *(E vërteta mbi Shqipërinë dhe shqiptarët),* das auch in mehrere europäische

---

[137] Albanisch: Shqiptarë, mos shikoni kisha e xhamija, feja e shqiptarit është shqiptaria.
Der albanische Professor Shaban Sinani sieht eine Ähnlichkeit zwischen Albanern und Juden in ihrem Konzept über die Beziehung Ethnie-Religion. Er sagt, dass die Juden das einzige Volk in der Welt sind, bei dem die Religion auch die Nation ist. Die Albaner sind auch ein besonderes Volk, das zumindest in einer eingeschränkten Periode die Nation zur Religion gemacht hat, wie auch das Judentum für die Juden Religion und Nation bedeutet. Sinani (2009): Hebrenjtë në Shqipëri... S.25-26

[138] Notiz A.M.: Bekannt sind z.B. die Verse von Naim Frashëri... *Alle Brüder, die wir haben / alle sind von einem Blut...* (Albanisch: Ç'do vëlla që kemi / Të gjithë nga një bark jemi.)
Oder die Verse von Filip Shiroka
...ich glaube an einen wahren Gott und an die albanische Nation, die mir das Leben gegeben hat. Ich bin Albaner und so will ich bleiben, in diesem Glauben, bis ich sterbe... (Albanisch: Unë besoj në nji Zot të vërtetë / E në komb të Shqypes qi më ka lee / Jam shqyptar e due me mbet / Në këtë besë deri sa të des.)

Sprachen übersetzt wurde. Die berühmte Aussage in diesem Werk „*Die einzige Religion der Albaner ist das Albanertum*" ist in sich kein Credo gegen die Religion, sondern gegen die Zersplitterung der Albaner durch die Religion und die Vermischung von Staat und Religion, mit dem einzigen Ziel der Vereinigung aller Albaner unter einem Credo der Nation.[139] Dieses Werk wurde in einer Zeit der drohenden Teilung der albanischen Gebiete veröffentlicht und wurde sehr schnell zu dem politischen Manifest der Rilindja Bewegung. Pashko Vasa widersprach dem Konzept, dass Nation und Religion sich gegenseitig identifizieren.[140]

Für ihn waren Nation und Religion verschiedene Dinge, weil sie zwei unterschiedliche soziale Lebensbereiche vertraten, die einander nicht ersetzen konnten. Zu propagieren, dass die Muslime in Albanien Türken seien oder dass die Orthodoxen in Albanien Griechen seien, nur weil Albaner an deren Religion glaubten, hieße dann, dass Religion und Nation auf der gleichen Stufe stehen würden, was bei den Albanern nicht der Fall ist, begründete Pashko Vasa.[141]

> „Die Religionen sollen auf keinen Fall die Abstammung ersetzen, so sollen sie auch dem Prinzip der Nation nicht schaden... Es sind nicht der Islam oder das Christentum, das die Völker zu Nationen macht, sondern es sind die Sprache, die Sitten, die Bräuche und andere Charakteristiken, die die Nationen voneinander unterscheiden".

Pashko Vasa sah in der Nationsbildung durch die gemeinsame Sprache eine Art Ersatzreligion für die Albaner. Er formulierte auch sein Konzept über die albanischen Gebiete und Albanien als Heimatland aller Albaner. Er berief sich auf verschiedene historische, sprachliche, ethnische und wirtschaftliche Angaben und hob insbesondere die albanische Sprache als gemeinsame und wichtigste Eigenschaft der albanischen Nation hervor.[142]

5.3 Der Atheismus und die Religionen

Leider wurde die berühmte Aussage „*Die einzige Religion der Albaner ist das Albanertum*" während des Kommunismus missbraucht. Dies war das neue

---

[139] Dervishi; Çaushi (2002): Fetë në Shqipëri... In: Historical Studies, Issue 3-4/2002: S.87

[140] Notiz A.M.: Mathieu Aref in seinem Buch „Albanie (Historie et Langue) ou l'incroyable odyssée d'un peuple préhellénique" erklärt den Begriff des Albanertums mit den ständigen Versuchen und Kämpfen des albanischen Volkes, die Einheit ihrer albanischen Gebiete zu verteidigen. Diese Einheit wurde im Lauf der Jahrhunderte von den Großmächten zerstückelt. Der kämpferische Geist der Albaner, das Land ihrer Vorfahren zu verteidigen und der ewige Wunsch in Frieden in ihren Gebieten zu leben, haben das Albanertum geprägt.

[141] Prifti (2002): Botimi dhe përhapja në Evropë e veprës së Pashko Vasës... In: Historical Studies, Issue 1-2/2002: S. 53

[142] Ebd.: S.54

„Glaubensbekenntnis" für die Albaner, wie es Enver Hoxha (ursprünglich Bektashi-Bekenner) bereits nach der Machtübernahme verkündete. Am 22. Oktober 1944 hatte Enver Hoxha die absolute Gleichberechtigung aller Religionen und die uneingeschränkte Ausübung des Glaubens garantiert. Die Trennung zwischen Kirche und Staat sowie zwischen dem Schulwesen und der Kirche wurde mit dem Ausruf der Volksrepublik verkündet.[143] Doch kaum waren Enver Hoxhas Reden veröffentlicht, als sich schon der sogenannte wissenschaftliche Atheismus im Land ausbreitete. Zusammen mit allgemeiner Schulbildung für die Bevölkerung wurde der Atheismus aus innenpolitischen Gründen Mitte der sechziger Jahre mit einem wahrhaft „religiösen Eifer" und einer solchen Militanz propagiert, dass die Religion in Albanien gänzlich verboten werden konnte.[144]

Während das Christentum dazu aufrief, „dem Kaiser zu geben, was des Kaisers ist und Gott, was Gottes ist", trennten die in der Zwischenkriegszeit entstandenen politischen Religionen (der Sowjetkommunismus, der italienische Faschismus und der deutsche Nationalsozialismus) nicht mehr zwischen dem, was Gott gehört und dem, was dem Kaiser gehört. So geschah es auch in Albanien. Zwar war die Trennung zwischen Kirche und Staat im Kommunismus festgelegt, das galt aber nicht für das Eigentum der religiösen Institutionen, die dann verstaatlicht wurden.[145]

Am 22. November 1967 wurden durch das Regierungsdekret Nr. 4337 sogar alle Religionen verboten. 1967 meldete Radio Tirana, Albanien sei der erste atheistische Staat der Welt. Die albanische Presse der damaligen Zeit erklärte:

„Unter der leuchtenden Führung der Partei und des Genossen Enver Hoxha hat die Jugend Albaniens den ersten atheistischen Staat der Welt geschaffen."[146]

Die gültige Sprachregelung lautete:

„Religion ist ein Gift, das die revolutionären Aktivitäten der Massen lähmt und den gesellschaftlichen Fortschritt behindert."[147]

Diese Einstellung ist nicht ganz unbekannt: Das Vorbild Russlands mit dessen Führer Lenin war der „Erfolgsschlüssel" dafür in Albanien. Lenin definierte Gott als ein Ideenkonglomerat, das aus dumpfer Naturabhängigkeit und klassenmäßiger Unterdrückung der Menschen entstanden sei. Daher wurde der Kampf gegen die Religion auf die gleiche Stufe mit der Bekämpfung des An-

---

[143] Historia e Partisë së Punës së Shqipërisë (1968): S.490
[144] Elsie (2002): Handbuch zur albanischen Volkskultur... S.15
[145] Historia e Partisë së Punës së Shqipërisë (1968): S.490
[146] Jung (1990): Skanderbegs Erben... S.32
[147] Kulpok (1982): Europas letztes Geheimnis – Albanien. S.72

alphabetismus und der Armut gestellt.[148] In einer Gesellschaft mit vergesell-
schafteten Produktionsmitteln sollte die Religion in der Diktatur des Proletariats
absterben.[149]

Es gibt viele Ansichten darüber, ob der Kommunismus selbst eine Religion
war oder nicht. Viele Forscher kommen zu dem Schluss, auch wenn sie dem
Kommunismus den Status einer Religion nicht absprechen, so war er doch im
Vergleich zu seinen Vorgängerinnen eine schwache Religion gewesen. Er gab
den Menschen einen Lebenssinn und steckte ein Ziel, um dessentwillen alles
erlaubt war.[150]

Übereinstimmend kann aus fast allen Experteninterviews verstanden werden, dass Albaner auch als religiös angesehen werden. Das deutet auch der Deutsche Botschafter in Albanien, Bernd Borchardt, in seinem Interview durch ein
einfaches Beispiel:

„Zudem gibt es in Albanien viele Glücksspiele. Viele Sozialwissenschaftler meinen,
dass Anhänger von Glücksspielen überzeugt sind, dass die Anrufung übernatürlicher
Kräfte ihr Glück beeinflussen kann. Glaube an Übernatürliches ist auch für Religionen zentral."[151]

Das kommunistische System versuchte, durch den wissenschaftlichen Atheismus den Kommunismus zur Ersatzreligion der Albaner zu erheben und
dadurch die religiösen Gefühle der Albaner zu befriedigen und unter Kontrolle
zu haben. Wie auch Linz in den Sammelbänden von Hans Maier erklärt, sind die
Initiatoren der politischen Religionen politische Führer, die an der Macht sind
und die Ressourcen des Staates und der Staatspartei verwenden. Weiterhin versuchen die politischen Religionen mit den existierenden Religionen zu konkur-
rieren, sie zu ersetzen und, wenn möglich, sie zu zerstören. Aus der Sicht existie-
render religiöser Traditionen sind sie tief anti-religiös.[152] In Albanien wurde
diese politische Religion im Dezember 1976, fast zehn Jahre nach der Ausrufung
des ersten atheistischen Staates, in der Verfassung Albaniens festgeschrieben. In
Artikel 37 der Verfassung vom 28. Dezember 1976 hieß es nun:

---

[148] Ryklin (2008): Kommunismus als Religion... S.15

[149] Notiz A.M.: Gemäß der Albanischen Verfassung vom Jahre 1976 ist die Sozialistische Volksrepublik Albaniens ein Staat der Diktatur des Proletariats. (Artikel 2): S.9

[150] Ryklin (2008): Kommunismus als Religion... S.41-42

[151] Vgl. hierzu das Interview vom 26.04.2010 mit Herrn Bernd Borchardt, Botschaft der Bunderepu-
blik Deutschland in Albanien. S. Anhang. S.91.

[152] Linz: Der religiöse Gebrauch der Politik und/oder der politische Gebrauch der Religion... In:
Maier (Hrsg.): Totalitarismus und politische Religionen... Band 1. S.130

„Der Staat erkennt keinerlei Religion an und fördert die Verbreitung des Atheismus, um dem Volk die Weltanschauung des wissenschaftlichen Materialismus einzuschärfen."[153]

Nicht nur die Religion war verboten, sondern auch

„Die Schaffung jeder Art von Organisationen faschistischer, antidemokratischer, religiöser oder antisozialistischer Natur ebenso wie jede solchen Zielen dienende Betätigung und Propaganda"

wie es im Artikel 55 festgelegt war.[154]

Diese politische Religion wurde in Albanien z.b. in der Formung von Werten sichtbar, indem man verkündete:

„Selbst wenn wir das tägliche Brot entbehren müssten – wir Albaner verletzen keine Prinzipien. Wir verraten nicht den Marxismus-Leninismus!"[155]

So lauteten auch mit den Worten Enver Hoxhas, die offiziellen Begründungen für alle seit 1944 geschlossenen und gescheiterten Bindungen und Verbindungen Albaniens mit anderen kommunistischen Ländern. Eine Erklärung, die das Selbstverständnis einschließt, den einzigen richtigen Weg zum Kommunismus zu gehen. So schuf er eine eigene Form des Kommunismus, der tief in die nationalen Gefühle der Albaner eingriff. Letztendlich war dann nicht mehr die Ideologie die Ersatzreligion, sondern er selbst, Enver Hoxha auf der Basis des von ihm geförderten Nationalismus. In Enver Hoxhas System war kein Platz für Gott. Er wurde mit dem ägyptischen Pharao verglichen, der zu Moses sagte:

„Aber wer ist Gott? Warum sollte ich ihn anhören und die Israeliten gehen lassen?" (2.Mose 5,2)

Er verkündete, dass der Glaube in Albanien falsch und anzuklagen sei, da er den ausländischen Eroberern ein Unterdrückungsinstrument gebe, dessen sie sich bedienen würden, um sich den Willen der sozialen Klassen in Albanien zu unterwerfen. Der Mensch sollte nur in das Albanische/Albanertum Vertrauen haben und nicht in die Fremdherrschaft. Nun war er, Enver Hoxha, da. Das Volk konnte in ihn sein Vertrauen setzen, da er Albaner war, so sein gelebtes Credo.[156]

---

[153] Kushtetuta e Republikës Popullore të Shqipërisë (1976): S.24

[154] Kushtetuta e Republikës Popullore të Shqipërisë (1976): S.30

[155] Bartl (1995): Albanien. S. 297

[156] Benincasa (1995): Der Pharao des Sozialismus... S.110

Das erklärt auch Fitor Muça, der Leiter der Evangelischen Allianz Albaniens, in seinem Interview:

„Sieht es nicht so aus, als ob sie (die Kommunisten) das Ziel hatten, Gottes Reich aber ohne Gott nach ihrer Vorstellung aufzubauen? Während des Kommunismus war überall eine Devise zu erkennen: „In einer Hand die Hacke, in der anderen das Gewehr." Unter dieser Devise war zu verstehen: Mit der Hacke in einer Hand bauen wir das Vaterland und mit dem Gewehr in der anderen Hand verteidigen wir die Siege. Wenn man das Buch Nehemia liest, wird man dort klar diese Botschaft unter dem Motto finden: „Alle für einen und einer für alle." Dies ist nur ein Beispiel von vielen Sprüchen, die dem Gottes Wort entnommen worden sind und von den politischen Leitern verwendet wurden."[157]

Ergänzend zu dieser Aussage wird ebenso in den Sammelbänden von Hans Maier versucht, den Kommunismus als Ersatzreligion und als wahre Ecclesia zu begründen. Kommunismus nimmt religiöse Züge an, um die „frohe Botschaft", Frieden und Gerechtigkeit allen zu bringen. Im irdischen Paradies wird das Gebot der Nächstenliebe endgültig verwirklicht... der eigentliche Erlöser dabei ist nicht das Proletariat, sondern die Partei.[158]

Nach dem Tod Hoxhas und der Wende in den 90er Jahren zerbrach diese politische Ersatzreligion Enver Hoxhas mit ihrem stark ausgeprägten Nationalismus. Sein Personenkult und der Glaube an dieses System wurden zerstört. Denn wie auch Linz in den Sammelbänden von Hans Meier begründet, bedeutet die Eingliederung eines Personenkults in eine politische Religion eine Gefahr für andere Führer, wie auch im Fall Albaniens. Weiterhin sagt Linz, dass diese politische Religion im Falle einer Krise in Frage gestellt werden kann.[159]

Genau das geschah auch in Albanien. Was diese Zeit aber hinterließ, sind die nationalen Gefühle der Albaner, die sich heute auf die politisch-gesellschaftliche Ebene verlagern und beschränken. Die religiösen Züge, die die kommunistische Ideologie den nationalen Gefühlen der Albaner durch den Atheismus verleihen wollte, sind heute kaum mehr zu verstehen und zu erkennen. Das ist wohl einer der Gründe, warum heute die Albaner ihre Religion frei aussuchen. In der albanischen Gesellschaft als einer post-kommunistischen und nachatheistischen Gesellschaft sind somit in einer großen Offenheit die verschiedenen Religionen anerkannt. Auf diese Weise erlebt Albanien heute die Abkehr von der „Ersatzreligion". Das zeigen auch die Ergebnisse der Studie von Prof. Pickel, in

---

Vgl. hierzu das Interview vom 21.04.2010 mit Herrn Fitor Muça, Evangelische Allianz Albaniens. S. Anhang. S.59.

[158] Schipperges: Zur Instrumentalisierung der Religion in modernen Herrschaftssystemen. In: Maier, Hans (Hrsg.): Totalitarismus und politische Religionen... Band 3. S.232

[159] Linz: Der religiöse Gebrauch der Politik und/oder der politische Gebrauch der Religion... In: Maier (Hrsg.): Totalitarismus und politische Religionen... Band 1. S.135

der die Albaner im Vergleich zu anderen osteuropäischen Ländern religiöser sind.[160] Auch Fatri Sinani, der ehemalige Direktor des Staatlichen Komitees für Glaubensfragen hat sich mit dieser Thematik auseinandergesetzt und ist in seiner Studie über „Die Besonderheiten des Glaubens bei den Albanern" zu folgendem Ergebnis gekommen: Fast 91,74% der Befragten in den Dörfern glauben an Gott, in der Stadt sind es 85,71%.[161] Nationale Identität und Religion sind getrennt. Das bestätigt auch Mark Marku, Doktor der Sozialwissenschaften an der Universität Tirana, in seinem Interview. Er sagt:

„Man kann Albaner sein und problemlos einen anderen Glauben haben, was uns vereint, ist, dass wir Albaner sind und was uns unterscheidet, ist der Glaube."[162]

Auch dies könnten andere Staaten des ehemaligen Ostblocks, die eine ähnliche Entwicklung durchlaufen haben, als Anregung aufnehmen.

Exkurs: Der Kampf gegen die Religion
In einem Brief des Zentralen Komitees der Arbeitspartei Albaniens an die Bezirkskomitees schrieb der Erste Sekretär dieses Komitees, Enver Hoxha, über die Religion:

„Die in den Religionen vielleicht existierenden Weltanschauungen werden von den Geistlichen in eine Philosophie umgewandelt werden. Ihre Dogmen werden den Menschen eingetrichtert und werden in rückständigen Ritualen des täglichen Lebens zementiert. [...] Deshalb sollen wir die Religion bekämpfen..."[163]

Und so geschah es, dass eine Welle von Repressalien gegen Geistliche einsetzte: Imame, Bektashi-Geistliche, Bischöfe, Priester und Laien wurden verhaftet, gefoltert und ohne Rechtsverfahren von sog. Volksgerichten zu Haftstrafen oder zu Zwangsarbeit verurteilt. Im November 1944 wurden alle ausländischen Missionare und Priester ausgewiesen.[164]

Viele Geistliche erlitten den Märtyrertod. Es gibt viele Beispiele von Verfolgung und Folterung. Ich möchte an dieser Stelle nur vier erwähnen, weil sie die Brutalität im Umgang mit der Religion verdeutlichen:

---

[160] Pickel: Revitalization of Religiosity as Normalization? – Romania in European Comparative Perspective. In: Voicu, Foszto, Gog (ed.): Twenty years after the fall of official Atheism....p.22 Des Weiteren siehe Anhang. S.2: Tabelle 1: Religiösität im Vergleich.

[161] Sinani: Veçori të besimit fetar ndër shqiptarë. In: Fuga: Rrugë drejt dialogut ndërfetar në Shqipëri. S.118.

[162] Vgl. hierzu das Interview vom 24.04.2010 mit Herrn Mark Marku, Staatliche Universität Tirana. S. Anhang. S.120

[163] PPSH Dokumente Kryesore, Vëllimi V 1966-1970: S.240

[164] Jung (1990): Skanderbegs Erben... S.24

- Hafiz Sabri Koçi, sunnitischer Imam, war einer der wenigen Imame in Albanien, der ein Hindernis für die Kommunisten auf ihrem Weg zur Bildung des „neuen Menschen" war. Im Jahr 1966, kurz vor dem Ausrufen des ersten atheistischen Staats der Welt, wurde er verhaftet und mit 22 Jahren als Staatsfeind in ein Arbeitslager eingewiesen. Sein Haus wurde verstaatlicht und seine Familie musste im Internierungslager mit ihm leiden.[165]
- Baba Myrteza Paja (Bektashi-Leiter) wurde im Jahr 1946 verhaftet und gefoltert. Er überlebte die Folter nicht und starb schon im Untersuchungsgefängnis in Tirana. Um diesen Mord als Selbstmord hinzustellen, wurde er anschließend aus einem Fester im dritten Stockwerk eines Gebäudes hinausgeworfen.[166]
- Dr. Visarion Xhuvani, der albanische orthodoxe Erzbischof von 1929 bis 1937 wurde 1947 verhaftet. Es gab verschiedene Anklagen gegen ihn. Die Staatssicherheit warf ihm vor, dass er eine Auslandsagent sei und dass er sein Amt als Bischof von Berat missbraucht hätte. Visarion Xhuvani wurde zu 20 Jahren Haft im Gefängnis von Burrel verurteilt.[167]
- Am 18. April 1947 wurde Stefan Kurti, Pfarrer in der Hauptstadt Tirana, als angeblicher „Auslandsagent und Staatsfeind" zu 20 Jahren Gefängnis verurteilt. Auch während seiner Haftzeit im Arbeitslager von Lushnja erwies er sich als mutiger Bekenner. 1971 erfüllte der inzwischen greise Kurti der Frau eines Mithäftlings den dringenden Wunsch, ihr Kind zu taufen. Dabei wurde er überrascht und durch ein sog. Volksgericht nach kurzer Verhandlungsdauer in der Dorfkirche von Milot zum Tod durch Erschießen „verurteilt". Die Ermordung des 74jährigen Seelsorgers 1971 wurde zunächst geheim gehalten, musste dann aber doch zugegeben werden, nachdem die Nachricht ins Ausland gedrungen war. Offiziell wurde erklärt, der Feind Kurti sein nicht verurteilt worden, weil er ein Kind getauft habe, sondern weil er „ein Schlachthaus für alle unsere Kinder vorbereitet hatte" (ATA 13.06.1973)[168]

Was in Albanien in diesen Jahren passierte, übertrifft an Grausamkeit alle übrigen Verfolgungen von Christen und Andersgläubigen im 20. Jh. „Die Religion, Opium fürs Volk", „Hat Christus existiert?" oder „Die Religion im Dienst der Antivolksregierung" lautete die Propaganda zur atheistischen Erziehung der albanischen Schüler.

---

[165] Luli (2006): Gjykim në emër të popullit. In: Musta; Memisha (Hrsg.): Antologjia e plagëve nën terrorin komunist 2. S.187-189
[166] Musta (2005): Burgjet e diktaturës komuniste... S.63
[167] Xhuvani; Haxhillazi (Hrsg.): Visarion Xhuvani... S.488
[168] Jung (1990): Skanderbegs Erben... S.25-28

Alle kirchlichen Institutionen wie Krankenhäuser, Seminare, Waisenhäuser, Kinderheime und 17 Schulen wurden verstaatlicht und der Religionsunterricht verboten. Katholische Zeitschriften durften nicht mehr erscheinen, die 80 Bezieher der führenden literarischen Zeitschrift „Hylli i Dritës" (Lichtstern) wurden als „systemfeindliche Elemente" ermordet, die meisten ohne Urteil.[169] 2169 Kirchen, Klöster und Moscheen wurden geschlossen, abgerissen oder zu Museen, Jugendhäusern, Sporthallen und Restaurants umgestaltet. Aus der Kirche in Elbasan wurde eine Marmeladenfabrik.[170] Diese Tatsache wurde sogar in einem Brief des Zentralen Parteikomitees im Jahre 1967 bestätigt:

> „Der Abriss der Kirchen, Moscheen, Tekkes und Klöster ist schwierig, weil man nicht gegen den Teil der Gläubigen vorgehen soll. Allerdings sind viele solche Gebäude schon abgerissen ohne jede Reaktion von der Bevölkerung, oder in Lager umgewandelt worden... Die Religionsinstitutionen dürfen nichts mehr auf dieser Erde haben..."[171]

Die Religionsverfolgung wurde auch nach dem Tod Enver Hoxhas im April 1985 fortgesetzt. Noch im Sommer 1986 appellierte Ramiz Alia, der Nachfolger Hoxhas, mehrfach an die Jugend Albaniens, den „Kampf gegen die Religion" zu verstärken. Im Februar 1987 wurde ein Gesetz verabschiedet, das christliche Namen verbot.[172]

Ob und wie der Atheismus seine Spuren auf die Albaner hinterlassen hat, soll in dem folgenden Themenkomplex dargestellt werden:

Abbildung 2:   Themenkomplex 2: Wirkungen des Atheismus[173]

Gruppe 1: Vertreter der Religionsgemeinschaften		
1.	**Die islamischen Glaubensrichtungen**	
	a.	**Der Vertreter der Muslime, Herr Dorian Demetja**
		Sicherlich hat der Atheismus seine Spuren hinterlassen. Das Ziel wurde geändert. Wenn man früher eine Moral gegenüber Gott hatte, änderte man das in jener Zeit für das Ideal der Partei. [...]

---

[169] Ebd.: S.24

[170] Kulpok (1982): Europas letztes Geheimnis-Albanien. S.72

[171] PPSH Dokumente Kryesore, Vëllimi V 1966-1970 (1974): S.241

[172] Jung (1990): Skanderbegs Erben... S.40

[173] Notiz A.M.: Siehe Frage 3 im Muster des Leitfadens der Interviews im Anhang. S.5

	b.	**Der Vertreter der Bektashi, Herr Syrja Xhelaj**
		Der Atheismus hat einen starken Einfluss [...] auf die Entfremdung der Gläubigen von Gottes Wegen und dem Heranzüchten (Schaffung) einer geistlichen Wüste. [...] Der Atheismus verhindert, dass die Jugend in unsere *Tekkes* kommt. Der Grund dafür ist, dass diese Jugend von Eltern großgezogen worden ist (heute 40-50 Jahre alt), die von der kommunistisch-atheistischen Ideologie stark beeinflusst wurden.
2.		**Die christlichen Glaubensrichtungen**
	a.	**Der Vertreter der Orthodoxen, Herr Andon Merdani**
		[...] Der Atheismus hat eine große Auswirkung auf das religiöse Verhalten der Menschen, auf ihren Ausdruck des Glaubens und der inneren Überzeugungen gehabt. [...] Vernachlässigung einiger moralischer, ethischer und humaner Normen. [...] Die Menschen wurden verantwortungsloser in ihren eigenen Handlungen und in ihrer Verantwortung sich selbst, den Verwandten und der Gesellschaft gegenüber. [...]
	b.	**Der Vertreter der Katholiken, Herr Don Gjergj Meta**
		Der Atheismus hat sicherlich eine große Auswirkung gehabt. [...] Auch wenn alle Anstrengungen das religiöse Verständnis nicht auslöschen konnten, so haben sie es doch geschafft, das Leben der Menschen stark zu beeinflussen. Das kann man sicherlich am Leben der Albaner sehen, an dem Mangel eines Bezugspunktes zum Absoluten, zu Gott. [...] an den Verhaltensweisen der Menschen, an ihrer allgemeinen religiösen Kultur oder an ihrem Besuch von religiösen Institutionen.
	c.	**Der Vertreter der Evangelischen Allianz Albaniens, Herr Fitor Muça**
		[...] Die Albaner tauschten die Liebe zueinander, wie auch in der Bibel beschrieben, mit der Liebe zur Partei und dem Kameraden Enver. [...] Meiner Meinung nach ist der Atheismus kein Phänomen, das einfach kommt und verschwindet. Um ihn als historische Realität heran zu bilden, brauchte man Jahre. Deshalb hatte das alles Einfluss auf das atheistische Verhalten der Menschen. [...]
	d.	**Der Vertreter der Apostolischen Kirche Pogradec, Herr Ardi Shkullaku**
		[...] Der Atheismus hat auch viel Zweifel und Skepsis hervorgerufen, was ein Wachstum des Glaubens schwierig macht.
		Gruppe 2: Vertreter der Gesellschaft, der Politik und des Staates
1.		**Vertreter der Gesellschaft und Politik**
	a.	**Der inländische Vertreter, Herr Mark Marku**

		Die Zeit des Atheismus ist eine sehr negative Zeit gewesen [...] und hat ein Vakuum in den klerikalen Eliten mit sich gebracht. [...] Die neuen Eliten wurden von Anfang an außerhalb der albanischen Realität ausgebildet. In diesem Fall könnte es sein, dass diese neue Elite die Tradition nicht respektiert. [...]
	b.	**Der ausländische Vertreter, Herr Bernd Borchardt**
		[...] Viele Menschen haben also den Weg zu Gott nicht zurückgefunden. Insgesamt vermute ich, dass in Albanien heute mehr Menschen an einen Gott glauben würden, wenn Albanien 1945 nicht kommunistisch geworden wäre.
	c.	**Der ausländische Vertreter, Herr Hans Ahlfeld**
		Weniger der Atheismus als die Religionsfeindlichkeit des Diktators und seiner Regierung hat sich auf das Verhalten der Menschen ausgewirkt. Nur in ganz wenigen Zirkeln oder Kreisen hat man den Mut gehabt sich zu treffen. [...]
2.	**Vertreter des Staates**	
	a.	**Der jetzige Vertreter (Staatliches Komitee für Glaubensfragen), Herr Rasim Hasanaj**
		Wir sind das einzige Land auf der Welt, in dem die Religion durch das Gesetz verboten wurde. Das hat vieles in unserer Kultur zerstört. Heimlich haben die Menschen die religiösen Rituale beibehalten.
	b.	**Der ehemalige Vertreter (Staatliches Komitee für Glaubensfragen), Herr Fatri Sinani**
		Der Atheismus in Albanien wurde von der Politik initiiert und gesetzlich vorgeschrieben. Deshalb konnte und kann sein Einfluss auf die religiösen Verhaltensweisen der Menschen keinen großen Einfluss auf die geistliche Welt der Gläubigen haben. Den politischen Einfluss des Atheismus haben mehr die Riten und die religiösen Verhaltensweisen verspürt, aber nicht der Glaube. [...]

Quelle: Eigene Darstellung

Über den Atheismus und das Religionsverbot in Albanien ist viel gesprochen und geschrieben worden. Eine reine Analyse und Forschung in dieser Hinsicht, die die Spuren des Atheismus in Albanien wissenschaftlich und empirisch nachvollziehen könnte, gibt es nach meiner Kenntnis nicht. Deshalb ist es mein Anliegen durch die Meinungen der Experten, die Auswirkungen des Atheismus auf das religiösen Verhalten der Albaner darzustellen.

Es gibt bei allen Vertretern der Religionsgemeinschaften keinen Zweifel darüber, dass sich der Atheismus auf das religiöse Verhalten der Albaner ausgewirkt hat. Darüber wie er sich ausgewirkt hat, stellen sie folgende Überlegungen an:

- Auswirkung auf den Ausdruck des Glaubens und der inneren Überzeugungen
- Vernachlässigung einiger moralischer, ethischer und humaner Normen
- Fehlendes Verantwortungsbewusstsein der Menschen für ihre eigenen Handlungen und ihre Verantwortung den Verwandten und der Gesellschaft gegenüber
- Ursache von Zweifel und Skepsis (gegenüber Religion)
- Veränderung des Ziels: Die Moral und die Liebe gegenüber Gott wurden durch politische Ideale und die Liebe zur Partei (kommunistischen Partei) ersetzt.
- Mangel an einem Bezugspunkt zum Absoluten, zu Gott
- Entfremdung der Gläubigen von Gottes Wegen und das Heranzüchten (Schaffung) einer geistlichen Wüste

Die Gruppe der Vertreter der Gesellschaft, der Politik und des Staates ist ebenso der Meinung, dass der Atheismus seine Auswirkung im religiösen Verhalten zeigt, indem:

- viele Menschen den Weg zu Gott nicht mehr gefunden haben
- er ein Vakuum in den klerikalen Eliten mit sich gebracht hat und somit eine Unterbrechung der religiösen Tradition in Albanien.
- er vieles in der albanischen Kultur zerstört hat.

Anders als die anderen Vertreter der Politik und Gesellschaft ist Herr Hans Ahlfeld der Meinung, dass sich eher die Religionsfeindlichkeit des Diktators als der Atheismus auf das Verhalten der Menschen ausgewirkt hat. Auffällig ist auch die Aussage von Fatri Sinani, der den Atheismus als eine Initiave der damaligen Politik darstellt und deswegen der Meinung ist, dass der Atheismus keinen großen Einfluss auf den persönlichen Glauben, sondern nur auf das religiöse Verhalten der Menschen gehabt hat. Der Atheismus hat nach Herrn Sinani eher einen politischen Einfluss gehabt und sich mehr auf die Riten und Gewohnheiten, also die Darstellungsformen des Glaubens, ausgewirkt, während der innere Glaube unbcrühlt blieb. Dieselbe Ansicht vertritt auch Herr Rasim Hasanaj. Er bringt zum Ausdruck, dass die Menschen ihren Glauben heimlich praktiziert haben. Daraus kann man folgern, dass tief im inneren der Glaube bei den Albanern doch erhalten blieb. Diese Aussage stützt auch die bereits zitierte Antwort von Botschafter Borchardt über die Religiösität der Albaner

(„Zudem gibt es in Albanien viele Glücksspiele. Viele Sozialwissenschaftler meinen, dass Anhänger von Glücksspielen überzeugt sind, dass die Anrufung übernatürlicher Kräfte ihr Glück beeinflussen kann. Glaube an Übernatürliches ist auch für Religionen zentral."), in der jedoch zu erkennen ist, dass der Ausdruck des Glaubens in Albanien sich nicht so einfach in gewohnten Vorstellungen der bekannten Religionsgemeinschaften darstellen lässt.

Zu der Frage, ob Spuren des Atheismus noch heutzutage in Albanien bei den Albanern zu bemerken sind, decken sich die Aussagen aller Vertreter der Religionsgemeinschaften. Sie nennen verschiedene Beispiele, wo der Atheismus seine Spuren hinterlassen hat:

- Ein Wachstum des Glaubens ist schwierig.
- Im Leben der Albaner gibt es einen Mangel an einem Bezugspunkt, zu etwas Absoluten, zu Gott.
- Niedriger Besuch der religiösen Institutionen, auch von der Jugend. Als Grund für das geringe Interesse der Jugend wird ihre Erziehung durch die Eltern gesehen, die der Generation angehören, die atheistisch erzogen wurde.
- Mangel an einer allgemeinen religiösen Kultur

Unter der Gruppe der Vertreter der Politik lassen sich zwei unterschiedliche Überlegungen beobachten. Herr Marku Marku ist der Meinung, dass eine Folge des Atheismus die Ausbildung der neuen religiösen Elite außerhalb der albanischen Realität ist. Weiter fügt er hinzu, dass in diesem Fall die Gefahr besteht, dass diese neue Elite die albanische Tradition nicht respektieren könnte. Herr Bernd Borchardt bringt zum Ausdruck, dass, wenn Albanien nicht kommunistisch gewesen wäre, heute wahrscheinlich mehr Albaner an einen Gott glauben würden.

Bezeichnend ist an dieser Stelle die Aussage von Herrn Fitor Muça, dass der Atheismus kein Phänomen ist, das einfach kommt und verschwindet. Um ihn als historische Realität heran zu bilden, brauchte man Jahre. Allerdings ist es schwierig anhand von diesen Überlegungen eine Verallgemeinerung für alle Albaner heute anzustellen, ob und wie der Atheismus noch seine Spuren zeigt. Natürlich sind verschiedene Meinungen nicht auszuschließen und nachvollziehbar, vieles sind aber Phänomene, die überall in der modernen globalisierten Welt zu sehen sind. An dieser Stelle ist daran zu erinnern, dass nicht nur Albanien atheistisch war, sondern der politische Atheismus auch in vielen kommunistischen Staaten Osteuropas seine Auswirkung gehabt hat. So sehen wir, dass die Anzahl der Kirchenmitglieder in den neuen Bundesländern Deutschlands deutlich geringer ist als die in den alten Bundesländern[174]. Die Bewertung der Ernsthaftigkeit und des Engagements ist nicht Thema dieser Arbeit. Heutzutage sind es auch andere Faktoren, die auf den Glauben eines Menschen einwirken, nicht

---

[174] Notiz A.M.: Siehe Tabelle 1: Religiosität im Vergleich im Anhang. S.2

nur der kommunistisch wissenschaftlich geprägte Atheismus. Die Prozesse der Globalisierung, die Binnenmigration, die Auswanderung, die wirtschaftlichen und materialistischen Faktoren usw. würde ich als externe Faktoren bezeichnen, die ein Leben „ohne Gott" fördern. Das sind im Moment nach meiner Meinung auch die Faktoren, die auf den „Atheismus" der Albaner heutzutage ihren Einfluss haben. Der kommunistisch wissenschaftlich geprägte Atheismus, der nur für einen bestimmten Zeitraum seinen starken Einfluss hatte, betraf diejenige Generation, die heutzutage ca. 50 – 60 Jahre alt ist. Die älteren Menschen blieben in ihrem Glauben weitgehend unberührt. Die Kinder dieser Generation konnten seit Anfang der 90er Jahre die Religionsfreiheit kennen lernen und erleben. Das bestätigt auch die Studie von Fatri Sinani, dem ehemaligen Direktor des Staatlichen Komitees für Glaubensfragen. Hier die Ergebnisse seiner Befragung[175]:

Abbildung 3: Glauben an Gott

Alter	Zahl der Befragten	Glauben an Gott
16 - 23	153 Personen	90%
24 – 30	193	79,92%
30 - 50	428	76,92%
50 - 65	240	---
ab 65	81	81,25

Quelle: Sinani: Veçori të besimit ndër shqiptarë. In: Fuga: Rrugë drejt dialogut ndërfetar në Shqipëri. S.11

In diesem Zusammenhang verweise ich auf meine anfänglichen Ausführungen und Erklärungen bei der Definition des Begriffs „Gott". Insofern ist die Aussage „an einen Gott glauben" vielfältig zu sehen.

An dieser Stelle möchte ich kurz einen Abschnitt aus dem Buch von Christine von Kohl zitieren, die Albanien in den frühen Jahren der Wiedereröffnung und Wiederbelebung der Religionen besucht hat. Dieser Abschnitt zeigt nochmals, dass der Glaube unter den Albanern erhalten geblieben war. Sie beschreibt diese Momente der Wiederbelebung der Religion so:

„Unmittelbar darauf zeigte sich mit geradezu dramatischer Intensität, dass alle staatlichen Verbote und Gesetze die Religiosität innerhalb der Bevölkerung nicht hatten eliminieren können. In Windeseile wurden mit enormer Beteiligung der Bevölkerung Gottesdienste abgehalten, wo noch kein Dach vorhanden war, geschah das im Freien, auf Feldern. Wo kein ausgebildeter Geistlicher verfügbar war, übernahm einer der Alten, der sich noch erinnern konnte, diese Aufgabe. Kirchen und Moscheen,

---

[175] Sinani: Veçori të besimit ndër shqiptarë. In: Fuga: Rrugë drejt dialogut ndërfetar në Shqipëri. S.118.

vor allem in den Dörfern, wurden von der lokalen Bevölkerung buchstäblich mehr mit Liebe und Leidenschaft als mit den nur spärlich vorhandenen Materialien reno-viert. Heiligenbilder, kirchliches Gerät tauchten wieder auf, weil sie versteckt und bewahrt gewesen waren, sowie die Gläubigkeit selbst. Die Glaubensgemeinschaften aller Richtungen erlebten deutlich, dass der individuelle Glaube der Menschen über-lebt hatte.“[176]

Abschließend ist noch festzustellen, dass auch wenn der Glaube tief im Inneren der Menschen noch erkennbar war, so doch erst nach der Öffnung des Landes in den 90er Jahren die Möglichkeit der Versammlung Gleichgesinnter bestand. Dies hatte vorher eindeutig die Diktatur als ihr Monopol angesehen.

---

[176] von Kohl (1998): Albanien. S.103

6 Das „Heute" der Religionen in Albanien

Ende der 80er Jahre kam es in vielen Ländern des Ostblocks zu politischen Unruhen, die zum Einsturz der europäischen Nachkriegsordnung führten. Die Spaltung Europas in zwei antagonistische Blöcke ging mit der Öffnung der ungarischen Grenze im Juni 1989 und dem Fall der Berliner Mauer im November 1989 zu Ende. Die Sowjetunion und Jugoslawien zerfielen, und die Länder dieser kommunistischen Regime machten sich daran, ihre unabhängigen Staaten zu Demokratien umzubauen.

Der Wind der Freiheit kam auch nach Albanien und bedeutete nicht nur politische Freiheit und Demokratie, sondern endlich auch Freiheit der Religionen. Im Jahr 1990 wurde die Religionsfreiheit wiederhergestellt. Der Artikel 7 der Übergangsverfassung bestimmte nun:

> *„Die Republik Albanien ist ein säkularer Staat. Der Staat beachtet die Freiheit des religiösen Bekenntnisses und schafft Bedingungen für dessen Ausübung.* "[177]

Gleichzeitig erfolgte die Freilassung der politischen Gefangenen, darunter zahlreiche Geistliche. Die lange Unterdrückungszeit war vorbei, aber nicht ohne ihre Spuren zu hinterlassen. Wenn in den vorherigen Kapiteln versucht wurde, die Geschichte der Anfänge der Religionen und ihre Rolle bei der Nationsbildung darzustellen, ist es das Ziel des folgenden Kapitels, einen Einblick in die Wiederherstellung der Religionen, in ihre heutigen Wahrnehmung und Rolle in der albanischen Gesellschaft und Politik zu geben, sowie einen Vergleich im Spiegel des internationalen und europäischen Rechts zu ziehen.

6.1 Das Christentum

6.1.1 Der Katholizismus

[…] unser größtes Problem ist der sehr gut vorbereitete katholische Klerus…[…],

betonte der Diktator Hoxha in seiner Rede vom 6. Februar 1967.[178] Es ist schockierend, die Zahlen der Verfolgung des katholischen Klerus zu lesen. 215 ka-

---

[177] Peters (2001): Die Geschichte der Katholischen Kirche… S.221

tholische Priester und Bischöfe wurden verhaftet, interniert, gefoltert und ermordet.[179] Das war die Bilanz der langen Diktatur. Erst nach dieser dunklen Zeit wurde am 4. November 1990 auf dem katholischen Friedhof in Shkodra die erste öffentliche Heilige Messe gefeiert. Dieser Gottesdienst war der allererste nach der Wende. Er kennzeichnete endlich den Weg in die Religionsfreiheit. Am 11. November 1990 wurde der zweite Gottesdienst gefeiert, der von 50.000 Personen aller Glaubensrichtungen besucht wurde.[180] Schon im Jahr 1989 besuchte Mutter Teresa, die Friedensnobelpreisträgerin albanischer Herkunft, Albanien. Bei ihrem zweiten Besuch im Jahr 1991 konnte sie bereits an der Wiedereröffnung der Kathedrale in Shkodra und der Bektashi Tekke in Tirana teilnehmen. Die Mutter Teresa Ordensgemeinschaft wurde am 30. Oktober 1991 in Albanien offiziell zugelassen.[181]

Schon von Anfang an unterstütze der Heilige Stuhl die Wiederbelebung der Katholischen Kirche in Albanien. Am 18. Mai 1991 bereiste das Land eine Delegation aus dem Vatikan, deren Ziel es war, die Wiederetablierung der kirchlichen Hierarchie in Albanien vorzubereiten. Folge dieses Besuchs war die Wiederaufnahme der diplomatischen Beziehungen zwischen der Republik Albanien und dem Heiligen Stuhl am 7. September 1991. Bis Ende des Jahres 1991 war die Katholische Kirche in Albanien weitestgehend wiederhergestellt. Eingerichtet wurden zwei Erzbistümer und vier Bistümer. Im Februar 1992 folgte die Wiedereröffnung des Interdiözesenseminars „Mutter des guten Rates", das seine Anfänge schon in den 20er Jahren hatte und auch als die erste albansiche Hochschule galt.[182]

Von besonderer Bedeutung war Weihnachten 1992. Zum ersten Mal seit den 60er Jahren ernannte Papst Johannes Paul II. Bischöfe für Albanien. Papst Johannes Paul II. besuchte Albanien zum ersten Mal am 25. April 1993 und ernannte bei seinem Besuch während der Einweihung der Kathedrale in Shkodra vier albanische Bischöfe, drei davon hatten die politische Verfolgung in Albanien durchlitten. Zu diesem Zeitpunkt gab es nur 65 katholische Priester in Albanien, einige von ihnen waren vom Vatikan entsandt. Darauf reagierte die Kirche durch die Entsendung zusätzlicher Mönche und Nonnen, darunter Schwestern der Barmherzigkeit von Mutter Teresa, welche Papst Johannes Paul II. in Shkodra begleiteten, als er dort die renovierte Kathedrale und ein Priesterseminar

---

[178] Vgl. hierzu das Interview vom 26.04.2010 mit Herrn Don Gjergj Meta, Katholische Kirche Albaniens. S. Anhang S.74

[179] Pepa (2007): Tragjedia dhe lavdia e kishës katolike... S.530

[180] Peters (2001): Die Geschichte der Katholischen Kirche... S.218

[181] Bartl (1993): Religionsgemeinschaften und Kirchen. In Grothusen, Klaus-Detlev (Hrsg.): Albanien... S. 612

[182] Peters (2001): Die Geschichte der Katholischen Kirche... S.221

wieder eröffnete. Dieses bildet heute die Grundlage der katholischen kirchlichen Arbeit in Albanien.[183]

Don Gjergj Meta, Sprecher der Erzbistumskonferenz Albaniens beschreibt die Aktivitäten der Katholischen Kirche so:

> „Auch im sozialen Prisma hat die Katholische Kirche ihren eigenen Beitrag geleistet, sei es durch die aktive Rolle der Kleriker und Missionare, oder auch durch die Eröffnung von Privatschulen, durch Wohltätigkeitsarbeit, durch die Eröffnung von weit verzweigt arbeitenden Ambulanzen in vielen Gegenden Albaniens, durch [...] Ausbildungskurse in ländlichen sowie städtischen Regionen. Die Katholische Kirche hat hier in Albanien ihren Beitrag zur Verbesserung sowohl des politischen als auch des gesellschaftlichen Lebens geleistet."[184]

Katholische Missionsorden

Peters nennt in seinem Buch folgende Ordensgemeinschaften, die seit dem 17. August 1991 in Albanien aktiv sind: Die Franziskaner, Jesuiten, Salesianer, Missionarinnen der Liebe und die Herz-Jesu-Apostel, Töchter der Maria, Stigmatinnen, Rogationisten, Benediktinerinnen von der Göttlichen Vorsehung, Dominikanerinnen der Seligen Imelda, Serviten und Servitinnen.[185] Viele von diesen Orden waren bereits in den letzten Jahrhunderten in Albanien tätig.

6.1.2 Die Orthodoxie

Vor dem Zweiten Weltkrieg gab es in Albanien 440 orthodoxe Priester. Bei der Öffnung des Landes gab es nur noch 22 Priester, die noch am Leben waren. Ein neuer Anfang ohne Hilfe von außen wäre unmöglich gewesen. Der Patriarch von Konstantinopel ernannte den griechischen Universitätsprofessor und Bischof von Andrusa Anastasios Janulatos zum patriarchalen Exarchen für die Wiederherstellung der Albanischen Orthodoxen Kirche. Janulatos kam am 17. Juli 1991 nach Albanien. Er berief einige Tage später die Generalversammlung ein, an der 15 Geistliche aus allen Diözesen Albaniens teilnahmen. Gewählt wurden vier Berater und der Generalrat der Kirche mit 13 Mitgliedern. Im folgenden Jahr 1992 wurde Janulatos auch zum Erzbischof des Generalrates ernannt.[186] Fast ein

---

[183] Schmidt (2007): Religion in Albanien. In: Südosteuropa Mitteilungen 05-06/2007. S.100

[184] Vgl. hierzu das Interview vom 21.04.2010 mit Herrn Don Gjergj Meta, Katholische Kirche Albaniens. S. Anhang S.74

[185] Peters (2001): Die Geschichte der Katholischen Kirche... S.220-221

[186] Elsie (2002): Handbuch zur albanischen Volkskultur... S.167
Notiz A.M.: Die Ernennung von Janulatos zum Oberhaupt der Albanischen Kirche wurde zuerst nicht begrüßt. Sogar der damalige Albanische Präsident Sali Berisha äußerte seine Unzufriedenheit über diese Ernennung an die Delegation aus dem Patriarchat Konstantinopels, als sie 1992 Albanien besuchte. Es gab auch Versuche aus manchen Kreisen, den Erzbischof Janulatos aus dem Lande zu vertreiben. Diese blieben aber erfolglos. Auch heute noch gibt es Unzufrieden-

Jahr dauerten die Diskussionen zwischen dem Ökumenischen Patriarchat, der Orthodoxen Autokephalen Kirche Albaniens und dem albanischen Regierungsvertreter über die Zusammensetzung der Heiligen Synode, die endlich im Juli 1998 ernannt wurde.[187] Zurzeit hat die Orthodoxe Kirche vier Diözesen: Gjirokastra, Korça, Berat, Tirana.

> „Wir haben von Anfang an unsere (eigene) Ausbildungsstruktur für die zukünftigen Geistlichen in Albanien aufgebaut"

– so äußert sich der Bischof von Kruja, Andon Merdani. Schon im Jahr 1992 wurde das Priesterseminar eröffnet, das 1997 zur Orthodoxen Theologischen Akademie umgewandelt wurde, wo laut Merdani

> „die albanische Tradition der Harmonie, des Respekts und der Offenheit gegenüber anderen gepflegt werden soll."[188]

Die Rolle der orthodoxen Kirche in der albanischen Gesellschaft beschreibt er folgendermaßen:

> „Ich würde die Rolle des orthodoxen Glaubens vor allem als einen geistlichen Beitrag betrachten. [...]. Der orthodoxe Glauben orientiert die Menschen am Prinzip der Vergebung auch wenn ihnen Schlechtes getan wurde, der Buße und der Besserung, des Wertes des menschlichen Wesens [...]. Folglich verdient dieses Wesen Respekt, Achtsamkeit, Liebe und Opfer. Solche Werte vermittelt der orthodoxe Glaube, nicht als moralisierende Prinzipien oder verpflichtende gesetzliche Normen, sondern als Lebenswahrheiten, als Spiegelung der Realität des Werkes Gottes mit der Schaffung des Lebens. [...][189].

Insgesamt zählt die orthodoxe Kirche heute neun verschiedene Bildungsstätten, fünf neue Klöster und 74 neue Kirchen. Renoviert wurden mehr als 130 Kirchen. Die orthodoxe Kirche ist sehr engagiert in sozialen Aktivitäten. Sie leistete eine große Hilfe während der Kosovokrise im Jahr 1999. Auch im Gesundheitswesen ist sie aktiv mit Praxen insbesondere im Südosten Albaniens. Die Orthodoxe Autokephale Kirche Albaniens ist Mitglied des weltweiten Öku-

---

heit, obwohl generell zugestimmt wird, dass ohne Janulatos die Orthodoxe Kirche Schwierigkeiten in der Wiederorganisierung gehabt hätte.

[187] Notiz A.M.: In diesen Diskussionen ging es hauptsächlich darum, eine dominierende (gemeint ist hier die ausländische Dominanz) Zusammensetzung der Heiligen Synode zu vermeiden. Heute besteht die Heilige Synode aus sieben Personen, zwei von ihnen sind griechischer Herkunft: Der Erzbischof Janulatos und der Bischof Ignati von Berat.

[188] Vgl. hierzu das Interview vom 26.04.2010 mit Herrn Andon Merdani, Orthodoxe Autokephale Kirche Albaniens. S. Anhang. S.19

[189] Ebd. S.19

menischen Rates der Kirchen[190] und der Konferenz Europäischer Kirchen.[191] Sie versteht sich als ein geistliches, kulturelles und soziales Element sowie als ein wichtiger Faktor der Religionskoexistenz in Albanien.[192]

6.1.3 Der Protestantismus

Nach der Wende im Jahre 1990 gab es in Albanien nur wenige Protestanten, die die kommunistische Verfolgung überlebt hatten. 1991 begannen die ersten Missionare ins Land zu kommen. Im Juli 1991 fand im Nationalstadion „Qemal Stafa" eine Massenveranstaltung statt, die durch den damaligen albanischen Kultusminister Preç Zogaj eröffnet wurde. Ardi Shkullaku, Pastor der Apostolischen Kirche in Pogradec, beschreibt die Anfänge so[193]:

> „Nach der wichtigen politischen Wende in den 90ern waren die evangelischen Missionare aus West Europa und den USA unter den Ersten, die ins Land kamen, kurz nachdem die Grenzen aufgegangen waren, um humanitäre Hilfe zu bringen. Sie haben nicht nur die Hoffnung durch den Glauben gebracht, sondern auch viele Familienpakete mit Nahrungsmitteln und Kleidung, sowie Ausstattung und Autos für Albanische Institutionen."[194]

Durch ihre Hilfe entstanden die ersten evangelischen Gemeinden in Albanien. In vielen Städten Albaniens fanden Evangelisationseinsätze statt. Die Gottesdienste waren gut besucht.

1992, einhundert Jahre nach der Gründung der „Vëllazëria Ungjillore e Shqipërisë" VUSH (Evangelische Allianz Albaniens) durch Gjerazim Qiriazi, fand eine Neugründung statt. An der Gründungssitzung nahmen 22 neu gegründete evangelische Gemeinden teil.[195] VUSH ist der Dachverband aller einheimischen protestantischen und evangelischen Gemeinden, Kirchen und Organisationen. Das höchste Entscheidungsträgerorgan ist die Generalversammlung, die sich aus allen Mitgliedern der VUSH zusammensetzt. Die Versammlung tagt alle drei Jahre und wählt den Präsidenten, der auch Vorsitzender der Versammlung ist, den Vize-Präsidenten, den Generalsekretär, den Vize-Generalsekretär und

---

[190] Notiz A.M.: Mehr unter http://www.oikoumene.org/de/oerk.html (eingesehen am 20.07.2010)

[191] Notiz A.M.: Mehr unter http://www.ceceurope.org/ (eingesehen am 20.07.2010)

[192] Die offizielle Internetseite der Orthodoxen Autokephalen Kirche Albaniens.
In: http://www.orthodoxalbania.org/Shqip/MainMenu.html (eingesehen am 20.07.2010)

[193] Notiz A.M.: Die Apostolische Kirche ist in Albanien Mitglied der Evangelischen Allianz Albaniens und Teil der Protestantischen Glaubensrichtung.

[194] Vgl. hierzu das Interview vom 26.04.2010 mit Herrn Ardi Shkullaku, Apostolische Kirche Albaniens Pogradec. S. Anhang S.31

[195] Hellstein (2008): Historia e Krishtërimit në Shqipëri. S.74

den Exekutiv Rat.[196] Jede lokale Kirchengemeinde hat ein Maximum an Autonomie und ist oft juristisch in der Form eines Vereins oder einer Stiftung tätig. Es gibt keine verpflichtende zentrale theologische Ausbildung und theologischen Vorgaben, sondern die lokalen Kirchengemeinden der VUSH haben sich auf die Lausanner Erklärung geeinigt und fördern die im Protestantischen Glauben verankerte Selbstverantwortung des Menschen vor Gott und damit auch der lokalen Gemeinschaft.[197]

Von Anfang an begannen die evangelischen Missionen in einer einmaligen Art und Weise zusammen zu arbeiten. Das AEP (Albanian Encouragement Project) wurde gegründet. Es ist der Dachverband der evangelischen und protestantischen Missionen, der durch praktische Hilfe den ausländischen Missionen in vielen Bereichen entgegen kommt.[198]

Nach einer Studie der Evangelischen Allianz Albaniens und des AEP von 2003 gibt es in Albanien 22.000 evangelische Gläubige, 180 evangelische Kirchengemeinden, von denen 50 in der Hauptstadt Tirana sind.[199] Die Zahl der Glaubenden nimmt weiter zu. Vielleicht auch gerade deshalb, weil der evangelische Glaube die Selbstverantwortung der Glaubenden vor Gott betont, ohne die Abhängigkeit von einem anderen Menschen. Er ist sozusagen ein Glaube, der dem albanischen Willen zu Unabhängigkeit von anderer Bevormundung sehr entgegen kommt.

Fitor Muça, Leiter der Evangelischen Allianz Albaniens, beschreibt den Beitrag der evangelischen Kirchen und Gemeinden in seinem Interview folgendermaßen:

„Jede von diesen Kirchen und Organisationen und alle gemeinsam sind ein außergewöhnlicher Beitrag zu der Glaubensfrage, indem sie den Menschen helfen, das Wort Gottes kennenzulernen und es zu erleben, in einer solchen Weise, dass nicht nur sie und ihre Familien, sondern auch die Menschen um sie herum von einer qualitativen Veränderung des Verhaltens, der Beziehung und der Liebe gegenüber der Nation und für die Nation betroffen werden."[200]

Die evangelischen Kirchen und Organisationen sind vorbildlich in Albanien für ihr Engagement in verschiedenen Projekten, die der Bevölkerung zugute-

---

[196] Die offizielle Internetseite der Vëllazëria Ungjillore e Shqipërisë (Evangelische Allianz Albaniens). In: http://www.vush.org/home/struktura-e-vush (eingesehen am 18.07.2010)

[197] Notiz A.M.: Den Text der Laussaner Erklärung ist zu lesen: In: http://www.efg-hohenstaufen str.de/downloads/mission/lausanner_erklaerung.html (eingesehen am 18.07.2010)

[198] Hellstein (2008): Historia e Krishtërimit në Shqipëri. S.75

[199] Direkter Kontakt mit der „Evangelischen Allianz Albaniens" aufgenommen (E-Mail Austausch am 22.05.2009)

[200] Vgl. hirzu das Interview vom 26.04.2010 mit Herrn Fitor Muça, Evangelische Allianz Albaniens. S. Anhang S.57

kommen. Bildung, Aus- und Fortbildung, soziale und medizinische Arbeit, Seelsorge, Evangelisation, materielle Hilfeleistung usw. sind die Basis ihrer Arbeit. Ein Beispiel dazu bringt Fitor Muça:

> „Mittlerweile haben die Evangelikalen (Protestanten) neue Schulen mit zeitgenössischen Standards aufgebaut. [...] Wir sprechen über ein Albanien auf dem Weg nach Europa, aber auch über ein Europa, das in Albanien aufgebaut wird. [...] Es wird mir immer klarer, dass es die beste Integration Albaniens in Europa ist, Europa im wirtschaftlichen, sozialen und geistlichen Aspekt nach Albanien zu bringen."[201]

6.2 Der Islam

6.2.1 Der sunnitische Islam

Die Wiedereröffnung der *Xhamija e Plumbit* (Plumbi Moschee) in Shkodër am 16. November 1990 kennzeichnete zugleich die Wiederherstellung der religiösen Aktivitäten des sunnitischen Islam in Albanien. Der Direktor des Staatlichen Komitees für Glaubensfragen, Herr Rasim Hasanaj, äußert sich über dieses Ereignis:

> „In der Plumbi Moschee in Shkodra kann man viele Bilder sehen, die zeigen, dass Muslime und Katholiken gemeinsam die Moschee aufgebaut haben."[202]

Die E'them Bey-Moschee im Zentrum von Tirana wurde mit einem Gottesdienst am 18. Januar 1991 feierlich wiedereröffnet.

Viele Moscheen und Bildungsstätten wurden danach wiedereröffnet, renoviert und restauriert. Das war zum größten Teil durch externe Hilfe möglich.[203] In den ersten zwei Jahren kamen fast 90 Prozent des Budgets aus muslimischen Ländern (wie Saudi Arabien, Kuwait, Ägypten, Vereinigte Arabische Emirate, Libyen, die Türkei und Malaisen), aus verschiedenen Muslimischen Gemeinschaften dieser Länder oder auch anderer Länder (wie z.B. Mazedonien, Kosovo

---

[201] Ebd. S.57

[202] Vgl. hierzu das Interview vom 26.04.2010 mit Herrn Rasim Hasanaj, Staatliches Komitee für Glaubensfragen. S. Anhang S.133

[203] Anfang Dezember 1992 wurde Albanien Mitglied der Organisation der Islamischen Konferenz. Dies geschah in einer Zeit, als das Land materielle Hilfe nötig hatte und die Muslimische Gemeinschaft materielle sowie geistliche Unterstützung brauchte. Allerdings führte dieser Beitritt zu Diskussionen unter den Muslimen und den Albanern, denn die meisten Albaner zögern, eine enge Verbindung mit der Islamischen Welt einzugehen, weil dadurch die westliche Orientierung des Landes gefährdet wird.
Elsie (2002): Handbuch zur albanischen Volkskultur... S.102

und die Albanische Muslimische Gemeinschaft in den Vereinigten Staaten von Amerika) sowie von Privatpersonen.[204]

Die Muslimische Gemeinschaft Albaniens, im Jahr 1923 gegründet, wurde 1991 als juristische Person und als eine nichtpolitische, vom Staat unabhängige, religiöse Organisation staatlich anerkannt. Die Muslimische Gemeinschaft wird von einem Hohen Rat geleitet, dessen Vorsitzender vom Vize-Vorsitzenden und Generalsekretär unterstützt wird. Andere Organe dieser Gemeinschaft sind die verschiedenen Abteilungen mit verschiedenen Schwerpunkten (insgesamt fünf: Die Abteilung für Investitionen, für Kultur, Finanzen, Bildung und das Auslandsamt), ein Generalrat, sowie die islamischen Bezirksämter. Besonders in der Organisation der Gemeinschaft ist die Abteilung des Interreligiösen Dialogs (Departamenti i Dialogut Ndërfetar), die sich die Förderung der interreligiösen Akzeptanz und Toleranz unter den Albanern zum Ziel gesetzt hat.[205]

Die Aktivitäten der Gemeinschaft haben religiösen und humanitären Charakter mit dem Ziel, den islamischen Glaube unter den muslimischen Gläubigen zu verbreiten, zu erwecken und zu stärken; die albanische Tradition zu bewahren; die Rechte und Interessen der Muslime zu schützen; das Gefühl der Liebe und Treue gegenüber der Religion zu fördern sowie den Dialog zwischen den traditionellen Religionsgemeinschaften in Albanien zu bewahren und zu stärken.[206] Dorian Demetja, der Leiter der Kulturabteilung in der Muslimischen Gemeinschaft, stellt die Rolle des Islam in Albanien so dar:

> „Der Islam ist präsent in der albanischen Gesellschaft. Die Moscheen sind von jungen Leuten gut besucht. Die Nachfrage nach dem aktiven islamischen Glauben ist offensichtlich."[207]

---

[204] Clayer (1992): Islam, State and Society...In: Poulton; Taji-Farouki (ed.): Muslim Identity and the Balkan State. S.122
Notiz A.M.: Im April 2010 besuchte ein Delegation aus Kuwait geleitet durch den Vize Premierminister und Justizminister Herr Rashid Al-Hammad die Muslimische Gemeinschaft Albaniens. Der Vorsitzende der Muslimischen Gemeinschaft bedankte sich u.a. auch für die große Hilfe Kuwaits für Albanien und die Albaner in den ersten Jahren der Wiederherstellung der Religion sowie für die Zusage der Delegation, weiter Hilfe in verschiedenen Projekten zu leisten. "Drita Islame" Zeitung (Islamisches Licht), Organ der Muslimischen Gemeinschaft Albaniens, Nr. 4 (327), April 2010. S.3.

[205] Die offizielle Internetseite der Muslimischen Gemeinschaft Albaniens. In: http://www.kmsh.al (eingesehen am 19.07.2010)

[206] Ebd.

[207] Vgl. hierzu das Interview vom 26.04.2010 mit Herrn Dorian Demetja, Muslimische Gemeinschaft Albaniens. S. Anhang S.41

6.2.2 Der Bektashismus

Die Bektashi Gemeinschaft hatte nach der Wende mehr Schwierigkeiten sich wieder zu organisieren. Das war auch dadurch bedingt, dass sie keine materielle und geistliche Hilfe vom Ausland bekam. Am 27. Januar 1991 wurde ein provisorisches Komitee zur Wiederbelebung der Bektashi Gemeinschaft in Tirana gegründet. Die Tekke am Rand der Hauptstadt Tirana, die gleichzeitig auch der Weltsitz der Bektashi ist, wurde am 22. März 1991 während des Newrus-Festes (Bektashi-Feiertag) wiedereröffnet. Zwei Jahre später fand dort der 6. Kongress der Bektashi statt.[208] Dieser Kongress sprach seine Unterstützung für die Demokratische Partei, die an der Regierung war, aus und hoffte dadurch, dass sie in dieser Weise ihr enteignetes Gut und ihre Grundstücke zurückbekommen könnten. Der Kongress entwickelte auch einige Strategien über die Wiederorganisation der Tekkes und der Gottesdienste. Um die finanzielle Lücke zu überwinden, wurde die Entscheidung getroffen, mit anderen Bektashi Gemeinschaften außerhalb Albaniens zu arbeiten, wie z.B. in Detroit, Kosovo, Mazedonien.[209] Entschieden wurde auch die administrative und geografische Organisation der Bektashis. Gegründet wurden sechs *gjyshata* (administrative Einheiten vergleichbar mit den administrativen Bezirken). Jeder davon hatte einen lokalen Rat gemäß den Statuten der Gemeinschaft.

In den folgenden Jahren (2000 und 2005) wurden weitere Kongresse der Bektashi Gemeinschaft veranstaltet. Diese Kongresse brachten Wachstum und die Konsolidierung der Bektashi Strukturen. In den Statuten der Gemeinschaft sind auch die Beziehungen zu den anderen Bektashi Gemeinschaften in Kosovo, Mazedonien, Rumänien, Ungarn, Bulgarien, Griechenland und in der Türkei verankert. Der Bektashi Weltsitz in Albanien ist eine juristische Person gemäß des internationalen Rechts und der albanischen Verfassung. Die Beziehungen zwischen der Bektashi Gemeinschaft und anderen Derwisch-Orden sind in den Statuten der Bektashi Gemeinschaft festgelegt. Gemäß diesen Statuten kann die Gemeinschaft andere Derwisch-Orden, wie z.B. die Halvetis, Rifai's und Kadiris

---

[208] Elsie (2002): Handbuch zur albanischen Volkskultur... S.25

[209] Lakshman-Lepain (2000): Bektashis of Albania...S.8-9. In: www.greekhelsinki.gr/pdf/cedime-se-albania-bektashis.doc (eingesehen am 19.07.2010)
Clayer schreibt im Bezug auf die externe Hilfe: *"However assistance was offered by Iran. [...] Iran's attempt to win over Bektashis and members of other dervish orders is unsurprising. At the end of 1993 and early 1994, the presentatives of Albania's communities were invited to visit Iran. During their short stay Dede Reshat Bardhi (the new head of the Bektashi) [...] obtained grants for students and probably financial aid for their community as a whole from the Iranian authorities. Nevertheless this aid appears to have been limited, since no significance change is observable in the Community's situation".*
Clayer (1992): Islam, State and Society...In: Poulton; Taji-Farouki (ed.): Muslim Identity and the Balkan State. S.126

annehmen.[210] Die Gemeinschaft funktioniert nach dem Prinzip der Zentralisierung, der starken und bewussten Disziplin der Bektashi-Geistlichen und Leiter. Sie gab und gibt noch immer wertvolle Hilfe bei der Schaffung und Förderung der sozialen Toleranz und Koexistenz, des sozialen Friedens, des Dialogs und des Respekts gegenüber dem Menschen und der Harmonie.[211]

Im Bezug auf die Zukunft des albanischen Bektashismus glauben manche Historiker sogar, dass Albanien die letzte Zitadelle des Bektashismus in der Welt werden könnte.

6.2.3 Andere islamische Missionsbewegungen

Der Islam ist eine Religion mit verschiedenen theologischen islamischen Schulen. Die Schulen in Saudi Arabien gelten als extremistischer als z.B. die in der Türkei. Aus diesem Grund gibt es islamische Bewegungen, die sich an den Lehren der extremistischen Schulen orientieren und andere, die etwas liberaler sind. Viele Derwisch-Sekten, auch wenn sie bis zum Zweiten Weltkrieg in Albanien weiter bestanden, wurden während des Kommunismus gezielt vernichtet. Nach der Wende und der westlichen Orientierung Albaniens verloren viele dieser Sekten allmählich ihre Bedeutung. Auch wenn einige einheimische und ausländische Forscher – insbesondere Nathalie Clayer – einiges dokumentiert haben, bleibt vieles weiterhin noch im Dunkeln.

Gefragt nach seiner Meinung, ob es islamische Missionsbewegungen in Albanien gibt, äußert sich der frühere Direktor des Staatlichen Komitees für Glaubensfragen, Herr Fatri Sinani, so:

„Soweit es in meiner Macht stand, Informationsquellen auszuwerten, kann ich sagen, dass es in Albanien keine wahabistischen Missionare gibt. In begrenztem Maße treten Selefiten auf und historisch gesehen gab und gibt es Schiiten (Bektashi, Halveti, Rufai etc.). Auch wenn islamische Extremisten versucht haben, in Albanien Land einzunehmen (von 1991-2001), haben sie es doch nicht geschafft, einen nennenswerten Einfluss auf den religiösen Glauben der Albaner zu nehmen. Natürlich wurde einiges in den Bau von Moscheen und religiösen Schulen investiert, aber diese mussten sich fortwährend mit der Unzufriedenheit der Muslimischen Gemeinschaft auseinandersetzen und mit dem offen konfrontierenden Widerstand der Bektashi Gemeinschaft, vor allem im Hinblick auf den Gebäudekomplex, der von den Moslems arabischer Orientierung in Bulqize erbaut wurde."[212]

---

[210] Clayer (1992): Islam, State and Society... In: Poulton; Taji-Farouki (ed.): Muslim Identity and the Balkan State. S.128

[211] Die offizielle Internetseite der Bektashi Gemeinschaft Albaniens. In: http://www.komunitetibektashi.org/in.php?fq=brenda&m=shfaqart&aid=50 (eingesehen am 19.07.2010)

[212] Vgl. hierzu das Interview vom 16.04.2010 mit Herrn Fatri Sinani, Staatliches Komitee für Glaubensfragen. S. Anhang. S.103

Soweit ich über diese Frage recherchieren konnte, konnte ich die folgenden Informationen herausfinden, die in ihrem Umfang eingeschränkt sind. Der Grund dafür ist nicht zuletzt der schwierige Zugang zu Informationen über diese Bewegungen aufgrund ihrer etwas verschlossenen Natur.

- **Ahmadiyya** – Gründer dieser sunnitischen Missionsbewegung war der Indianer Hazrat Mirza Ghulam Ahmad, der 1882 eine „Offenbarung" bekam, Allah habe ihn zum neuen Propheten berufen, wenn er streng nach dem Koran handle und lebe. Ahmad erklärte damals, dass der Islam die vollkommenste Religion überhaupt sei und deshalb der ganzen Welt verkündet werden müsse. In dieser Weise wurde die Ahmadiyya-Bewegung als „Äußere Mission" des Islam ins Leben gerufen. Diese Bewegung ist bis heute missionarisch besonders engagiert.[213] Ihre Spuren in Europa wurden 1922 registriert, als ein Missionar dieser Bewegung nach Deutschland kam. In den Jahren nach dem Zweiten Weltkrieg wurden zwei Moscheen in Hamburg und Frankfurt am Main eröffnet. Weiterhin ist diese Bewegung auch in England, Frankreich und Dänemark verbreitet.
Während Elsie in seinem Handbuch zur albanischen Volkskultur schreibt, dass diese Bewegung bis zum Zweiten Weltkrieg in Albanien existierte, stieß ich auf einen Zeitungsartikel in der Panorama Zeitung im Internet, der die materielle Hilfe bei der Gerdec Tragödie in Albanien bestätigt.[214] Diese Bewegung erscheint in der Form eines Vereins in Albanien unter dem Namen Xhemati Ahmedie.[215]

- **Die Islamische Halweti Gemeinschaft Albaniens** – Der Ursprung dieser Bewegung geht auf das 14.Jh. zurück. Die der Legende nach von Ömer Halweti von Täbris (gest. 1397) gegründete Halweti-Bewegung entstand v.a. unter türkischen, kurdischen und persischen Sufis und breitete sich rasch vom Kaukasus bis nach Ägypten und Anatolien aus und von dort auch auf die Balkanhalbinsel.[216] In Albanien standen die Halweti nach den Bek-

---

[213] Reller; Kießig; Tschoerner (Hrsg.): Handbuch Religiöse Gemeinschaften... S.794-795
„Obwohl die Ahmadiyya sich als antischiitisch bezeichnet und einige der sunnistischen Vorurteile gegen die Schiiten übernommen hat, wird sie dennoch von vielen Sunniten als Sekte betrachtet." S.794

[214] Vgl. Elsie (2002): Handbuch zur albanischen Volkskultur... S.6

[215] Biçaku: Amerikanët marrin dosjen Gërdeci (Die Amerikaner übernehmen den Gërdeci Fall) vom 10.04.2008. In: http://www.panorama.com.al/index.php?id=12976 (eingesehen am 21.07.2010)
Vgl. hierzu auch Vickers (2008): Islam in Albania.
In: www.da.mod.uk/colleges/arag/document-listings/.../08(09)MV.pdf (eingesehen am 18.04.2010)

[216] Elsie: Der Islam und die Derwisch-Sekten in Albanien...
In: http://www.kakanien.ac.at/beitr/fallstudie/RElsie2.pdf (eingesehen am 21.07.2010)

tashi an zweiter Stelle hinsichtlich ihrer Bedeutung und Verbreitung. Erstmals wurden sie 1923 staatlich anerkannt. Das erste albanische Parlament verlieh dieser Gemeinschaft die Autonomie zum Handeln. 1929 nach dem Halweti-Kongress wurde die Halweti *Tekke* in Tirana zum Vorstand der Gemeinschaft gewählt. Nach der Wende wurde die Halweti Gemeinschaft von Sheh Muamer Pazari (gestorben 2003) wieder aufgebaut. Renoviert wurden insgesamt 57 Tekke. In der ersten Nationalen Konferenz der Halweti, die 1994 in Tirana stattfand, beschrieb Sheh Muamer Pazeri die Aufgabe der Gemeinschaft so:

„Unsere erste Aufgabe ist, unsere alten und wunderbaren Traditionen zu pflegen, weiterzubilden und auch zu bewahren. Immer müssen wir unsere Aufgaben im Blick haben, die uns zu guten Gläubigen machen: Allah zu lieben, den Menschen zu lieben, die Arbeit und die Heimat zu lieben."[217]

▪ **Rufai** – Die Rifa'i oder Rufa'i entstanden gegen Ende des 12. Jahrhunderts im heutigen Gebiet des Iraks. Verfechter der Lehre ist der Jurist Scheich Ahmad ibn 'Ali al-Rifâ'î (1106-1182). Von dort aus verbreitete sich die Bewegung nach Syrien, Ägypten und in die Türkei. In den späten 1990er Jahren wurde die Rifa'i-Gemeinschaft in Albanien unter der Leitung des Scheich Xhemal Reka wiedergegründet, wobei 1998 in Tirana eine Teke eröffnet wurde. Die Rifa'i halten in Tirana jeden Donnerstag ein *zikr*[218] und geben auch eine kleine Zeitung namens *Dashuria e Ehli-Bejtit (Die Liebe von Ehli-Bejti)* heraus.[219]

Es gibt immer wieder Diskussionen, ob Spuren des Wahabismus in Albanien zu erkennnen sind. Diese kleine Gruppe der fundamentalistischen islamischen Schule wird von den lokalen und internationalen Beobachtern als wachsende Bedrohung für den Balkan gesehen. Erstmals tauchte diese Bewegung im Balkan während des Konflikts in Bosnien in den Jahren 1992-1995 auf. Tausende Mujahedin-Kämpfer kamen, um die Muslime in Bosnien zu unterstützen. Viele von diesen Kämpfern blieben auch nach dem Ende des Krieges im Land und haben versucht auch in anderen Gebieten Fuß zu fassen, wie z.b. in Serbien, Kosovo und Mazedonien, letztlich auch in Albanien.

---

[217] Die offizielle Internetseite von Sheh Muamer Pazari.
In: http://shehmuamerpazari.com/ (eingesehen am 21.07.2010)
[218] Notiz A.M.: Zikr ist ein Sufi-Gesang. Das Wort "Zikr" bedeutet wörtlich "Erinnerung", speziell zum Gedenken an Gott. Es gibt etwa 46 Verse im Koran, die vom Prinzip des "Zikr" im Islam sprechen. Erklärung in: Sufi Association: http://www.sufiassociation.org/DE/page_zikr.shtml (eingesehen am 21.07.2010)
[219] Elsie: Der Islam und die Derwisch-Sekten in Albanien...
In: http://www.kakanien.ac.at/beitr/fallstudie/RElsie2.pdf (eingesehen am 21.07.2010)

Wie Herr Sinani erwähnte, haben sie in der kleinen Bergbaustadt Bulqizë ihre extremistischen Aktivitäten durchgeführt. Vickers behauptet, viele Stadtbewohner, die in der Mehrheit Bektashi sind, wurden von einer Organisation aus Saudi Arabien bezahlt, damit sie den Sunni Islam annehmen. Ihnen wurden auch Stipendien für junge Leute zum Studium in Saudi Arabien versprochen.[220] Der Islam, den die saudi-arabischen Wahabisten nach Albanien bringen wollten, war eine andere Richtung als die des albanischen Islam, so äußert sich der Direktor des albanischen Studienzentrums für Nationale Sicherheit, Xhavit Shala, in einem Interview für einen albanischen Sender. Ihr Ziel war es, den balkanischen Islam zu radikalisieren. Die albanische Tradition ist aber anders. Durch die 500 Jahre türkische Besatzung ist eine Besonderheit des Islam in Albanien, dass er sich verschiedene Elemente der albanischen Kultur und Tradition zueigen gemacht hat und eine tolerante Richtung eingenommen hat. Somit wurde der albanische Islam von den Europäern akzeptiert.[221] Weiter fügt er hinzu, dass diese wahabistische Richtung ein großes Ziel verfolgte, nämlich die Leitung der Muslimischen Gemeinschaft Albaniens in den Jahren 1997-1998 zu übernehmen. Das wurde durch eine gute Zusammenarbeit der staatlichen Instanzen rechtzeitig verhindert. Sie wurden als Personen, die in Albanien illegale Aktivitäten ausübten und den interreligiösen Hass schürten, identifiziert. Das albanische Gesetz sieht in diesen Fällen die Strafe dieser Taten vor. Somit ist ihre Aktivität unter Kontrolle gebracht und gestoppt worden.[222] Dorian Demetja, Direktor der Kulturabteilung in der Muslimischen Gemeinschaft, beschreibt die Situation in Albanien folgendermaßen:

> „In Albanien finden wir schon Spuren solcher (muslimischen) Bewegungen. Sie sind aber nicht so problematisch wie in den anderen Nachbarländern. Die Muslimische Religionsgemeinschaft Albaniens hat eine sehr wichtige Rolle bei dem Erhalten der traditionellen Linie Albaniens gespielt."[223]

---

[220] Vickers (2008): Islam in Albania. S.9-10.
In: www.da.mod.uk/colleges/arag/document-listings/.../08(09)MV.pdf (eingesehen am 18.04.2010)

[221] Interview mit Herrn Xhavit Shala, Direktor der Albanischen Studienzentrums für Nationale Sicherheit für die Sendung „Xhungël" für den albanischen Sender News 24. In: http://www.acnss.com/html/intervista/VEHABI-SELEFIZ-MI%20GODET%20DEMOKRACINE%20DHE%20IDENTITETIN%20TONE%20KOMBETAR..pdf (eingesehen am 21.07.2010)

[222] Ebd. Interview mit Herrn Xhavit Shala, Direktor des Albanischen Studienzentrums für Nationale Sicherheit für die Sendung „Xhungël" für den Sender News 24 in: http://www.acnss.com/html/intervista/VEHABI-SELEFIZ-MI%20GODET%20DEMOKRACINE%20DHE%20IDENTITET IN%20TONE%20KOMBETAR..pdf

[223] Vgl. hierzu das Interview vom 05.05.2010 mit Herrn Dorian Demetja, Muslimische Gemeinschaft Albaniens. S. Anhang. S.43

6.3 Andere religiöse Richtungen

Nicht nur nach der Wende in den 90er Jahren, sondern auch schon vor der
Schließung Albaniens gegenüber der Welt gab es immer wieder neue Religionen
oder Glaubensrichtungen, die im Land Fuß fassen wollten.

6.3.1 Die Baha'i[224]

Der Baha'ismus (auch Baha'i-Religion genannt) begann als eine Richtung innerhalb der Babi-Sekte, die eine militante messianistische Bewegung innerhalb der
Schiiten war. Gegründet wurde Baha'i in den 60er Jahre des 19. Jhs. im Iran, wo
Mirza Husain Baha'ullah, der Messias der Sekte zu sein beanspruchte. Er veränderte die ursprüngliche Babi-Botschaft, indem er Pazifismus, eine Welt-
Bruderschaft und die Zusammenarbeit mit dem Staat predigte. Nach seinem Tod
übernahm sein Sohn die Führung der Baha'i-Bewegung, die Ende des 19. Jhs.
eine Gefolgschaft sowohl in Europa als auch in Amerika kannte. Der Sitz der
weltweiten Baha'i ist in Haifa, Israel. Streng genommen gibt es keine Baha'i
Geistlichkeit, aber ernannte Einzelpersonen spielen weltweit eine wichtige Rolle
in der Verwaltung der Religion. Der Großteil der Administration wird von ge-
wählten Gremien mit je neun Mitgliedern (Local and National Spiritual As-
semblies), unterstützt durch Komitees, geleistet. Das Hauptziel der Baha'i ist die
Etablierung universalen Friedens und einer einzigen Weltordnung. Die Gleichberechtigung von Männern und Frauen, die Einheit der Religionen, die Harmonie
von Wissenschaft und Religion und die Abschaffung aller Formen von Vorurtei-
len sind wichtige Teile der Baha'i Botschaft.[225]
    Eingeführt wurde diese Religionsgemeinschaft in den 1930er Jahren in Al-
banien durch Refo Çapari, einen Albaner aus Çamëria. Er studierte in Istanbul
und wanderte dann in die USA aus, wo er die Baha'i-Religion annahm. Er kehrte
1931 nach Albanien zurück und begann nicht nur Texte der Baha'i-Religion ins
Albanische zu übersetzen, sondern begann auch mit der Herausgabe der „Penda
siprore" Zeitschrift (Die höchste Feder).[226] Wie auch die anderen Religionen
wurde Baha'i während des Kommunismus verboten. Die Baha'i sind seit 1991
wieder in Albanien tätig. Die Baha'i Gemeinschaft wurde im Jahre 1999 mit
Gerichtsbeschluss als solche anerkannt. Die Internationale Baha'i Gemeinschaft
führt nach ihren eigenen Angaben Aktivitäten und Projekte der Organisation der
Vereinigten Nationen (UNO) durch. Baha'i Vertreter sollten 1945 bei der Grün-

---

[224] Notiz A.M.: Die Zusammenfassung der Aktivitäten der Baha'i Gemeinschaft wurde möglich aus
den Informationen, die ich per Email am 19.07.2010 von dieser Gemeinschaft bekam. In ihrer
offiziellen Internetseite stand leider nicht viel Information über ihre Aktivität in Albanien.
[225] Betz; Browning; Janowski; Jüngel (Hrsg.): Religion in Geschichte und Gegenwart... S.1062
[226] Elsie (2002): Handbuch zur albanischen Volkskultur... S.18

dung dieser Organisation anwesend gewesen sein und die Gemeinschaft wurde als Nichtregierungsorganisation (NGO) von der UNO anerkannt. Im Jahre 1970 wurde der Internationalen Baha'i Gemeinschaft der Beraterstatus der II. Kategorie verliehen. In den folgenden Jahren gab es eine engere Zusammenarbeit der Baha'i Gemeinschaft mit der UNO, besonders in Projekten wie United Nations International Childrens's Emergency Fund (UNICEF) oder im Gesundheitswesen.

Die Albanische Baha'i Gemeinschaft engagiert sich in einer Reihe wichtiger Angelegenheiten zusammen mit der UNO insbesondere für die Emanzipation der Frauen, für die soziale und ökonomische Entwicklung, für den Umweltschutz, für Menschenrechte und Frieden. In Albanien wurde mit Hilfe der Baha'i Gemeinschaft die erste Internationale Medizinkonferenz, sowie viele andere Konferenzen mit Schwerpunkten in Wirtschaft, Gesellschaft usw. durchgeführt.

Baha'i sind in Albanien in regionalen Bezirke organisiert. Zurzeit sind es 20 in ganz Albanien. Ziel ihrer Arbeit ist die geistliche Arbeit, sowie die Veranstaltung und Durchführung der sozialen Projekte und die Verbreitung der Prinzipien des Bahá'u'lláh. Heute sind die Baha'i-s in vielen Regionen der Welt aktiv: Europa, Nordamerika, Australien, auf den Pazifischen Inseln, in China, Japan, Korea und im südlichen Afrika. Ein Teil des anhaltenden Erfolgs der Baha'i ist in ihrer Betonung der „Pionierarbeit" begründet, im Sinne des Weiterziehens in andere Städte oder andere Länder, um dort den Baha'i Weg zu lehren.

6.3.2 Die Kirche Jesu Christi der Heiligen der Letzten Tage

Die Kirche Jesu Christi der Heiligen der Letzten Tage, auch als Mormonen bekannt, entstand zunächst 1823 in Vermont in den Vereinigten Staaten durch Joseph Smith. Die Mormonen sind davon überzeugt, dass ihre Glaubensgemeinschaft als einzige nicht durch Abspaltung von einer schon bestehenden Kirche entstanden ist, sondern direkt von Gott ins Leben gerufen wurde. Joseph Smith sei ein Engel namens „Moroni" erschienen, Sohn eines gewissen „Moron", der angeblich im 5. Jh. nach Christus in Amerika als „christlicher Prophet" gewirkt haben soll. Moroni führte Smith auf einen Hügel und zeigte ihm dort eine im Boden vergrabene Steinkiste, die u.a. einige Goldplatten mit altertümlichen Schriftzeichen beinhaltete. Das war das Buch Mormon.[227] Die

---

[227] Reller; Kießig; Tschoerner (Hrsg.): Handbuch Religiöse Gemeinschaften... S.390-391
Interessant an dieser Stelle war eine kleine Geschichte, die die Autoren des Buches u.a. im Text hinzugefügt haben und die behaupten, dass durch diese Hintergrundgeschichte die Entstehungsgeschichte der Mormonen besser zu verstehen sei.
„Smith wuchs in einer Familie auf, in der Aberglaube und religiöse Unruhe bestimmend waren. Von seiner Mutter Lucy schien er wohl auch die Neigung zu überschwenglichen Phantasien und Irrationalität geerbt zu haben, die ihn von seinem 15. Lebensjahr an zum „Wahrsager" und „Schatzsucher" werden ließ. Mit Hilfe eines Kristalls versuchte er „in der Erde verborgene Schätze" aufzuspüren, was ihm den Spitznamen „Peepstone Joe" (Guckstein Joe) eintrug. 1826

Verbreitung der „Kirche Jesu Christi der Heiligen der Letzten Tage" ist nach wie vor in den Vereinigten Staaten sehr stark. Verbreitet sind die Mormonen auch in Lateinamerika, Europa, inzwischen auch in Afrika sowie im Südpazifik.

Nach Albanien kamen die Mormonen erst nach der Öffnung des Landes im Jahre 1991. Der Älteste Hans B. Ringger stellte beim Präsidenten Kenneth D. Reber den Antrag, in Albanien die Missionsarbeit zu übernehmen. Nach einigen Treffen wurden 1992 zwei Ehepaare festgelegt, in Albanien als humanitäre Missionare zu arbeiten. Die ersten Taufen fanden im Sommer 1992 statt. Im August 1992 wurde der erste Zweig in Tirana gegründet. In den folgenden Jahren folgte die Gründung mehrerer Zweige, wie in Durres, Elbasan, Lushnje, Vlorë, Shkodër usw. Die Liahona Stiftung der Kirche Jesu Christi der Heiligen der Letzten Tage wurde im Februar 1995 vom albanischen Staat anerkannt. 1996 wurde die Mission Albaniens mit dem Präsidenten Laurel Holman gegründet.[228]

Die erste albanische Mormonenfamilie wurde im Tempel in Frankfurt am Main (Deutschland) im Jahre 2000 gesegnet. Zurzeit hat die Kirche 1500 Mitglieder und 11 Zweige in ganz Albanien. Die meisten der Leiter der Zweige sind Einheimische.

Die Programme der Kirche für das Wohlbefinden der Menschen und die humanitäre Hilfe sind weltweit anerkannt. Das Prinzip dieser Programme ist es den Menschen zu helfen, damit sie sich selbst helfen können. Die Kirche Jesu Christi der Heiligen der Letzten Tage arbeitet mit anderen Organisationen zusammen wie z.B. „HLT Aktion Nothilfe" in Deutschland und „LDS Charities" in der ganzen Welt, sowie auch mit bekannten Organisationen wie dem „Roten Kreuz".[229]

6.3.3 Die Zeugen Jehovas

Hier eine kurze Zusammenfassung der Geschichte der Zeugen Jehovas, abgeleitet aus dem Buch „Handbuch Religiöse Gemeinschaften."[230]

Gegründet wurde diese Sekte von Textilkaufmann Charles Taze Russell, geboren am 16. Februar 1852 in Allegheny bei Pittsburgh/Pennsylvania. Nachdem er einige christliche Gemeinden besucht hatte, gründete er 1874 eine Bibel-Forscher-Gruppe, die die Bibel in dem Sinn „Ende der 6000 Jahre Menschengeschichte und Wiederkunft Christi" studierte. Im Jahre 1879 brachte Russell ein

---

musste er sich wegen damit verbundener Betrügereien vor dem Gericht in Bainbridge N.Y. verantworten, wurde schuldig gesprochen, wegen seines Alters aber nur zu einer kleinen Geldstrafe verurteilt." S.391

[228] Die offizielle Internetseite der Kirche Jesu Christi der Heiligen der letzten Tage in Albanien. In: http://www.mormon.al/informacion-rreth-kishes/kisha-ne-shqiperi/fillimet-e-kishes-ne-shqiperi.html (eingesehen am 18.07.2010)

[229] Ebd. (eingesehen am 18.07.2010)

[230] Reller; Kießig; Tschoerner (Hrsg.): Handbuch Religiöse Gemeinschaften... S.283-297

Monatsblatt mit dem Titel „Zion's Watch Tower and Herald of Christ's Presence" heraus. Um seine Schriften besser verteilen zu können, gründete er 1881 in Pittsburgh die „Zion's Watch Tower Tract Society", die 1886 die bis heute gültige Bezeichnung „The Watchtower Bibel & Tract Society of Pennsylvania" erhielt. In den nächsten Jahren verfasste Russell zahlreiche Schriften, die ihre Verbreitung nicht nur in Amerika, sondern auch in Europa fanden. 1903 auf seiner zweiten Europareise wurde das Deutsche Zweigbüro gegründet. 1909 wurde das neue Hauptquartier in Brooklyn/N.Y. eröffnet, wo es sich auch heute noch befindet. Die Arbeit von Russell wurde nach seinem Tod im Jahr 1916 von Joseph Franklin Rutherford, der in dem Kongress in Columbus/Ohio der Gesellschaft einen neuen Namen gab, nämlich nach Jes. 43, 10 „Die Zeugen Jehovas" übernommen. Ihre größte weltweite Verbreitung erlebte diese Sekte unter der Präsidentschaft von Nathan Homer Knorr in den 50er Jahren.

Die Zeugen Jehovas verstehen sich als eine weltweite christliche Gemeinschaft von Menschen, die Jehova Gott und seine Vorsätze bezeugen, die er in Verbindung mit der Menschheit hat. Sie sind davon überzeugt, dass sie die Wahrheit, die sie von der Bibel ableiten, besitzen. Die Zeugen Jehovas glauben an „Harmagedon", an die Endschlacht zwischen Gott und den „gottfeindlichen Mächten", in der sie nur Zuschauer sein werden. Im gesellschaftlichen Leben eines Staates respektieren sie zwar die Schulpflicht, Steuerzahlung usw., lehnen jedoch strikt die Symbole eines Staates, sowie Wehr- und Zivildienst ab, beteiligen sich auch nicht an Wahlen und spenden kein Blut. Viele christliche Traditionen, wie z.B. das Feiern von Weihnachten oder Ostern, Kindertaufe, Geburts- und Namenstage, Konfirmation, Firmung usw. werden abgelehnt.

Seit dem politischen Umbruch in Osteuropa können die Zeugen Jehovas auch hier tätig sein. Jedoch sind ihre Aktivitäten in 25 Ländern verboten. In Albanien sind sie seit der Öffnung des Landes in den 90er Jahren präsent. Ihre Tätigkeit scheint ausschließlich in der engagierten Verbreitung ihres Glaubens zu bestehen. Es gab immer wieder Diskussionen, ob sie in Albanien auch verboten werden sollten. Bis jetzt wurden diese Diskussionen nicht vertieft.

6.3.4 Das Judentum

Zuletzt erwähnt, aber sehr wichtig ist die jüdische Gemeinschaft in Albanien. Ihre Spuren sind schon im 12. Jh. erkennbar. Bis zum 16. Jh. gab es in den meisten Großstädten Albaniens jüdische Siedlungen, die meistens aus sephardischen Familien bestanden. Diese Juden wurden aus Iberien vertrieben und fanden in Albanien ein neues Zuhause. In Vlora gab es in den Jahren 1519-1520 mindestens 609 jüdische Häuser und sogar eine Synagoge, die während des Ersten

Weltkriegs zerstört wurde. Die Juden in Albanien hielten Kontakt zu den jüdischen Gemeinden in Split, Dubrovnik, Korfu und Thessaloniki.[231]

Die Beziehungen zwischen Juden und Albanien werden deutlich anhand zweier historischer Fakten. Erstens: Sabbatai Zwi, ein jüdischer Prophet aus dem türkischen Izmir, glaubte der Messias zu sein. Aus diesem Grund wurde er aus der jüdischen Gemeinde in Izmir ausgestoßen und musste nach fast zwei Dekaden mit seiner messianischen Bewegung aus der Türkei fliehen. Er kam nach 1673 nach Albanien und siedelte sich in Ulqin (heutiges Montenegro, damals albanisches Gebiet) an. 1676 starb er. Laut vieler Forscher befindet sich sein Grab auch heutzutage im Schloss der Balshaj (einer albanische Dynastie) in Ulqin und wird von vielen muslimischen, christlichen und jüdischen Gläubigen als ein Heiliger Tempel angesehen und besucht. Zweitens: In den albanischen Gebieten sind viele heilige jüdische Schriften aufbewahrt worden. Sogar ein seltenes Manuskript der Torah, bekannt als *Sefer Torah* (Das Heilige Buch) ist bis zum Jahr 1930 in den albanischen Gebieten aufbewahrt worden, indem nachgewiesen wurde, dass dieses Manuskript unklarerweise den Ort wechselte. Fünf Jahrhunderte lang war es in Avilon (heute Vlora) aufbewahrt worden.[232]

1930 gab es in Albanien ca. 204 gemeldete Juden. Sieben Jahre später wurden sie als jüdische Gemeinde amtlich anerkannt. Mit der zunehmenden Judenverfolgung nicht nur in Deutschland flüchteten viele jüdische Familien nach Albanien. Sie wurden von der Albanischen Botschaft in Berlin mit Visa ausgestattet und ihnen wurde geholfen, während viele europäische Länder sie nicht aufnehmen wollten. Anfang der 30er Jahre bereiteten der amerikanische Botschafter in Tirana, Herman Bernstein und der albanische Botschafter in Washington, Faik Konica, der in vielen Dokumenten als Mehmet Konica auftaucht, eine Vereinbarung vor, laut der Albanien 500 jüdische Familien aus Zentraleuropa aufnehmen sollte. In der Vereinbarung waren sogar die Ansiedlung und die Art der Hilfe vorgesehen. Diese Vereinbarung wurde nie unterschrieben, trotzdem fand sie ihre stillschweigende Anwendung.[233]

In dem neuesten Booklet mit dem Titel „The Role of Righteous Muslim Persons", von Faith Matters, eine Londoner Organisation mit interreligiöser Grundlage herausgegeben, wird das albanische Phänomen so beschrieben:

> „In Albania, Jews were not victims of the Nazis because of a national code of honor called „Besa," a desire to help those in need, even those of another faith or origin."[234]

---

[231] Elsie (2002): Handbuch zur albanischen Volkskultur... S.112

[232] Sinani (2009): Hebrenjtë në Shqipëri... S.27-28

[233] Ebd. S.31-32

[234] Paul: New booklets reveals Muslim acts of heroism during Holocaust in "The Jerusalem Post" vom 07.07.2010. In:

„Die Nacht über der Judenheit Europas wäre nicht so dunkel gewesen, wenn es wenigstens einen Stern gegeben hätte."[235]

So schrieb Simon Dubnow in den dunklen Tagen der 30er Jahren über die
Judenverfolgung. Sieben Jahrzehnte danach sollte der Amerikanische Botschafter, John L. Withers II, in Albanien schreiben:

„What if the world, during those dark days, had been Albania? Think, then, of all of
those millions of people who would have survived, who would have led rich and
happy, if the world of that day had been Albania.[...]."[236]

Diese albanische Eigenschaft, sowie das große Herz der Albaner bei der
Rettung von mehr als 3000 Juden wurde vom „The Righteous Department" der
Yad Vashem Gedenkstätte des Holocaust mit dem Titel „The Righteous Nation
Among the Nations" geehrt.[237] Die Botschafterin des Staates Israel, Amira
Arnon, äußert sich über diese Anerkennung folgendermaßen:

„The State of Israel and the people of Israel owe a big dept of gratitude to the Re-
public of Albania and to the people of Albania. [...] In comparison to the small
number of population in Albania, this is the biggest number of Righteous (70 albanian families) among the Nations recognized in one country alone."[238]

Während des Kommunismus lebten in Albanien über 200 Juden, die gut integriert waren. Mit der Öffnung des Landes wanderten die meisten aus, viele von
ihnen kehrten nach Israel zurück, wo sie eine kleine albanische Gemeinde bilden.
Ihre Heimkehr wird von den Medien jener Zeit so beschrieben:

„Jetzt sind sie daheim, und die Zeitungen können unbeschwert über die neue „Alija"
aus Albanien berichten. Gut dreihundert Juden brachten seit Dezember den „Auf-
stieg" nach Israel hinter sich und kehrten – so wie es das jüdische Sprach- und Ge-
schichtsempfinden versteht – nach Jahrhunderten der erniedrigenden Diaspora in die
Nähe des Tempelbergs und in Abrahams Schoß zurück."[239]

---

http://www.jpost.com/JewishWorld/JewishFeatures/Article.aspx?id=180647
(eingesehen am 21.07.2010)
[235] Schlögel (1998): Berlin. Ostbahnhof Europas... S.231
[236] Sinani (2009): Hebrenjtë në Shqipëri... S.374
[237] Notiz A.M.: Mehr unter http://www1.yadvashem.org/yv/en/righteous/pdf/virtial_wall/albania.pdf
(eingesehen am 21.07.2010)
[238] Sinani (2009): Hebrenjtë në Shqipëri... S.376
[239] Bremer: Die Heimkehr der albanischen Juden in Israel in FAZ vom 8. Mai 1991.
In: http://cf.jiddisch.org/kehilot/albania/alban-allg.htm (eingesehen am 21.07.2010)

6.4 Aktion und Interaktion der Religionen heute

Seit der Wiederherstellung der Religionsfreiheit und der Wiederbelebung der traditionellen Religionsgemeinschaften ist in Albanien auch die Präsenz anderer Religionen bemerkbar, die für das Land jung sind. An dieser Stelle möchte ich kurz den Begriff „traditionell" erläutern. Als traditionell werden in Albanien landläufig diejenigen Religionsgemeinschaften bezeichnet, die ihre Anwesenheit auf eine fast jahrhundertealte historische Basis gründen. So werden die Muslimische Gemeinschaft Albaniens, die Bektashi Gemeinschaft Albaniens, die Orthodoxe Autokephale Kirche Albaniens und die Katholische Kirche Albaniens als traditionelle Religionsgemeinschaften angesehen. Als „junge" oder „neue" Religionsgemeinschaften gelten diejenigen Gemeinschaften, deren Präsenz erst seit den 90er Jahren zu bemerken ist. Über die Stellung der protestantischen Vertretung, der Evangelischen Allianz Albaniens, ist die Meinung gespalten und hat sich auch im Laufe der letzten Jahre immer wieder gewandelt. Gehören sie oder gehören sie nicht zu den traditionellen Religionsgemeinschaften? An dieser Stelle soll nur der Hinweis erfolgen, das sie unbestreitbar und historisch verankert bereits seit dem frühen Anfang des 19. Jhs. in Albanien sind. (Mehr in den Kapiteln 4.3.1.2. und 6.1.3.).

6.4.1 Die Rolle der Religion in der albanischen Gesellschaft und ihre Wahrnehmung durch die Gesellschaft und die Politik

In wirtschaftlichen Begriffen ausgedrückt, könnte man über die Präsenz der verschiedenen Religionsgemeinschaften in Albanien sagen: Ein breiter Markt, in dem jeder frei ist zu wählen. Auch hier hat sozusagen ein Wandel von der „zentralen Religionsmarktwirtschaft" des Kommunismus zu einer „freien Religionsmarktwirtschaft" stattgefunden.

Wie werden, laut der Meinung unserer Experten, aber die Aktivitäten der verschiedenen Religionsgemeinschaften und ihr besonderer Beitrag zu einigen Bereichen der Gesellschaft beschrieben und wie werden die verschiedenen Religionen von der Politik und der Gesellschaft akzeptiert? In diesem Themenkomplex geht es darum, die heutige Wahrnehmung der verschiedenen Religionen darzustellen.

Abbildung 4: Themenkomplex 3[240]: Aktivitäten der Religionsgemeinschaften und ihr Beitrag zu einigen Bereichen der Gesellschaft Akzeptanz der Religionen in Politik und Gesellschaft

Gruppe 1: Vertreter der Religionsgemeinschaften	
1.	**Die islamischen Glaubensrichtungen**
a.	**Der Vertreter der Muslime, Herr Dorian Demetja**
	[…] Die albanische Gesellschaft ist auf der einen Seite an Religion interessiert, aber andererseits auch wieder desinteressiert, da alles eine materialistische Orientierung bekommen hat.
b.	**Der Vertreter der Bektashi, Herr Syrja Xhelaj**
	Allein die traditionellen religiösen Rituale, die in den Bektashi *Tekken* täglich stattfinden, sind ein exzellenter Beitrag des Glaubens für die nachfolgenden Generationen der Gläubigen. Während dieser Rituale werden oft verschiedene Versammlungen praktiziert, in denen die Teilnehmer nicht nur die Koranlehren oder die wertvollen Meinungen von Haxhi Bektash Veliu *(der Gründer des Bektashismus)* kennenlernen, sondern auch über verschiedene Ideen diskutieren können. Außer diesem traditionellen Teil, der sich auf die religiöse Seite bezieht, wird in diesen Versammlungen auch über verschiedene Probleme der Moral, der Bruderschaft, der Beziehungen in einer Gruppe, der Familie, der Heimat usw. diskutiert. Zu erwähnen ist auch der große Beitrag zur Bildung an historischen, kalendarisch festgelegten Gedenktagen oder der Respekt und die Erinnerung an Symbolfiguren jedes Glaubens und jeder Generation. […] Ich bin der Meinung, dass innerhalb unserer Religionstoleranz jeder angenommen wird, der an den einen, alleinigen Gott glaubt. […]
2.	**Die christlichen Glaubensrichtungen**
a.	**Der Vertreter der Orthodoxen, Herr Andon Merdani**
	Wie bereits erwähnt, bleibt der Beitrag der Religionen innerhalb des Rahmens des Glaubens und der moralischen, ethischen und kulturellen Werte. Die Glaubensgemeinschaften setzen sich je nach ihren Möglichkeiten auch mit anderen Aktivitäten ein: in humanitären und gemeinnützigen Bereichen, in bestimmten Projekten zur wirtschaftlichen Entwicklung der unterentwickelten Regionen, durch die Hilfe für bestimmte soziale Gruppen, in Aus- und Fortbildungsprogrammen, in Programmen der Informationstechnologie und oft in Umweltprogrammen. Diese Projekte werden je nach den Möglichkeiten und Spendern jeder Gemeinschaft durchgeführt. […] Albaner sind immer neugierig auf neue Sachen gewesen. Im Rahmen der neuen Glaubensgemeinschaften aller Richtungen (muslimisch, christ-

---

[240] Notiz A.M.: Siehe Fragen 5 und 7 im Muster des Leitfadens der Interviews im Anhang. S.6

		lich, andere) denke ich, dass die Albaner Interesse gezeigt haben, sie kennen zu lernen. [...] die Politiker sind die, die die allgemeine Einstellung der albanischen Gesellschaft im Bezug auf den Glauben widerspiegeln.
	b.	**Der Vertreter der Katholiken, Herr Don Gjergj Meta**
		Die Religion kann zur Verbesserung der Moral der Menschen beitragen durch ihre geistlichen Aktivitäten, aber sicherlich auch durch die verschiedenen Strukturen, wie z.B. katholische Schulen und Universitäten, katholische Schulen und Berufsausbildung, verschiedene medizinische Zentren, indem sie auf diese Art eine professionelle Anthologie innerhalb ihrer Strukturen schafft.
	c.	**Der Vertreter der Evangelischen Allianz Albaniens, Herr Fitor Muça**
		----- (keine Aussage)
	d.	**Der Vertreter der Apostolischen Kirche Pogradec, Herr Ardi Shkullaku**
		Es gibt viele Religionsgemeinschaften die sehr aktiv sind, vor allem im sozialen Bereich. Sie unterstützen die Menschen in Not, die vom Rest der Gesellschaft nicht beachtet werden. Ich glaube, dass die Glaubensgemeinschaften eine sehr wichtige Rolle spielen können, sei es bei der Erziehung der Gesellschaft zur Ehrenamtlichkeit, bei der Erziehung der Jugendlichen, oder der Stärkung der Familienwerte etc. Die Albanische Gesellschaft bleibt offen und tolerant den verschiedenen Glaubensrichtungen gegenüber die sie angenommen hat. [...] Die Politik sollte meiner Meinung nach in dieser Hinsicht offener und unterstützender sein.
		Gruppe 2: Vertreter der Gesellschaft, der Politik und des Staates
1.		**Vertreter der Gesellschaft und Politik**
	a.	**Der inländische Vertreter, Herr Mark Marku**
		Erstens ist es eine Form der Sozialisation, ich denke sogar, die beste, weil die Religion die Menschen zusammenbringt. [...] Ich finde diese Form sehr positiv, weil es Menschen gibt, die sich von der Gesellschaft isoliert fühlen würden, wenn es diese Art der Sozialisation nicht gäbe. In dieser Hinsicht erfüllt die Religion eine wichtige Aufgabe; die der Seelsorge und der Orientierung. [...] [...] Die Gesellschaft hat eine Art negative Reaktion den neuen Religionen gegenüber. Das hat mit der Art zu tun, wie diese neuen Religionen an die Menschen und in ihr Leben hineintreten. [...] Die traditionellen Religionen sind aggressiv gegenüber den neuen Glaubensrichtungen, weil sie besorgt sind, diese nehmen ihnen ihre Gläubigen weg. [...]
	b.	**Der ausländische Vertreter, Herr Bernd Borchardt**
		Die soziale Arbeit im verarmten ländlichen Raum Albaniens gehört sicherlich zu den besonders wichtigen Aktivitäten der Religionsgemeinschaften.

Zudem hat Religion mit Werten zu tun. Hier können die religiösen Gemeinschaften viel vermitteln.
Die verschiedenen Religionen in Albanien und insbesondere die vier traditionellen, großen religiösen Gruppen werden von der Politik ganz herausgehoben geachtet. [...] Daneben versucht die albanische Politik – mit gutem Grund – die hohe Toleranz zwischen den religiösen Gruppen in Albanien als positives Markenzeichen ihres Landes im Ausland darzustellen. [...] In der Gesellschaft spielen die religiösen Gruppen m. E. keine sehr große Rolle, ihre soziale Funktion [...] wird jedoch breit anerkannt und gewürdigt. [...]

c.	**Der ausländische Vertreter, Herr Hans Ahlfeld**
	Den Nutzen muss schon jeder selber daraus ziehen. [...] Besonders hervorzuheben ist der karitative Umgang mit den Schwächsten der Gesellschaft, Alten, Behinderten, Kindern und Frauen. Da ist noch viel zu tun. Religion gehört wieder zum täglichen Leben und wird zum Teil intensiv gepflegt. Das wird von allen Seiten akzeptiert, ist aber auch für die überwiegende Mehrheit nicht so wichtig. In der Politik spielt die Religion nur eine untergeordnete Rolle.
2.	**Vertreter des Staates**
a.	**Der jetzige Vertreter (Staatliches Komitee für Glaubensfragen), Herr Rasim Hasanaj**
	---- (keine Aussage)
b.	**Der ehemalige Vertreter (Staatliches Komitee für Glaubensfragen), Herr Fatri Sinani**
	Die Aktivitäten der verschiedenen religiösen Gemeinden entwickeln sich im Allgemeinen durch die Funktion ihrer Mission. Es ist bisher nur selten passiert, dass diese Aktivitäten große Ereignisse mit starkem nationalem oder internationalem Anklang gefördert oder sich solchen verschrieben haben. Lassen sie uns versuchen eine Auflistung zu machen: Im Jahre 1998 wurde aus den 1997 abgefeuerten und von katholischen Kindern in Lezha gesammelten Patronenhülsen die „Glocke des Friedens" gegossen. Diese wurde bei der sogenannten „Pyramide" aufgestellt, wo sie auch immer noch steht. Im Jahre 1997, als in Albanien ein Bürgerkrieg auszubrechen drohte, waren es ohne Ausnahme die religiösen Gemeinden, die den Aufruf zum Frieden gemacht haben. Im Jahre 2007, nach dem Terroranschlag auf die Zwillingstürme, hat die albanische Muslimische Gemeinschaft am ersten Freitag nach diesem Ereignis von der Hetem Beut Moschee im Zentrum von Tirana aus, den Terroranschlag verurteilt. Die katholischen, orthodoxen und Bektashi Hauptzentren in Albanien haben die Initiative der Moslems aufgegriffen und den Terrorismus mit der gleichen Prädisposition und Intensität verurteilt. Die albanische Gesellschaft kann (aus historischen Gründen) als ein einzigartiges Beispiel für die Akzeptanz der Präsenz und für das Ver-

> ständnis unter den unterschiedlichen Religionen und Glaubensrichtungen betrachtet werden. [...] die Gesellschaft respektiert die unterschiedlichen Glaubensrichtungen und die Politik schätzt diese vier Glaubensrichtungen gesetzesmäßig und wertet sie als gleichberechtigt.

Quelle: Eigene Darstellung

Auffällig beim ersten Punkt dieses Themenkomplexes ist, dass sich die Aussagen der Vertreter der Muslime und Christen gegenseitig bestätigen. Sie würdigen den besonderen Beitrag der Religionen insbesondere innerhalb des Glaubens und des moralischen, ethischen und kulturellen Rahmens. Dieser Beitrag wird durch die verschiedenen Aktivitäten der Religionsgemeinschaften sichtbar. Viele geistliche Aktivitäten tragen zur Verbesserung der Moral der Menschen, zur Erziehung der Gesellschaft zu ehrenamtlichem Engagement und zur Stärkung der Familienwerte bei. Die Experten nennen eine Reihe von Aktivitäten der verschiedenen Religionen und beschreiben diese als notwendig für die albanische Gesellschaft. Ihnen zufolge setzen sich die Religionsgemeinschaften insbesondere in den folgenden Bereichen ein:

- in humanitären und gemeinnützigen Projekten,
- in Projekten zur wirtschaftlichen Entwicklung der unterentwickelten Regionen,
- in Aus- und Fortbildungsprogrammen, bei der Erziehung der Jugendlichen,
- in Umweltprogrammen,
- in sozialen Projekten (Menschen in Not helfen).

Ein interessantes Beispiel dazu, wie ein Gotteshaus auch als ein Raum für die Diskussion verschiedener Probleme des Alltags verwendet werden kann, gibt der Vertreter der Bektashi, Herr Syrja Xhelaj. Er beschreibt die Versammlungen der Bektashi Gläubigen als ein Ereignis, in dem sie nicht nur beten und ihre traditionellen religiösen Rituale ausüben, sondern auch über verschiedene Probleme, wie Moral, Bruderschaft, die Beziehungen in einer Gruppe usw. diskutieren. Einen erweiternden interessanten Aspekt gibt Herr Ardi Shkullaku weiter. Er ist der Meinung, dass die Glaubensgemeinschaften eine sehr wichtige Rolle bei der Erziehung der Gesellschaft zur Ehrenamtlichkeit, bei der Erziehung der Jugendlichen und bei der Stärkung der Familienwerte spielt.

Auch bei der Gruppe der Vertreter der Gesellschaft und Politik gibt es Einigkeit über die Aktivitäten der Religion in der albanischen Gesellschaft. Sie sehen die Rolle der Religion im sozialen Bereich, insbesondere bei:

- der Arbeit im verarmten ländlichen Raum Albaniens,
- dem karitativen Umgang mit den Schwächsten der Gesellschaft (Alten, Behinderten, Kinder und Frauen)
- dem Zusammenbringen von Menschen.

In diesem Rahmen sieht Herr Marku die Religion als eine Form der Soziali-
sation, die Menschen, die sich sonst von der Gesellschaft isoliert fühlen, durch
die geistlichen Aktivitäten zusammenbringt und ihnen eine Orientierung gibt.

Der Vertreter des Staates, Herr Fatri Sinani listet eine Reihe von Aktivitäten
der Religionsgemeinschaften in Albanien auf, die nicht nur nationalen, sondern
auch internationalen Anklang fanden. So bezeichnet er z.b. die Rolle der Religionen während des schrecklichen Jahres 1997, in dem in Albanien Anarchie
herrschte, als hervorragend.[241] Es waren die Religionen, die den Aufruf zum
Frieden gemacht haben. Eine „Glocke des Friedens" wurde von katholischen
Kindern aus den gesammelten Patronenhülsen 1998 in Tirana aufgestellt. Auch
als die Welt von den Anschlägen des 11. September 2001 erschüttert wurde,
verurteilten in Albanien alle Religionsgemeinschaften gemeinsam diesen Terror-
anschlag auf die USA. Der Beitrag der Religionsgemeinschaften zu verschiedenen Bereichen der Gesellschaft wird von allen Experten sehr hoch geschätzt und
bewertet. Durch ihre Aktivitäten, insbesondere im sozialen Bereich, decken die
Religionsgemeinschaften einen Teil der Aufgaben der Gesellschaft und des Staates ab. Sie leisten ihren Beitrag dort, wo der Staat schwach ist, oder wo er ge-
scheitert ist. Wie werden aber die Religionen von der Politik und der Gesellschaft akzeptiert?

Auch innerhalb der Gruppe der Religionsvertreter und der Gruppe der Vertreter der Gesellschaft, der Politik und des Staates, muss ich zwei Untergruppen
unterscheiden: Diejenigen, die eine Meinung nur im Bezug auf die neuen Religionen geäußert haben und diejenigen, die alle Religionen eingeschlossen haben.
Die Meinung, wie die Politik die verschiedenen Religionen akzeptiert, wurde an
dieser Stelle nur kurz angesprochen.

Innerhalb der Gruppe der Vertreter der islamischen Glaubenrichtungen gibt
es verschiedene Meinungen: Herr Dorian Demetja, Vertreter der Muslime, sagt,
dass die albanische Gesellschaft in ihrer Einstellung gegenüber den Religionen
gespalten ist. Ein Teil der Gesellschaft zeigt sich interessiert für die Religion, ein
Teil desinteressiert, weil laut Demetja alles eine materialistische Orientierung
bekommen hat. Herr Syrja Xhelaj, Vertreter der Bektashi ist dagegen der Meinung, dass die albanische Gesellschaft jede neue Religion annimmt, die an einen,
alleinigen Gott glaubt. In diesem Zusammenhang erinnere ich an die Definition
des Begriffs „Gott" am Anfang dieser Ausführungen. Die Vertreter der Christen

---

[241] Notiz A.M: Schon vor dem Jahr 1997 wurden in Albanien sogenannte „Pyamidfirmen" tätig.
Diese Firmen versprachen eine Multiplikation der eigenen Investition in kürzester Zeit. So ver-
kauften viele Albaner ihre Häuser, um möglichst viel Geld in kurzer Zeit zu machen. Diese Firmen gingen 1997 konkurs und so verloren die Albaner ihr Geld. Aus Wut und Zorn gegenüber
den Besitzern dieser Firmen und der Regierung über das verlorene Geld entstand in Albanien eine anarchische Situation, die mehrere Monate dauerte. Alles wurde geplündert und ausgeraubt,
sogar die militärischen Lager. Die kriminellen Banden blühten in dieser Zeit und kämpften gegen einander. Überall im Land konnte man die Spuren dieser Anarchie sehen.

sind gleicher Meinung. Sie sehen in der albanischen Gesellschaft die Offenheit, die Toleranz und sogar Neugier gegenüber den verschiedenen, auch neuen, Religionen.

Unter den Vertretern der Gesellschaft und Politik gibt es ebenfalls verschiedene Meinungen über die Akzeptanz der Religionen in der albanischen Gesellschaft. Herr Mark Marku, der inländische Vertreter der Politik und Gesellschaft ist der Meinung, dass die Gesellschaft eine Art negative Reaktion den neuen Religionen gegenüber hat. Diese Aussage begründet er durch die Überlegung, dass die neuen Religionen an die Menschen und an ihr Leben in einer unpassenden Art herantreten. Herr Marku ist ebenso der Meinung, dass sogar die traditionellen Religionsgemeinschaften ein aggressives Verhalten gegenüber den neuen Religionsgemeinschaften zeigen. Als Grund für diese Einstellung bringt er die Besorgnis der traditionellen Religionsgemeinschaften, dass die neuen ihnen ihre Gläubigen wegnehmen. Dieser Besorgnis muss Beachtung geschenkt werden, da sie auch den kontrovers diskutierten Punkt der „Missionierung" einschließt. Mission heißt in dem Verständnis der neuen Religionsgemeinschaften manchmal, auch bewusst Leute anzusprechen und sie ggf. auch zu ermutigen ihren Glauben / ihre Religion zu wechseln. Hier ist sicher ein Konfliktpotential zu sehen, wobei die Arten der „Missionierung" sicher differenziert werden müssen, da sie ebenfalls Gegenstand der freien Religionswahl sind. (vgl. dazu auch Kapitel 6.4.4.)

Herr Borchardt stützt diese Bedenken einerseits, bringt aber auch zum Ausdruck, dass die Religion in der Gesellschaft keine tiefgreifende Rolle spielt, ihre soziale Funktion jedoch breit anerkannt und gewürdigt ist. Nachdem viele Teile in der Bevölkerung auch durch Dienstleistungen der Religionsgemeinschaften profitieren, ist jedoch dieses Konfliktpotential nur ansatzweise und mehr theoretisch vorhanden (siehe auch Kapitel 6.5.). Herr Ahlfeld vertritt die Ansicht dass die Religion wieder zum alltäglichen Leben gehört, zum Teil sogar intensiv gepflegt wird und von allen Seiten akzeptiert ist. Diese Akzeptanz wirkt einer möglichen von Herrn Marku angeführten Aggression gegenüber neuen Religionsgemeinschaften ebenfalls entgegen. Das trifft zumindest da zu, wo soziales und gesellschaftliches Engagement auch von neuen Religionsgemeinschaften gezeigt wird.

Herr Sinani, der Vertreter des Staates, ist der Meinung, dass die albanische Gesellschaft die unterschiedlichen Glaubensrichtungen respektiert und begründet das mit der historischen Akzeptanz der Präsenz und dem historischen Verständnis unter den unterschiedlichen Religionen und Glaubensrichtungen.

Die Meinungen der Experten über die Akzeptanz der Religionen durch die Politik sind ebenfalls unterschiedlich. Während die Vertreter der islamischen Glaubensrichtungen sich zu diesem Punkt nicht geäußert haben bzw. zum Ausdruck bringen, dass sie keine qualifizierte Meinung darüber abgeben können, bringen die Vertreter der Christen zum Ausdruck, dass die Politik und die Politiker als die Spiegel der allgemeinen Einstellung der albanischen Gesellschaft im Bezug auf den Glauben gesehen werden und der Wunsch besteht, dass die Politik offener und unterstützender sein soll.

Herr Borchardt ist der Meinung, dass die verschiedenen Religionen und insbesondere die vier traditionellen Gemeinschaften von der Politik ganz herausgehoben geachtet werden. Als Grund für diese Einstellung erwähnt Herr Borchardt den Versuch der albanischen Politik, die hohe Toleranz zwischen den religiösen Gruppen in Albanien als positives Markenzeichen des Landes im Ausland darzustellen. Herr Ahlfeld bestätigt die Ansicht, dass die Religion in der Politik eine untergeordnete Rolle spielt.

Als Schlussbemerkung für diesen Themenkomplex ist zu erwähnen, dass im Allgemeinen die Religionen von der Gesellschaft gut akzeptiert werden. Insbesondere wird von den Experten die Offenheit der albanischen Gesellschaft geschätzt. Wenn es um die Politik geht, wird deren Rolle bei der Akzeptanz der verschiedenen Religionen sehr geschätzt. Jedoch bleibt hier die Frage offen, was unter „verschieden" verstanden wird. Sind damit nur die vier verschiedenen „traditionellen" Religionsgemeinschaften gemeint oder sind unter „verschieden" auch neue Religionen eingeschlossen? Diese Frage kann hier keine klare Abgrenzung erfahren. Sie kann aber vielleicht in der weiteren Entwicklung der öffentlichen Wahrnehmung beobachtet werden.

Da interessanterweise dieser Themenbereich nahezu ausschließlich positiv dargestellt wird, habe ich an dieser Stelle auch untersucht, ob Verflechtungen zwischen den Religionen und der Politik erkennbar sind.

Die Religionsgemeinschaften dürfen ihre Leiter und ihre Verwaltung ohne staatliche Beteiligung oder Einmischung frei wählen[242]. Auch die Experteninterviews, die US-"International Religious Freedom" Berichte, die EU-Fortschrittsberichte und die von mir eingesehene Literatur über die gegenwärtige Situation beinhalten diesbezüglich keine Reklamationen. Das zeigt die politische Unabhängigkeit, die auch in den jeweiligen Vereinbarungen zwischen dem Staat und den Religionsgemeinschaften (bis jetzt mit den muslimischen, bektashi, orthodoxen und katholischen Religionsgemeinschaften unterschrieben) deutlich hervorgehoben wird.[243] Allerdings lässt der neueste Beschluss des Ministerrats zur Finanzierung einiger religiöser Verwaltungen und Kleriker (Beschluss Nr. 278 vom 28.04.2010) durch den Staat aufhorchen. Die Unabhängigkeit der Religionsgemeinschaften könnte dadurch in Frage gestellt werden und Privilegierungen geschaffen werden. Diesen Punkt versucht Rasim Hasanaj, der jetzige Di-

---

[242] Notiz A.M.: Das geht auch aus den im Folgenden genannten Vereinbarungen hervor. Mehr in Kapitel 6.2.

[243] Siehe dazu Kapitel 9 Epilog

rektor des Staatlichen Komitees für Glaubensfragen, jedoch zu erklären, in dem er sagt:

> „[...] Wir unterstützen sie (die Religionsgemeinschaften) mit einem kleinen finanzi-
> ellen Beitrag [...]. Das schafft keine Abhängigkeit vom Staat, da diese Finanzierung
> für die eigenen Bedürfnisse der Religionsgemeinschaften und nicht für die des Staa-
> tes genutzt wird. Der Staat hat gegenüber den Religionsgemeinschaften Verpflich-
> tungen, weil diese Religionsgemeinschaften während des Kommunismus vieles ver-
> loren haben."[244]

Dieser Punkt ist auch in den jeweiligen Vereinbarungen zwischen dem Staat und den Religionsgemeinschaften verankert. In diesen Vereinbarungen ist festgelegt, dass das Staatliche Komitee für Glaubensfragen der direkte Ansprechpartner für die Religionsgemeinschaften ist. Unter einem Punkt dieser Vereinbarungen steht:

> „In den gegenseitigen Beziehungen mit der jeweiligen Religionsgemeinschaft wird
> der Staat durch das Staatliche Komitee für Glaubensfragen vertreten. Die jeweilige
> Religionsgemeinschaft arbeitet zusammen mit dem Staatlichen Komitee zur Erfül-
> lung einer aktiven Kommunikation mit den staatlichen Instanzen."[245]

Verflechtungen familiärer Art oder in familiären Klans zwischen den Leitern der Religionsgemeinschaften konnte ich nicht feststellen. Insofern haben diese wohl weder negativen oder positiven Einfluss auf das Verhältnis der Religionsgemeinschaften untereinander. Allerdings haben wohl die gemeinsam im Kommunismus erlittene Verfolgung und das gemeinsame Leiden eine gewisse Solidarität unter den Religionsgemeinschaften, zumindest unter deren Leitern bewirkt, die zum gegenseitigen Verständnis beiträgt. (Mehr dazu im Kapitel 5.3.: Exkurs: Der Kampf gegen die Religion)

Die gegenseitige Akzeptanz und das teilweise gemeinsam erkennbare gesellschaftliche Engagement wirken ebenfalls verständnisfördernd auf die Religionsgemeinschaft und deren Akzeptanz. Auch das kann für andere postkommunistische Ländern ein positives Signal sein.

6.4.2 *Das Verhältnis der Religionen unter einander nach der Wende in den 90er Jahren*

> „Die Religionen sind verschiedene Wege, die im gleichen Punkt münden. Was
> macht es, dass wir verschiedene Wege gehen, wenn wir nur das gleiche Ziel errei-
> chen?"

---

[244] Vgl. hierzu das Interview vom 26.04.2010 mit Herrn Rasim Hasanaj, Staatlisches Komitee für Glaubensfragen. S. Anhang. S.136

[245] Notiz A.M.: Des Weiteren siehe Punkt 6.2.

Diese Aussage von Mahatma Gandhi (1869-1948), dem indischen Rechtsanwalt und Führer der indischen Befreiungsbewegung, trifft auch das Verständnis zur Religion für viele Albaner. Jedoch soll man sich hier fragen, ob diese Wege auch Brücken, z.b. das gegenseitige Verständnis und die gegenseitige Akzeptanz haben. Das post-kommunistische Albanien erlebte nach der Wende das Wiederaufleben der traditionellen Religionen, sowie die Erscheinung neuer religiöser Richtungen. So entstand der große „Markt" der Religionen, in dem man frei wählen darf. Immer wieder kommt die Rede darauf, wie das Verhältnis der verschiedenen Religionen unter einander nach der Wende aussieht. Im folgenden Themenkomplex wird dieser Frage anhand der Antworten unserer Experten nachgegangen.

Abbildung 5: Themenkomplex 4[246]: Das Verhältnis der Religionen untereinander nach ihrem Wiederaufleben und der Erscheinung neuer religiösen Richtungen nach der Wende in den 90er Jahren

Gruppe 1: Vertreter der Religionsgemeinschaften	
1.	**Die islamischen Glaubensrichtungen**
a.	**Der Vertreter der Muslime, Herr Dorian Demetja**
	Als Folge der Verwurzelung der Toleranz und des Zusammenlebens, sowie als Folge der Moral, zu der uns die Religion verpflichtet, haben wir eine sehr gute Beziehung mit den anderen Religionen. In diesem Zusammenhang sind dennoch auch die Divergenzen mit den Religionen, die später nach Albanien kamen, zu erwähnen.
b.	**Der Vertreter der Bektashi, Herr Syrja Xhelaj**
	Die Beziehungen des Bektashismus zu den anderen Religionen oder Glaubensgemeinschaften sind und werden unbelastet bleiben, weil Grundlage unseres Glaubens Brüderlichkeit und gegenseitiges Verständnis ohne Unterschiede ist. Es ist verständlich, dass wir gegenüber jedem Glauben, der nach Albanien kommt und nicht nur gegen unsere religiöse Tradition, sondern auch gegen die Grundrechtscharta verstößt, Stellung genommen haben und nehmen werden. Wir halten die Anwesenheit und den Aufenthalt einiger sogenannter Muslime, in deren Verhalten der Wahabismus oder die Tendenz zu Konflikten mit den euro-atlantischen Ländern erkennbar sind, für schädlich.
2.	**Die christlichen Glaubensrichtungen**
a.	**Der Vertreter der Orthodoxen, Herr Andon Merdani**

---

[246] Notiz A.M.: Siehe Frage 4 im Muster des Leitfadens der Interviews im Anhang. S.5

Mit den traditionellen Gemeinschaften war es immer eine sehr gute, korrekte, unterstützende Beziehung aufgrund der früheren Geschichte. Mit den neuen Gruppen, die seit der Wende im Land sind, ist es eine neue Bekanntschaft. Diese Gruppen sind selbst noch nicht konsolidiert und noch im Prozess einer eigenen Identitätsschaffung. Sie werden wie jede andere Gemeinschaft respektiert, können sich frei ausdrücken, sich versammeln und ihre religiösen Aktivitäten durchführen. Ich würde sagen, dass die Beziehungen mit diesen neuen Gemeinschaften ordentlich und kooperativ sind; z.B. zusammen mit der katholischen Gemeinschaft und einigen evangelischen Gruppen haben wir gemeinsame Projekte. Ein Beispiel hierfür ist ein Projekt der Hilfe in den albanischen Gefängnissen mit der NEHEMIA Stiftung.

b. **Der Vertreter der Katholiken, Herr Don Gjergj Meta**

Es gibt in Albanien Beziehungen zwischen den offiziell traditionellen Religionen. [...] Was die verschiedenen Sekten anbelangt, wie z.B. die Bahai, die Zeugen Jehovas oder Mormonen, so gibt es keine offiziellen Verbindungen zu ihnen, zumindest nicht mit den traditionellen Religionen. Natürlich leben wir friedlich nebeneinander, aber es gibt keine Beziehungen, was einerseits vielleicht daran liegt, dass dies nur kleinere Gruppierungen sind, andererseits aber auch daran, dass sie noch keine ersthaften Bestrebungen gezeigt haben, diese aufzubauen. Aktuell sind die Beziehungen unter den traditionellen Religionen sehr gut. [...]

c. **Der Vertreter der Evangelischen Allianz Albaniens, Herr Fitor Muça**

Wenn es um die Perspektive der Beziehungen zwischen den Religionen in Albanien geht, würde ich das in zwei Perspektiven sehen: Erstens das Verhältnis zwischen der religiösen Leiterschaft in Albanien. Das schließt alle Leiter mit ein. Und zweitens das Verhältnis der Gläubigen untereinander. [...]

d. **Der Vertreter der Apostolischen Kirche Pogradec, Herr Ardi Shkullaku**

Nach der Diktatur war der Hunger in Albanien nach allem, was vorher verboten war groß und die verschieden Religionen, sowohl die traditionellen, als auch diejenigen die relativ neu in Albanien waren, fanden ein sehr offenes Land vor. Die Beziehung zwischen diesen Religionen war und ist jedoch hervorragend.

Gruppe 2: Vertreter der Gesellschaft, der Politik und des Staates

1. **Vertreter der Gesellschaft und Politik**

a. **Der inländische Vertreter, Herr Mark Marku**

Persönlich sehe ich das als sehr positiv [...] dass eine solche Realität existiert, da ich die geistliche Realität nicht als in Stein gemeißelt sehen kann. [...] Wir befinden uns jetzt in einer neuen Phase der allgemeinen Öffnung und der Ausübung des eigenen Glaubens. [...] Die Pluralisierung des religiösen Rahmens ist eine Gelegenheit für mehr individuelle Freiheit. [...] Ich sehe das mehr oder weniger wie jedes Angebot auf dem Markt. Ich finde das positiv und vor allem sehe ich auch Veränderungen in der Mentalität der Albaner. Das alles bewirkt natürlich ein bisschen den Bruch des Dogmatismus des Glaubens und, dass der Einfluss des religiösen Fanatismus relativiert wird. [...]

b. **Der ausländische Vertreter, Herr Bernd Borchardt**

Ich habe den Eindruck, dass das Verhältnis zwischen den Religionsgemeinschaften in Albanien von gegenseitiger Achtung geprägt ist. Dies wird von den Führern der vier großen Religionsgemeinschaften auch mit großem Nachdruck gefördert. Auch viele kleinere Gemeinschaften folgen dieser Linie. Teilweise werden kleinere Religionsgemeinschaften, die erst nach dem Ende des Kommunismus in Albanien aufgetaucht sind, von manchen mit einem gewissen Misstrauen beobachtet. Dies gilt besonders dort, wo sehr aktiv missioniert wird. Konkurrenzdenken, das durch Abwerbungsversuche geschürt wird, kann das Verhältnis zwischen religiösen Gruppen belasten. [...] Viele der neuen Religionen erscheinen mir auch für das hier nach meiner Meinung geschätzte kollektive Religionserlebnis sehr individualistisch. Dies kann leicht zu Entfremdung führen.

c. **Der ausländische Vertreter, Herr Hans Ahlfeld**

[...] der protestantische Bevölkerungsanteil in Albanien ist unter 2 %. Besonders durch den amerikanischen Einfluss gibt es Mormonen, Baptisten usw. Aber auch die Neuapostolische Kirche sowie die Siebenten-Tags-Adventisten sind neueren Ursprungs und pflegen ein sehr intensives kirchliches Zusammenleben. Das gilt auch für die drei großen Kirchen untereinander und mit anderen Glaubensgemeinschaften.

2.	**Vertreter des Staates**
a.	**Der jetzige Vertreter (Staatliches Komitee für Glaubensfragen), Herr Rasim Hasanaj**

[...] Die verschiedenen Glaubensrichtungen haben einige gemeinsame Aktivitäten. Auch an Feiertagen und bei Aktivitäten sieht man sie zusammen. Als Institution haben wir sehr gute Beziehungen zu den verschiedenen Religionsgemeinschaften. Ein Beispiel ist das gemeinsame Feiern des Neujahrsfestes, also die vier traditionellen Religionsgemeinschaften und der Staat. Dieses Jahr waren auch Vertreter der Evangelischen Allianz Albaniens mit dabei.

b. **Der ehemalige Vertreter (Staatliches Komitee für Glaubensfragen), Herr Fatri Sinani**

Die traditionellen religiösen Glaubensrichtungen haben sich seit dem Wiederaufleben ihrer Praktizierung Anfang der 90er Jahre noch nie öffentlich gegen die Präsens der Missionen und religiösen Organisationen, die nach Albanien kommen und hier tätig sind, aufgelehnt oder gegen sie agiert. Das historische Erbe des Zusammenlebens, sowohl das Verständnis als

	auch der gegenseitige Respekt unter den traditionellen religiösen Glaubensrichtungen haben eine schützende Rüstung entstehen lassen und gleichzeitig auch die Möglichkeit einer toleranten Einstellung gegenüber der Präsenz und dem Handeln der nicht wenigen religiösen Organisationen und Vereine

Quelle: Eigene Darstellung

Wie auch hier dargestellt, beziehen sich einige Experten dieser Gruppe in der Beschreibung dieser Beziehungen auf das Verhältnis aller Religionsgemeinschaften untereinander. So sagen die Vetreter der Muslime und der Bektashi, dass diese Beziehungen sehr gut sind. Als Gründe nennen sie die Verwurzelung der Toleranz und des Zusammenlebens bei den Albanern, die Moral, zu denen sie die Religion verpflichtet, die Brüderlichkeit und das gegenseitige Verständnis ohne Unterschiede. Allerdings weist der Bektashi Vertreter darauf hin, dass sie als Bektashi immer Stellung bezogen haben, wenn neue religiöse Richtungen gegen die Grundrechtecharta verstoßen, wie z.B. das Verhalten einiger Muslime, die sich als der wahabistischen Richtung zugehörig bezeichneten.

Die Vertreter der Christen unterscheiden innerhalb dieser Beziehungen zwischen den Beziehungen unter den traditionellen Religionsgemeinschaften und den Beziehungen zu den anderen Religionen. Herr Andon Merdani bringt zum Ausdruck, dass die Beziehungen unter den traditionellen Religionen immer korrekt, sehr gut und unterstützend waren und sind. Die Beziehungen der traditionellen Religionsgemeinschaften zu den neuen Religionen, auch wenn diese neu und noch bei ihrer Identitätsschaffung sind, bezeichnet er als ordentlich und kooperativ. Auch konfessionsübergreifende gemeinsame Projekte sowie z.b. das Projekt der Hilfe in den albanischen Gefängnissen zwischen der Orthodoxen Kirche, Katholischen Kirche und den Protestanten vertreten durch den interreligiösen Verein „Prison Fellowship Albania"[247] einem Zweig der international arbeitenden Organisation „Prison Fellowship International"[248] werden durchgeführt und als kooperativ bezeichnet. Herr Don Gjergj Meta, der Vertreter der Katholiken, bringt zum Ausdruck, dass es mit den neuen Religionen oder Sekten, wie er sie bezeichnet, keine offiziellen Beziehungen gibt, weil diese nur kleinere Gruppierungen sind und auch keine ernsthaften Bestrebungen von ihrer Seite gezeigt haben, eine Beziehung mit den traditionellen Religionsgemeinschaften aufzubauen. Diese Meinung wird von den Vertretern der Protestanten allerdings nicht geteilt. Herr Ardi Shkullaku beschreibt die Beziehung zwischen den Religionen (tradtionellen und neuen) als hervorragend. Herr Fitor Muça unterschei-

---

[247] Notiz A.M.: Mehr über die Arbeit von Prison Fellowship Albania unter:
http://www.pfi.org/national-ministries/europe/albania
[248] Notiz A.M.: Mehr über die „Prison Fellowship Internation" Organisation unter:
http://www.pfi.org/

det sogar die Beziehungen unter den religösen Leitern und unter den Gläubigen selbst. Er bezeichnet diese Beziehungen als sehr gut. Interessant an dieser Stelle ist seine Aussage über die Beziehungen zwischen den religiösen Leitern, die er so beschreibt:

> „Ich bin in der Nähe dieser Leiter in bestimmten Momenten gewesen und habe gesehen, dass diese Harmonie real ist. Sie haben also eine echte Harmonie untereinander. Ich spreche hier über Imzot Rrok MIrdita, Janullatos, Selim Muça und Baba Reshat Bardhi.[249] Ich habe gesehen, dass sie einander respektieren."

Weiterhin beschreibt Herr Muça die Beziehungen unter den Gläubigen verschiedener Religionen folgendermaßen:

> „Auch im Bezug der Gläubigen der verschiedenen Religionen zueinander ist zu erwähnen, dass Albanien als ein Land der religiösen Harmonie und Toleranz bekannt ist, auch wenn es einige Fälle des Widerspruchs von anderen Religionen gegeben hat. [...] An dieser Stelle muss erwähnt werden, dass diese Fälle durch die gute Kommunikation isoliert wurden und keinen weiteren Einfluss als den regionalen hatten."[250]

Die Gruppe der Vertreter der Gesellschaft, der Politik und des Staates beschreibt ebenfalls das Verhältnis der Religionen unter einander als sehr gut. Allerdings wird auch hier oft zwischen den traditionellen und neuen Religionen unterschieden. Herr Mark Marku sieht diese Realität des „breiten religiösen Marktes" als sehr positiv und bemerkt sogar (positive) Veränderungen in der Mentalität der Albaner. Er ist der Meinung, dass diese neue religiöse Realität den Bruch des Dogmatismus des Glaubens bewirkt. Als Folge sagt er, wird der Einfluss des religiösen Fanatismus relativiert. Herr Borchardt ist der Meinung, dass die Beziehung unter den traditionellen Religionsgemeinschaften durch die gegenseitige Achtung geprägt, und stark auch von den Leitern der vier traditionellen Religionsgemeinschaften gefördert ist. Dieser gegenseitige Respekt hat auch die Möglichkeit einer toleranten Einstellung gegenüber der Präsenz und dem Handeln der anderen religiösen Richtungen entstehen lassen. Der Linie des gegenseitigen Respekts und der gegenseitigen Achtung der traditionellen Religionsgemeinschaften folgen seiner Meinung nach auch die anderen kleineren Religionsgemeinschaften. Herr Borchardt weist aber auch daraufhin, dass manche

---

[249] Notiz A.M.: Imzot Rrok MIrdita ist der Leiter der Katholischen Kirche Albaniens; Janullatos ist der Leiter der Orthoxen Kirche Albaniens; Selim Muça ist der Leiter der Muslimischen Gemeinschaft Albaniens und Baba Reshat Bardhi ist der Leiter des weltweiten Hauptsitzes der Bektashi. Dieser Hauptsitz ist in Albanien.

[250] Vgl. hierzu das Interview vom 21.04.2010 mit Herrn Fitor Muça, Evangelische Allianz Albanies. S. Anhang. S.61

dieser kleinen Gemeinschaften mit einem gewissen Misstrauen beobachtet werden. Als Grund dafür nennt er die Verbreitung durch „Missionierung" dieser
Religionen, das ein Konkurrenzdenken (durch Abwerbungsversuche) schürt und
das belastend für die Beziehung sein könnte. (vgl. Kapitel 6.4.1. und 6.4.4.) Weiterhin ist Herr Borchardt der Meinung, dass die neuen Religionsgemeinschaften
ihr kollektives Religionserlebnis sehr individualistisch gestalten, so dass das
leicht zu Entfremdung führen könnte. Herr Ahlfeld hingegen bringt zum Ausdruck, dass die neuen christlichen Religionsgemeinschaften in Albanien ein sehr
intensives kirchliches Zusammenleben pflegen.

Unter der Gruppe der Vertreter des Staates gibt es Einigkeit. Sie beschreiben die Beziehungen der verschiedenen Glaubensrichtungen unter einander
als sehr gut. Herr Hasanaj bringt als Beispiel die verschiedenen Aktivitäten, die
die verschiedenen Religionen mit einander unternehmen. Er erwähnt auch die
schöne Tatsache, dass sogar Weihnachten und Neujahr gemeinsam gefeiert werden. Herr Fatri Sinani sieht das historische Erbe des Zusammenlebens und den
gegenseitigen Respekt unter den traditionellen religiösen Glaubensrichtungen als
eine schützende Rüstung, die eine tolerante Einstellung gegenüber der Präsenz
und dem Handeln der nicht wenigen religiösen Organisationen und Vereinen
entstehen lassen hat.

Die Beziehungen der Religionen untereinander nach der Wende werden von
den Vertretern der Religionsgemeinschaften insgesamt als gut und sehr gut beschrieben. Dieses gute Verhältnis unter den Religionen in Albanien wurde am
22. Oktober 2009 mit der Gründung des interreligiösen Konzils Albaniens offiziell anerkannt. Gründer dieser Initiative sind die vier Leiter der traditionellen
Religionsgemeinschaften. Das interreligiöse Konzil Albaniens (The interreligious council of Albania) wurde ausdrücklich vom Albanischen Präsidenten, Herrn
Bamir Topi, unterstützt, der dieses Konzil als die Institutionalisierung dieser
guten Beziehungen begrüßte.[251] Allerdings fällt an dieser Stelle auf, dass weder
die Protestantische Gemeinschaft noch andere Religionsgemeinschaften vertreten
waren. Warum dies so war, ist nicht bekannt.

Diese Gründung erfolgte im Rahmen der 1970 gegründeten weltweit operie-
renden Weltkonferenz „Religions for Peace", deren Mission die Förderung und
Unterstützung des Friedens, sowie die Förderung der weltweiten Religionsgemeinschaften zu gemeinsamen Aktionen ist.[252] Die Teilnehmer dieser weltweiten
Organisation kommen alle fünf Jahre zu einer internationalen Konferenz zusammen. Die letzte Konferenz vom 26 - 27. April 2010 in Baku, Aserbaidschan,

---

[251] Religions for Peace – European Council of Religious Leaders: Albania's president expresses
strong support at launch of interreligious Council. In: http://www.rfp-europe.eu/index.cfm?id=
264191 (eingesehen am 24.08.2010)

[252] Religions for Peace: Mission. In: http://www.religionsforpeace.org/about/ (eingesehen am
24.08.2010)

verurteilte den Terrorismus und den Versuch, die Religion für zerstörerische Ziele zu nutzen. Deshalb sahen die religiösen Leiter aus christlichen, muslimischen, hebräischen, buddhistischen und hinduistischen Glaubenstraditionen die Kooperation unter einander als vital:

> „In present conditions, the cooperation of traditional religious communities becomes more and more vital. The responsibility for the future of the world motivates us to declare together that compromises in the choice between sin and goodness are inadmissible and to stand together against egoism, violence and enmity."[253]

Albanien schließt sich somit an das europäische Konzil der religiösen Leiter (European Council of Religious Leaders) an, das als Zweig der Weltkonferenz „Religions for Peace" 2002 in Oslo gegründet wurde. Dieses Organ besteht nur in 10 Ländern der Europäischen Union und hat sich zum Ziel gesetzt:

> „[...] to cooperating on conflict prevention and transformation, peaceful coexistence and reconciliation and encouraging members of their respective communities to do the same."[254]

6.4.3 Die Auswirkung der angekündigten Volkszählung auf das Verhältnis der Religionen zu einander

Miteinbezogen in die Interviews waren auch die aktuellen öffentlichen Diskussionen über die neue angekündigte Volkszählung, die Besorgnisse hervorruft. Es wurde die Frage gestellt, ob und wie diese Volkszählung das aktuelle Verhältnis der Religionen unter einander beeinflussen könnte.

Abbildung 6: Themenkomplex 5[255]: Auswirkung der angekündigten Volkszählung – auch auf der Basis der Religionszugehörigkeit – auf das Verhältnis der Religionen zueinander

Gruppe 1: Vertreter der Religionsgemeinschaften	
1.	**Die islamischen Glaubensrichtungen**
a.	**Der Vertreter der Muslime, Herr Dorian Demetja**
	[...] Ich denke, dass diese Volkszählung nicht objektiv durchgeführt werden wird und, dass das Ergebnis daher eher fiktiv [...] sein wird und [...] dem

---

[253] Religions for Peace: Press Release – World Summit of Religious Leaders, Baku. In: http://religionsforpeace.org/news/press/press-release-world-summit.html (eingesehen am 24.08.2010)

[254] Religions for Peace – European Council of Religious Leaders: Mission. In: http://www.rfp-europe.eu/ECRL (eingesehen am 24.08.2010)

[255] Notiz A.M.: Siehe Frage 12 im Muster des Leitfadens der Interviews im Anhang. S.6

		Land nicht dienen wird [...] und Widersprüche bei den Albanern auslösen wird [...] In solchen Volkszählungen finde ich sehr notwendig, dass in den Arbeitsgruppen auch Vertreter der verschiedenen Religionsgemeinschaften vertreten sind, um Missbräuche zu vermeiden.
	b.	**Der Vertreter der Bektashi, Herr Syrja Xhelaj**
		[...] Die angekündigte Volkszählung [...] wird keine große Wirkung auf die interreligiösen Verhältnisse in Albanien haben. Seit fünf Jahrhunderten sind wir in 70% Muslime und 30% Christen geteilt. Die muslimische Stärke hat nie als Streitauslöser gedient oder dazu, dass der „Große" den „Kleinen" leitet. Diese Tatsache lässt mich dickköpfig glauben, dass der Glaube in Albanien immer friedlich seinen Lauf nehmen wird. Die Instrumentalisierung der Volkszählung bestimmter politischer Kreise, um die Bevölkerung nach Religionszugehörigkeit zu erfassen wird also in dieser Hinsicht dem allgemeinen Bild unserer Gesellschaft keinen Schaden zufügen.
2.		**Die christlichen Glaubensrichtungen**
	a.	**Der Vertreter der Orthodoxen Herr Andon Merdani**
		In Zusammenhang mit der Volkszählung brauchen wir wie jedes andere Land Statistiken. [...] Es gibt bereits Statistiken, sie sind aber von vor dem Zweiten Weltkrieg. Es ist ganz normal, eine Volkszählung auch auf der Basis der Religionszugehörigkeit durchzuführen. [..]
	b.	**Der Vertreter der Katholiken, Herr Don Gjergj Meta**
		Die angekündigte Volkszählung, auch im Hinblick auf die Religionszugehörigkeit, verletzt die religiöse Harmonie auf keinen Fall, im Gegenteil, wenn die Zählung ordnungsgemäß durchgeführt wird, werden wir aufgrund von genauen Zahlen wenigstens wissen, wo wir stehen und wie viele wir sind.
	c.	**Der Vertreter der Evangelischen Allianz Albaniens, Herr Fitor Muça**
		Wenn diese Volkszählung gemacht wird, wird sich die religiöse Karte Albaniens deutlich verändern. Das bedeutet, dass die Atheisten ihren Platz einnehmen werden. Dieser Platz kann aber nicht erreicht werden, ohne die Zahlen von anderen wegzunehmen. Deshalb sollten wir auf Veränderungen vorbereitet sein. Die Evangelikalen werden ihren Platz haben, unabhängig von den Prozentzahlen. Dieser Prozentsatz wird aber Ausdruck der aktiven Gläubigen sein. Ich denke, dass die Atheisten auf ca. 6-10% kommen werden.
	d.	**Der Vertreter der Apostolischen Kirche Pogradec, Herr Ardi Shkullaku**
		Ich glaube nicht, dass diese Volkszählung an den Beziehungen zwischen den Religionen etwas ändern wird, da jede Glaubensgemeinschaft ihre eigene Daten oder Umfragen für ihren Gläubigen hat. [...]

Gruppe 2: Vertreter der Gesellschaft, der Politik und des Staates		
1.	Vertreter der Gesellschaft und Politik	
	a.	Der inländische Vertreter, Herr Mark Marku
		[...] Es gibt keinen Grund, dem Staat zu erklären, welchem Glauben jemand angehört. Die Institutionen, die sich mit Statistiken befassen, können so eine Initiative unternehmen, es soll aber nicht von Staat kommen. [...]
	b.	Der ausländische Vertreter, Herr Bernd Borchardt
		Ich erwarte nicht, dass die Frage der Volkszählung einen Einfluss auf das Verhältnis der Religionen zueinander haben wird. [...] Ich erwarte auch nicht, dass die Politik versuchen wird, die Ergebnisse zu missbrauchen und so Konflikte aufzurühren. [...]
	c.	Der ausländische Vertreter, Herr Hans Ahlfeld
		Das ist eine notwendige und interessante Geschichte. Endlich werden die Bürger mal SELBER gefragt und können ihre eigene Religionszugehörig- keit festlegen. Damit ist Schluss mit diesen „wilden" Schätzungen, die pauschal, meist von außeralbanischen sog. Kennern festgelegt wurden. [...] Es wird sich auf die Religionen eher positiv auswirken.
2.	Vertreter des Staates	
	a.	Der jetzige Vertreter (Staatliches Komitee für Glaubensfragen), Herr Rasim Hasanaj
		In den Formularen steht keine Religionsbezeichnung schon vorgedruckt. [...] Ich denke es wird kein Problem sein. Jeder kann selbst schreiben zu welcher Religion / zu welchem Glauben er gehört. [...]
	b.	Der ehemalige Vertreter (Staatliches Komitee für Glaubensfragen), Herr Fatri Sinani
		[...] Persönlich bin ich mit einem solchen Vorschlag nicht einverstanden, solange die religiöse Glaubensrichtung frei ist. [...] Zu diesem Sachverhalt kenne ich noch nicht einmal die Meinung der religiösen Gemeinschaften, von denen ich nicht denke, dass sie sich momentan über irgendwelche Zahlen ihrer Gläubigen äußern können.

Quelle: Eigene Darstellung

Am 14. Januar 2010 kündigte die albanische Regierung die neue Volkszählung an. Statistiken, die immer wieder irgendwo auftauchen, sind alt und unzuver- lässig. Mit dem Gedanken, die sozial-ökonomische Bevölkerungsstruktur besser analysieren zu können, „würde diese Volkszählung der demokratischen Entwicklung und einem besseren Regieren des Landes helfen" so heißt es.[256] Diese Volkszählung beinhaltet in ihrer Zusammensetzung nicht nur Fragen über die sozialen, wirtschaftlichen und demographischen Bedingungen, sondern auch Fragen zur Religionszugehörigkeit. Aufgrund dieses Punktes wurde die geplante Volkszählung Thema der öffentlichen Diskussionen und viel kritisiert. Wie könnte sich diese Volkszählung laut der Meinung unserer Experten auf das Verhältnis der Religionen unter einander auswirken?

Die Meinungen sind bei beiden Gruppen der Experten gespalten. Die Gruppe der Vertreter der Religionsgemeinschaften bringt pro und contra zum Ausdruck. Die Befürworter sind der Meinung, dass das Land wie auch jedes andere Land Statistiken braucht, da die vorhandenen sehr alt sind. Sie sehen darin auch keine Gefahr und keine Auswirkung beim Verhältnis der Religionen unter einander. Das behaupten die Vertreter der orthodoxen, katholischen und apostolischen Kirche. Der Bektashi Vertreter vertritt auch die Meinung, dass die Volkszählung keine große Wirkung auf die interreligiösen Verhältnisse haben wird. Er fügt noch hinzu:

„Seit fünf Jahrhunderten sind wir in 70% Muslime und 30% Christen geteilt. Die muslimische Stärke hat nie als Streitauslöser gedient oder dazu, dass der „Große" den „Kleinen" leitet. Diese Tatsache lässt mich dickköpfig glauben, dass der Glaube in Albanien immer friedlich seinen Lauf nehmen wird."

Der Vertreter der Evangelischen Allianz Albaniens ist anderer Meinung. Er glaubt, dass sich die religiöse Karte Albaniens durch diese Volkszählung deutlich verändern wird und dass die Atheisten auch ihren Platz einnehmen werden. Deshalb sollten alle auf Veränderungen vorbereitet sein. Der Vertreter der Muslime fürchtet hingegen, dass diese Volkszählung nicht objektiv durchgeführt wird und dass das Ergebnis daher fiktiv sein wird. Um diese Aussage zu verstehen, ist es wichtig zu wissen, dass allgemein eine Verschiebung der Zahlen zur Ungusten der muslimischen Glaubensrichtung erwartet werden kann. Dies zeigt z.B. die Statistik von World Christian Encyclopedia, veröffentlicht in der Oxford University Press 2001, die nur von 38,8% Muslimen spricht, unter denen ver-

---

[256] Die offizielle Internetseite des Ministerrats Albaniens: Mblidhet REPOBA: Për herë të parë do të kryhet regjistrimi i popullsisë në bazë etnie. (REPOBA Versammlung: Zum ersten Mal wird eine Volkszählung auf der Basis der Ethniezugehörigkeit durchgeführt). In: http://www.keshilliministrave.al/?fq=brenda&m=news&lid=12508 (eingesehen am 24.08.2010)

mutlich sogar die Bektashi enthalten sind.[257] Die Zuverlässigkeit der Quelle kann hier nicht geprüft werden. Sie zeigt jedoch eine mögliche Tendenz.

Wenn es hier eher um die Zahlen geht, sind die Bedenken einige der Vertreter der Gesellschaft und Politik anderer Ansicht. Herr Marku Marku sieht in der Durchführung dieser Volkszählung eine Verletzung der Menschenrechte, da die Religionsfreiheit auch zum Ausdruck oder Nicht-Ausdruck der eigenen religiösen Glaubensrichtung gewährleistet sein soll. Herr Marku sieht keinen Grund, dem Staat die Glaubenseinstellung zu offenbaren. Weiterhin sieht er ein Problem bei der Festlegung der Religionszugehörigkeit der Kinder z.B., die aus religiös gemischten Familien kommen. Als Beispiel nennt er seine Familie:

„Ich bin katholisch, verheiratet mit einer Muslimin, unsere Tochter ist 2 Jahre alt. Wie soll ich meine Tochter anmelden: Als katholisch, atheistisch oder muslimisch. Nach meinen Überzeugungen und Prinzipen werde ich warten, bis sie alt genug ist, um selbst zu wählen. Bis zu diesem Punkt haben wir noch das Problem ihrer Registrierung: Als atheistisch darf ich sie nicht registrieren lassen, vielleicht glaubt sie an Gott in ihrer Weise; katholisch auch nicht, weil sie nicht wie ich in der Kirche getauft ist und muslimisch auch nicht."[258]

Die anderen Experten dieser Gruppe teilen eine andere Meinung. Herr Hans Ahlfeld bezeichnet dies als „interessant". Er begrüßt es, dass die Bürger selber wegen ihrer Religionszugehörigkeit gefragt werden, und wie er es ausdrückt, damit „Schluss mit den „wilden" Schätzungen ist". Herr Borchardt erwartet nicht, wie er sagt, dass diese Volkszählung einen Einfluss auf das Verhältnis der Religionen zu einander haben wird.

Die Vertreter des Staates sind ebenso verschiedenen Meinungen. Herr Rasim Hasanaj denkt, dass diese Volkszählung kein Problem sein wird, denn jeder kann seine Religion selbst nennen. In den Formularen, sagt er, steht keine Religionsbezeichnung vorgedruckt. Herr Fatri Sinani ist mit der Durchführung der neuen Volkszählung nicht einverstanden, solange die religiöse Glaubensrichtung frei ist. Er sagt, dass er zu diesem Sachverhalt nicht einmal die Meinung der Religionsgemeinschaften kennt. Interessant in diesem Zusammenhang bleibt zu erwähnen, dass hier die Vertreter des Staates konform mit der Linie ihrer Politischen Parteien sind.

Trotz der vielen Diskussionen und Überlegungen wie oben dargestellt, wird erst im Frühjahr 2011 feststehen, ob diese Volkszählung durchgeführt wird oder

---

[257] World Christian Encyclopedia (2001): Summary of Religious Bodies in Albania. Oxford University Press. Vol.1. p.51.   In: http://religiousfreedom.lib.virginia.edu/nationprofiles/Albania/rbodies.html (eingesehen am 20.07.2010)

[258] Vgl. hierzu das Interview vom 24.04.2010 mit Herrn Mark Marku, Staatliche Universität Tirana. S. Anhang. S.125

nicht. Der Wunsch und die Hoffnung aller an dieser Stelle ist, dass diese Volkszählung auf einer objektiven Grundlage durchgeführt wird. Herr Andon Merdani
vergleicht, diese Volkszählung mit einer Untersuchung beim Arzt, um endlich
festzustellen, wo wir sind.[259]
        Es ist also zusammenfassend festzustellen, dass anscheinend die „Großen"
Angst haben etwas kleiner zu werden und die „Kleinen" hoffnungsvoll sind, als
etwas größer erkannt zu werden.

6.4.4 Die Konflikte zwischen den Religionen in der Vergangenheit und mögliche Konfliktpotenziale in der Zukunft

Wenn die angekündigte Volkszählung schon für Diskussionen sorgte, dann erst
Recht die Frage nach den Konflikten zwischen den Religionen. Die inter-
religiösen Konflikte sind ein Thema, das in vielen Diskussionsgremien auftaucht.
In dem folgenden Themenkomplex wird erfragt, ob es in Albanien interreligiöse
Konflikte gegeben hat und wo mögliche Konfliktpotenziale zu sehen sind.[260]

Abbildung 7:   Themenkomplex 6[261]: Konflikte zwischen den Religionen in der
                Vergangenheit, mögliche Konfliktpotenziale zwischen oder evtl.
                innerhalb der Religionen in der Zukunft

Gruppe 1: Vertreter der Religionsgemeinschaften		
1.	**Die islamischen Glaubensrichtungen**	
	a.	**Der Vertreter der Muslime, Herr Dorian Demetja**
		Es gibt keine Konflikte, sondern eine authentische Harmonie und ein echtes Zusammenleben als Vorbild für die ganze Welt. […]
	b.	**Der Vertreter der Bektashi, Herr Syrja Xhelaj**
		Die Wahrheit ist, dass es in Albanien nie rein religiöse Konflikte gegeben hat. Persönlich denke ich, dass es in der Zukunft interreligiöse Konflikte nur dann geben könnte, wenn externe Faktoren ihren Einfluss in Albanien ausüben. Es gibt Tendenzen der Zwangsbekehrung von Muslimen zum Christentum, insbesondere der albanischen Muslime in Griechenland. […]

---

[259] Vgl. hierzu das Interview vom 26.04.2010 mit Herrn Andon Merdani, Orthodoxe Autopkephali-
sche Kirche Albaniens. S. Anhang. S.25

[260] Notiz A.M.: In diesem Zusammenhang verstehe ich unter einem Konflikt eine auch mit physi-
schen Mitteln und räumlich ausgeweitete Auseinandersetzung und nicht nur die verbale Austra-
gung von Meinungsverschiedenheiten.

[261] Notiz A.M.: Siehe Frage 2 im Muster des Leitfadens der Interviews im Anhang. S.5

2.	Die christlichen Glaubensrichtungen
a.	**Der Vertreter der Orthodoxen, Herr Andon Merdani**
	[...] In Bezug auf potenzielle Gefahren oder schon geschehene religiöse Konflikte im klassischen Sinn, hat es in Albanien solche nie gegeben. [...] In der heutigen Situation, auch wenn sie sehr gut ist, gibt es manche Tendenzen, die berücksichtigt werden müssen, die oft nicht aus inneren Traditionen sondern aus fremden Mentalitäten kommen. [...]
b.	**Der Vertreter der Katholiken, Herr Don Gjergj Meta**
	Es hat Versuche gegeben, religiöse Konflikte aufzuwerfen, die noch zu lösen sind. [...] Es wurde also sofort versucht, dieses Vorkommnis zu isolieren. [...] Aber für die Zukunft sehe ich kein mögliches Konfliktpotenzial.
c.	**Der Vertreter der Evangelischen Allianz Albaniens, Herr Fitor Muça**
	---- (keine Aussage)
d.	**Der Vertreter der Apostolischen Kirche Pogradec, Herr Ardi Shkullaku**
	Meiner Meinung nach waren die interreligiösen Konflikte in Albanien nie „made in Albania". Es wurde ihnen nie der Schwung oder die Ermutigung gegeben sich weiter im Land auszubreiten. [...] Mögliche interreligiöse Konflikte können in Zukunft nur von extremistischen Gruppen ausgelöst werden, die nach Albanien kommen wollen.
	Gruppe 2: Vertreter der Gesellschaft, der Politik und des Staates
1.	**Vertreter der Gesellschaft und Politik**
a.	**Der inländische Vertreter, Herr Mark Marku**
	In der albanischen Geschichte hat es nie einen religiösen Konflikt gegeben. [...] In bestimmten Momenten gab es Spannungen, aber keine Konflikte. [...] Jede Glaubensgemeinschaft hat hier eine Tradition des Zusammenlebens mit den anderen Glaubensgemeinschaften aufgebaut. Sie [...] haben sich so angepasst, dass sie eine Art regionale oder nationale Form bekommen haben. Jeder Glaube ist sozusagen „albanisiert" worden. [...] Diese Tradition hat Konflikte vermieden und hat sehr gute Beziehungen zwischen den Religionen in Albanien gebaut. [...] Heutzutage gibt es auch Infiltrationen aus anderen Realitäten des Glaubens, z.B. auch bei den Klerikern [...] im Ausland ausgebildet. [...] wenn sie nach Albanien kommen, müssen sie lernen, die albanische Realität zu respektieren und keine Krisen und Konflikte in dieser Realität verursachen. [...]
b.	**Der ausländische Vertreter, Herr Bernd Borchardt**
	Die internationale Erfahrung zeigt, dass Missionierung und insbesondere der Versuch, Menschen von anderen Religionsgruppen abzuwerben, kon-

		fliktträchtig sein kann. [...] Solange dies durch das Vorleben von Werten und Leistungen geschieht, so ist hiergegen nichts zu sagen. Wenn allerdings versucht wird, mit Geld oder mit Druck zu missionieren oder gar zu bekehren, so können sehr schnell Konflikte entstehen. [...] Vor diesem Hintergrund – und ohne aktuellen Anlass – denke ich, dass das weitestgehend konfliktfreie Zusammenleben der verschiedenen Religionsgemeinschaften auch in Albanien ständiger Pflege bedarf.
	c.	**Der ausländische Vertreter, Herr Hans Ahlfeld**
		Unter den verschiedenen Religionen sehe ich nur ein Konfliktpotenzial: Das ist unter jungen Islamanhängern der Islamismus! Der wird zunehmen. Innerhalb der Religionen erkenne ich kein Konfliktpotenzial.
2.	**Vertreter des Staates**	
	a.	**Der jetzige Vertreter (Staatliches Komitee für Glaubensfragen), Herr Rasim Hasanaj**
		[...] die Albaner sind eine Nation mit verschiedenen Glaubensrichtungen, die deshalb keine interreligiösen Konflikte geerbt haben. [...] Sie haben die guten Beziehungen unter ihnen bewahrt, sie haben einander respektiert und geschätzt. Dies wurde weiter bewahrt, auch nach der Zeit als Religion durch Gesetze verboten wurde. [...] Es gab z.B. in Zeiten der Krise oder der Anarchie Tendenzen zu Konflikten oder zu Provokationen, jeweils gegen den anderen Glauben. [...] Als Zusammenfassung kann ich sagen, dass die Albaner die interreligiösen Konflikte nicht erlauben, im Laufe der Jahrhunderte nie erlaubt haben und nie erlauben werden.
	b.	**Der ehemalige Vertreter (Staatliches Komitee für Glaubensfragen), Herr Fatri Sinani**
		----- (keine Aussage)

Quelle: Eigene Darstellung

Wie die Antworten belegen, sind sich die Vertreter der Religionsgemeinschaften im Ergebnis einig: Es hat in Albanien nie nennenswerte religiöse Konflikte gegeben. Es hat Spannungen gegeben, aber nie Konflikte oder gar gewaltsame Auseinandersetzungen. Wenn es Spannungen gegeben hat, so argumentiert Herr Ardi Shkullaku, waren diese nie „made in Albania". Nach seiner Aussage wurde den Konflikten nicht der Schwung oder die Ermutigung gegeben, sich weiter im Land auszubreiten. Trotzdem hat es Versuche gegeben, religiöse Konflikte zu entfachen, so wie ein Fall im Jahre 2006 in Shkodra zeigt, wo einige Kreuze abgenommen wurden, die auf Hügeln in katholischen Gebieten standen. Herr Don Gjergj Meta erklärt, dass versucht wurde, diese Kreuze zu exportieren und daraus ein religiöses Problem zu entzünden. Weiterhin hebt er hervor, dass die Leiter der Religionsgemeinschaften sofort reagiert, und eine schriftliche Erklärung abgegeben haben, in der sie sich von den Personen, die das getan hatten, distanzierten.[262] Dieses Vorkommnis wurde sofort isoliert und geklärt.

Auch die Vertreter der Gesellschaft, Politik und des Staates stimmen in diesem Punkt überein: In Albanien hat es nie religiöse Konflikte gegeben. Herr Mark Marku erwähnt, dass es in bestimmten Momenten Spannungen gegeben hat, die jedoch, wie Herr Rasim Hasanaj erklärt, Produkt von dritten Personen sind, die gerade in solchen Gebieten, die eine gemischte interreligiöse Bevölkerung haben auftreten, wie z.b. in Shkodra (Katholiken und Muslime) oder Korça (Orthodoxe und Muslime).

Der Deutsche Botschafter in Albanien, Herr Borchardt, erklärt das Phänomen des Konflikts jedoch als schnell entzündbar. Er sagt, dass die internationale Erfahrung gezeigt hat, dass Missionierung und insbesondere der Versuch, Menschen von anderen Religionsgruppen abzuwerben, konfliktträchtig sein kann. Er fügt hinzu, dass wenn dies mit Geld oder mit Druck erfolgt, schnell Konflikte entstehen können (Vgl. auch Kapitel 6.4.1. und 6.4.2.).[263] Einen anderen interessanten Aspekt der Konfliktentstehung erwähnt Samuel P. Hunington in seiner bekanntesten Publikation „Clash of civilizations" (1996). Er hat vorausgesagt, dass die Konflikte des 21. Jahrhunderts einen religiösen Ursprung haben werden. Andere Soziologen behaupten, dass die religiösen Konflikte mit wesentlich höherer Wahrscheinlichkeit in solchen Ländern auftreten könnten, in denen es verschiedene Religionen gibt. Ein Beispiel dafür sind die vielen blutigen Auseinandersetzungen der letzten Jahrzehnte, in denen sich Menschen verschiedener Religionen gegenüberstanden und teilweise noch gegenüberstehen: Z.B. in Thailand, Nigeria, Indonesien, Elfenbeinküste, Kosovo oder Tschetschenien.[264] Sofern damit allerdings ein Argument für Religionsmonopole gefunden werden soll, ist dem zu widersprechen, da vergleichbar auch zu argumentieren wäre, wenn es um politische Gruppen geht. Freiheit bedeutet Vielfalt; sowohl in der Politik als auch in der Religion kann der Pluralismus als inspirierende Vielfalt verstanden werden, die dem Einzelnen Entscheidungsmöglichkeiten gibt. Die Herausforderung besteht darin, zu lernen, gegensätzliche und verschiedene Ansichten mit zivilisierten Mitteln zu diskutieren. Albanien ist es immer wieder gelungen, religiöse Auseinandersetzungen zivilisiert beizulegen, während hier auf politischem Gebiet noch erheblicher Lernbedarf besteht und politische Parteien Albaniens von den Religionsgemeinschaften lernen können.

---

[262] Vgl. hierzu das Interview vom 21.06.2010 mit Herrn Don Gjergj Meta, Katholische Kirche Albaniens. S. Anhang. S.75

[263] Vgl. hierzu das Interview vom 26.04.2010 mit Herrn Bernd Borchardt, Botschaft der Bundesrepublik Deutschland in Albanien. S. Anhang. S.95

[264] Hasenclever; Hörter: Um Gottes Willen Kriege?.... In: Deutschland und Europa: Identitätskonflikte in Europa. Heft 53 / 2007. S. 4

Soziologen bringen wiederum zum Ausdruck, dass das Konfliktrisiko in und zwischen den Staaten aus ein und demselben Religionskreis signifikant höher sein kann. In der Erfahrung des religiösen Bürgerkriegs liegt eine gemeinsame europäische Erfahrung, die sich in der grundsätzlichen Trennung von geistlicher und weltlicher Sphäre, von Kirche und Staat widerspiegelt.[265] Religionen können umso leichter als Mobilisierungsressourcen missbraucht werden, je geringer die Autonomie der Religionen dem Staat gegenüber ist. Ein solches Verhältnis kann zur schnellen und heftigen Eskalation der Konflikte beitragen, wenn die politischen Eliten die Konflikte mit religiöser Symbolik anreichern. Ein noch junges Beispiel dazu ist der Rückgriff Slobodan Miloševićs auf christliche Symbolik im bosnischen und kosovarischen Konflikt.[266] Dies hat wiederum auf kosovarischer Seite zu einer Identifikation mit der dort vorherrschenden Religion des Islam geführt, welche in Albanien so nie stattgefunden hat.

Die möglichen Konfliktpotenziale der Zukunft in Albanien sehen die Experten

- in den Traditionen, die fremde Mentalitäten mit sich bringen, wie Herr Andon Merdani sich äußert,
- in extremistischen Gruppen, die nach Albanien kommen wollen, laut der Meinung von Herrn Ardi Shkullaku,
- in der Ausbildung der Geistlichen außerhalb der albanischen Realität nach Herrn Marku (insbesondere unter jungen Islamanhängern, wie Herr Ahlfeld betont) und
- in anderen externen Faktoren wie z.B. der Zwangsbekehrung aus wirtschaftlichen Gründen. Ein Beispiel dafür ist nach der Meinung von Herrn Syrja Xhelaj, die Bekehrung der Albaner zur Orthodoxie in Griechenland um bessere Chancen auf dem Arbeitsmarkt zu haben.

Tendenzen zu Provokationen und Spannungen hat es gegeben und wird es auch in der Zukunft geben. Bis jetzt haben diese Tendenzen einen friedlichen Verlauf genommen und eine Lösung gefunden. Herr Hasanaj erklärt das mit der ständigen Aufmerksamkeit der Menschen, einander zu respektieren, sich an einander anzupassen und friedlich mit einander zu leben. Eine wichtige Rolle hierbei haben die Religionen gespielt, die sich so eingefügt haben, dass sie eine Art regionale oder nationale Form bekommen haben. Herr Marku, ist der Meinung, dass jeder Glaube sozusagen „albanisiert" worden ist. Seiner Aussage nach wurden dadurch Konflikte vermieden und für gute Beziehungen zwischen den

---

[265] Walter: Das Verhältnis von Religion und Staat in ausgewählten europäischen Staaten... In: Langenfeld; Schneider (Hrsg.): Recht und Religion in Europa. S.192
[266] Hasenclever; Hörter: Um Gottes Willen Kriege?... In: Deutschland und Europa: Identitätskonflikte in Europa. Heft 53 / 2007. S. 5

Religionen gesorgt.[267] Mit anderen Worten ausgedrückt, ist also eine solche Integration aller Religionen ein ganz wichtiger Aspekt des interreligiösen Lebens in einem Land. Als ein kleines sichtbares Beispiel dazu kann man die Errichtung der ersten Moschee in Deutschland sehen, die auch als die „Rote Moschee" bekannt wurde. Sie wurde 1792 in Schwetzingen von Kurfürst Karl Theodor von der Pfalz als Verbeugung vor der Weisheit des Orients und als Appell zur gegenseitigen Toleranz aller Religionen erbaut. Die Besonderheit dieser Moschee war ihr barocker Schwetzinger Baustil, der bei der Errichtung vieler anderer Moscheen in den Jahren und Jahrzehnten danach nicht mehr berücksichtigt oder überhaupt akzeptiert wurde. Viele Moscheen sind als Kopien der Moscheen des eigenen Heimatlandes gebaut worden, während Synagogen sich als integraler Teil der deutschen Kultur verstanden und dies auch durch ihren Baustil zum Ausdruck brachten.[268]

Ein anderer wichtiger Faktor sind die guten Beziehungen unter den Leitern der Religionsgemeinschaften und zwischen ihren Gläubigen, die ständiger Pflege bedürfen. Der Staat wird anderweitig auch als ein wichtiger Akteur der Bewahrung der guten Beziehungen gesehen. Er soll laut einigen Experten die Säkularität stärken und gleichzeitig schützende Strukturen schaffen und dort helfen, wo die Harmonie und Toleranz gefährdet werden. Soziologen zufolge sinkt die Gefahr der Konfliktentstehung dort schneller, wo nationale, interreligiöse Friedensnetzwerke ins Leben gerufen werden und gute Funktionalität haben. Albanien kann in dieser Hinsicht ein gutes Vorbild sein, da es in Südosteuropa als ein Stabilitätsfaktor für die Region angesehen wird.

6.5 Die Rolle der Religionen bei der Sozialkapitalbildung

Der Begriff Sozialkapital wurde zunächst 1916 von Lyda Judson Hanifan in einer Diskussion über die Dorfschulen in ihrer Rolle als Gemeinschaftszentren für die Bevölkerung erwähnt. Seit dieser ersten Beschreibung hat der Begriff mehrere Bedeutungswandel erlebt. Viele Autoren verwendeten den Begriff: Jane Jacobs (1961), Glenn C. Loury (1977), Pierre Bourdieu (1983), James S. Coleman (1987) usw.[269] Der Begriff in der heutigen Verwendung wurde in den 90er Jahren vom amerikanischen Soziologen Robert Putnam neu geprägt, auch wenn der Begriff an sich keine wissenschaftliche Innovation der 90er war. Ihm zufolge ist Sozialkapital ein Merkmal sozialer Kooperation und äußert sich in Form von

---

[267] Vgl. Interview vom 24.04.2010 mit Herrn Mark Marku, Staatliche Universität Tirana. S. Anhang. S.120

[268] Bartetetzko (2009): Zu viel Istanbul, zu wenig Duisburg. FAZ 286 vom 09.12.2009. S.31

[269] European Commission: Special Eurobarometer: Social capital. February 2005.
In: http://ec.europa.eu/public_opinion/archives/ebs/ebs_223_en.pdf (29.07.2010)

Netzwerken zivilen Engagements, Normen der Reziprozität und des Vertrauens. Die strukturelle Dimension des Sozialkapitals betrifft die soziale Vernetzung, die Existenz von sozialen Beziehungen formeller und informeller Art, Mitgliedschaft und Mitarbeit in Freiwilligenorganisationen und Zeitverwendung in Netzwerken. Sozialkapital entsteht also durch die Bereitschaft der Bürger miteinander zu kooperieren und Netzwerke zu bilden. Die kulturelle Dimension des Begriffs betrifft die Generierung von sozialen Normen, vor allem Normen der Toleranz, Demokratie und der Reziprozität, die zur Herausbildung generalisierten Vertrauens in die Gesellschaft und in die Institutionen beitragen soll. Putnam weist daraufhin, dass in einem Klima des Vertrauens auch die Bereitschaft entsteht, Fremden zu vertrauen, ohne sofort eine Gegenseitigkeit vorauszusetzen. Vertrauen soll kein Gegenstand der Sanktionen oder der Angst vor Bestrafung sein.[270]

Die Ausgangslage für die Theorie Putnams (in seinem Werk: Making Democracy work, 1993) war seine zwanzigjährige Forschungsarbeit über den Weg zweier unterschiedlicher Italien: Eines mit Sozialkapital und eines ohne den Fundus Sozialkapital. Auf der Suche nach der Ursache für Süditaliens Modernitätsrückstand, die dortige mangelnde Effizienz politischen Handels, die Unfähigkeit wechselnder Regierungen wirksame Gesetzvorhaben auf den Weg zu bringen, die Allgegenwärtigkeit von Korruptionserscheinungen und mangelnder Loyalität gegenüber politisch verfassten Gesetzen und Regelungen, findet Putnam einem Verlauf von Jahrhunderten entstandenen und sich selbst reproduzierenden Mangel an Sozialkapital. In einem direkten Vergleich zwischen Nord- und Süditalien sieht Putnam eine enge Beziehung zwischen der Effizienz von Regierungshandeln und dem Funktionieren moderner Demokratie einerseits und dem in einer Gesellschaft vorhandenen Sozialkapital andererseits als bewiesen an.[271] Laut Putnam war z.b. die Umsetzung von Institutionsreformen nur dann erfolgreich, wenn die Bürger Vertrauen in die Politik zeigten. Diese Vertrauenskultur ist eher vorhanden, wenn auch Vertrauen in die Mitmenschen vorhanden ist. Das Ergebnis dieses Vertrauens sind lebendige Vertrauenskulturen, die positive Erfahrungen mit diesem Vertrauen gemacht haben und diese an den Rest der Gesellschaft weiter geben und übertragen. Schlüsselpunkt für diesen Prozess ist die Reziprozität. Von diesen Beobachtungen stellte Putnam heraus, dass Sozialkapital die eigentliche gesellschaftliche Ressource ist, die sich in wechselseitigen Verpflichtungen innerhalb informeller Netzwerke manifestiert, die Vertrauen erzeugen und die dieses Vertrauen auf die Gesellschaft übertragen.[272]

---

[270] Seubert (2009): Das Konzept des Sozialkapitals... S.74

[271] Westle; Gabriel (Hrsg): Sozialkapital... S.11

[272] Pickel (2010): Religion und Sozialkapital. In:
https://moodle.uni-leipzig.de/file.php/2599/vl_rel_inges_9_sozkapital.pdf
(eingesehen am 27.01.2010)

Ausgehend von diesen Ergebnissen ist in der letzten Zeit auch die Frage nach dem Verhältnis zwischen der Religion und dem Sozialkapital immer mehr in den Vordergrund gerückt. Eine Reihe von Überlegungen begründen, warum Religion ein ganz wichtiges Element des Sozialkapitals sein könnte. Erwähnt werden z.b. der hohe Organisationsgrad und die Verbreitung kirchlicher und religiöser Verbände (religiöse Netzwerke), die kulturelle Prägung der Gesellschaften durch diese Organisationen und die Dauerhaftigkeit dieser Prägung, die hohe Bereitschaft der Mitglieder dieser Organisationen zu ehrenamtlichen Tätigkeiten sowie der kollektive Charakter der Religion, der im Gegensatz zu Prozessen der Individualisierung steht.[273]

Die Theorie des Sozialkapitals geht auch davon aus, dass sozialer Vernetzung das Potenzial zur Normenbildung innewohnt und dass diese Normen soziale Kooperation und damit letztlich die Demokratie fördern. Putnams Verständnis von Zivilgesellschaft impliziert, dass sich die Normen der liberalen Demokratie wechselseitig verstärken.[274] In dieser Hinsicht ist auch der Bezug zwischen Religion und Demokratie zu verstehen. Durch den persönlichen Glauben und die individuelle Bedeutung von Religion erfolgt die Integration in religiösen Netzwerken. Die religiösen Organisationen gelten dabei als zentraler Ort der Schulung der sog. „civic skills", also der allgemeinen sozialen und kommunikativen Fähigkeiten, die zunächst unpolitischen Charakter haben. Religiös aktive Männer und Frauen lernen Reden zu halten, Treffen zu organisieren, mit Konflikten umzugehen und administrative Verantwortung zu übernehmen. Ausgestattet mit solchen Ressourcen beteiligen sich religiös Engagierte häufiger an Wahlen und sind überhaupt politisch aktiver als nicht religiöse Menschen, sie sind auch häufiger ehrenamtlich tätig.[275] Das steigert das soziale Vertrauen und fördert somit die Integration in die Gemeinschaft, die auf der anderen Seite zur Einbindung in die Zivilgesellschaft und zur Beteiligung am politischen Leben einer Demokratie führt.[276] Die deutsche Soziologin Sigrid Roßteutscher sieht das starke Engagement im Rahmen religiöser Aktivitäten als ein „spill-over" Effekt in andere Bereiche des Soziallebens. In den USA wird die Religiosität neben der Bildung als der stärkste Einflussfaktor für unterschiedlichste Formen zivilgesellschaftlichen Engagements angesehen. Die unpolitische Schulung in demokratischen Fähigkeiten und Kompetenzen und die Vermittlung der „civic skills" auch an Bevölkerungsgruppen, die solche Fähigkeiten ansonsten nicht erwerben würden,

---

[273] Ebd. (eingesehen am 27.01.2010)

[274] Seufert (2009): Das Konzept des Sozialkapitals... S.148

[275] Roßteutscher (2009): Religion, Zivillgesellschaft, Demokratie... S.38

[276] Pickel (2010): Religion und Sozialkapital.
In: https://moodle.uni-leipzig.de/file.php/2599/vl_rel_inges_9_sozkapital.pdf
(eingesehen am 27.01.2010)

ist ein zentraler Beitrag, den religiöse Gruppen für den Bestand von Zivilgesell-schaft und Demokratie leisten.[277]

Der kanadische Professor John Young stellt drei Wege zur Annäherung an die Zivilgesellschaft dar und zeigt dadurch auch, wie die Religion die Zivil-gesellschaft fördern kann. Als ersten Weg erwähnt er den liberalen Weg. Die religiöse Freiheit und die Freiheit sich zu organisieren sind die grundlegenden Menschenrechte. Die Gesetze über die Freiheit der Religion, des Glaubens und des Gewissens fördern nicht nur diese Werte, sondern auch die beständige Um-setzung der Gesetze. Als zweiter Weg gilt ihm zufolge der gemeinsinnige Weg. Die Moral der Gemeinschaft kommt noch als Ergänzung zu den Gesetzen und stärkt somit die Gemeinschaftswerte. Der dritte Weg ist die demokratische An-näherung. Young ist der Meinung, dass die religiösen Organisationen effektive Schulen der Demokratie sein können.[278]

Der amerikanische Politikwissenschaftler Samuel P. Huntington unterschei-det in seinem berühmten Werk „The Clash of Civilizations" acht Arten der reli-giösen Kulturen und ihren Grad der Anpassung an ein demokratisches System: 1. Die westliche Kultur (Protestantismus, Liberalismus) 2. Lateinamerika (Katholi-zismus) 3. Die japanische Kultur 4. Die slawisch-orthodoxe Kultur 5. Die hindu-istische Kultur 6. Die afrikanische Kultur 7. Die konfuzianische Kultur 8. Die islamische Kultur. Laut Huntington sind es nur die ersten drei religiösen Kultu-ren, die einen demokratischen Staat fördern und sich an ihn anpassen.[279]

Das bestätigen auch die Ergebnisse der Eurobarometer Erhebung. Sie beto-nen das Potential der protestantischen Religion als Vektor der Integration in die Gemeinschaft, während die Strukturen mit mehr Hierarchien eine arme Grundla-ge für die Sozialkapitalbildung sind. Laut diesen Ergebnissen haben die Kirchen und die religiösen Organisationen z.B. in Schweden eine sehr wichtige Rolle im Leben der Bürger, auch wenn 90% der Bevölkerung keine aktiven Mitglieder der Lutherisch-Protestantischen Staatskirche sind. In den Niederlanden und in Irland sind es jeweils 13% und 10% der Bevölkerung, die aktiv mit kirchlichen oder religiösen Organisationen zusammenarbeiten. Dieser Anteil ist in den neuen EU Mitgliedsländern noch niedriger (2004). Slowenien hat den höchsten Anteil in der Gruppe der neuen Mitgliedsländer, mit jeweils einem von drei Bürgern, die ehrenamtliche Arbeit leisten. Auch die anderen Staaten von Südosteuropa und Westeuropa weisen keine anderen Zahlen auf. Litauen und Ungarn haben die niedrigsten Zahlen der aktiven Mitarbeit oder Mitgliedschaft an einem Netzwerk. Laut der Befragung kann man zusammenfassend sagen, dass drei von 10 Euro-päern aktiv in einer Organisation mitarbeiten oder ehrenamtliche Arbeit leisten.

---

[277] Roßteutscher (2009): Religion, Zivilgesellschaft, Demokratie... S.39
[278] Young (2007): Rapture or Rupture?... In: Marga; Sander; Sandu (Hrsg.): Religion zwischen Kirche, Staat und Gesellschaft. S.17
[279] Kaca (2004): Shqipëria... S.50-51

Jedoch sind es nur 6% der Bevölkerung der EU, die in einer kirchlichen oder religiösen Organisation aktiv sind.[280]

Man kann davon ausgehen, dass es in Albanien nicht anders aussieht. Die Theorie des Sozialkapitals und dessen Einfluss auf die Zivilgesellschaftsbildung sind neue Themen für Albanien, auch wenn es vor dem Zweiten Weltkrieg Versuche gab, ähnliche Formen des Sozialkapitals, wie wir das heute kennen, aufzubauen. Dieser Versuch wurde von der Religion unternommen.

Ein kleines Beispiel dafür ist das Werk des katholischen Priesters Don Shtjefën Kurti. Geboren in Kosovo, wanderte er in den 30er in Albanien ein, wo er bis zum Ende seines Lebens dem Land und seinen Menschen diente. Schon nach der Ankunft als Priester in Kurbin versammelte er die Dorfbewohner, um mit ihnen die Kirche zu renovieren und den Kirchenrat wieder aufzubauen. Die Dorfbewohner sahen in diesem jungen Priester ein Vorbild der Liebe und des Diensteifers und halfen ihm ehrenamtlich in vielen Angelegenheiten, die zugunsten der Gemeinschaft getan wurden. Don Shtjefën gründete auch zwei religiös-kulturelle Kreise für Mädchen und Jungen, die jeweils mehr als 70 Mitglieder hatten. Durch diese kleinen Kreise förderte er die Verbreitung des katholischen Glaubens, der Kultur, des Sports und der Liebe für die Heimat. Viele Jugendliche nahmen an den Veranstaltungen teil. Bald wurde aus diesen Kreisen der Shën Shtjefni Verein gegründet. Es waren die Anfänge der 40er Jahre, in denen Don Shtjefën die Gefahr der Verbreitung der kommunistischen Ideen rechtzeitig erkannte. Durch die Aktivitäten der inzwischen gewachsenen Kreise bemühte er sich, seine Mitmenschen vor dieser Gefahr zu schützen, indem er die Prinzipien der Freiheit und Demokratie predigte.[281] Doch die Kommunisten übernahmen die Macht.

Der Kommunismus und die Diktatur haben nicht nur das Humankapital und Wirtschaftskapital zerstört, sondern vor allem das Sozialkapital, indem sie den neuen kommunistischen, parteitreuen und religionslosen Menschen bilden wollten. Die Folgen dieses misslungenen Versuchs sind noch heute überall zu bemerken. Auch heute noch leiden Menschen unter Misstrauen und unter gewisser Skepsis gegen einander und in die Arbeit der Institutionen.

Die Europäische Union hat das Thema des Sozialkapitals und der Zivilgesellschaftsbildung in den Fortschrittsberichten Albaniens aufgenommen und fördert diese Aufgabe ganz stark. Der EU-Fortschrittsbericht über Albanien für das Jahr 2009 berichtet über die Investitionen in die Zivilgesellschaftsbildung:

„As regards support for **civil society**, € 2.7 million has been earmarked under the Civil Society Facility for projects to enhance the capacity of civil society organisa-

---

[280] European Commission: Special Eurobarometer: Social capital. February 2005. In: http://ec.europa.eu/public_opinion/archives/ebs/ebs_223_en.pdf (29.07.2010)

[281] Prendi (2003): Don Shtjefën Kurti... S.154-179

tions over the period 2009-2011. [...] Another € 1.2 million under the European Initiative for Democracy and Human Rights (EIDHR) supports actions aimed at the children, women and minority rights, people with disabilities and mental illnesses and access to justice. [...] As regards **civil society organisations,** progress can be noted. Civil society relations with the government improved. The law on the establishment of the Civil Society Foundation entered into force. However, greater efforts are needed to foster the non-profit sector and for consulting civil society organisations on legal and administrative reforms."[282]

Welche Rolle die Religion bei der Sozialkapitalbildung in Albanien spielt, wird im folgenden Themenkomplex dargestellt:

Abbildung 8:   Themenkomplex 7: Die Rolle der Religion bei der Sozialkapitalbildung (Verständnis von Demokratie und freier Meinung)[283]

Gruppe 1: Vertreter der Religionsgemeinschaften	
1.	**Die islamischen Glaubensrichtungen**
a.	**Der Vertreter der Muslime, Herr Dorian Demetja**
	Die Religion ist ein Handbuch göttlicher Prinzipien, die die Menschen durch ihren freien Willen zu notwendigen und guten Dingen führt. [...] Ich denke, dass die Religion in Albanien eine sehr wichtige Rolle in Horizont- und Sichterweiterung bei den Albanern gespielt hat. [...]
b.	**Der Vertreter der Bektashi, Herr Syrja Xhelaj**
	[...] Unbeirrt von anderen Ansichten, rückt [...] ein Ausdruck aus dem Koran ins Zentrum der Aufmerksamkeit, welcher eine Einladung ist, sich bei allem der Beratung anderer Menschen unterzuordnen (Sure 38)[284] [...] Eine solche Praxis der Argumentation und der Handlung kann nichts anderes sein als eine Form der [...] Anwendung der Demokratie. [...]
2.	**Die christlichen Glaubensrichtungen**
a.	**Der Vertreter der Orthodoxen, Herr Andon Merdani**
	Der Glaube an Gott in sich bedeutet Meinungsfreiheit und die Wahl zu glauben oder abzulehnen, auf keinen Fall Verpflichtung oder Zwang. [...] Um mehr das Verständnis der Demokratie zu betonen, bin ich der Mei-

---

282   Commission of the European Communities: Albania 2009 Progress Report. In: http://mie.gov.al/skedaret/1256019592-AL_Rapport.pdf, S.6 und 14 (eingesehen am 23.07.2010)

283   Notiz A.M.: Siehe Frage 8 im Muster des Leitfadens der Interviews im Anhang. S.6

284   Vgl. hierzu das Interview vom 29.04.2010 mit Herrn Syrja Xhelaj, Weltweiter Hauptsitz der Bektashi. S. Anhang. S.89

nung, dass die Religion bei der Überwindung einiger sozialer Hürden helfen kann, wie z.b. mit dem Aufruf unsere Verwandten und Bekannten, ja sogar unseren Feind zu lieben. [...] Das hilft uns, einen demokratischen Wert zu lernen [...] offen zu sein und das Gute oder Schlechte der anderen auch als unseres zu sehen. [...]

b. Der Vertreter der Katholiken, Herr Don Gjergj Meta

[...] Ein Gläubiger zu sein bedeutet gleichzeitig Gott zu lieben aber auch den Nächsten [...] Das verbessert natürlich die Beziehungen der Menschen zueinander und miteinander. [...] Das Bestehen der Religionsfreiheit ist gleich der Existenz einer Freiheit jeder Form, also der Gedanken, der Überzeugung, des Handelns, der Organisation, der Versammlung, etc. Die Förderung der Religionsfreiheit und die Förderung der Möglichkeit zum Glauben für Menschen sind gleich der Förderung einer freien Meinung und einer Demokratie in der Form. [...]

c. Der Vertreter der Evangelischen Allianz Albaniens, Herr Fitor Muça

In der Bibel entdecken wir zwei sehr wichtige Gesetze: [...] *„Liebe deinen Nächsten, sowie dich selbst"* und *„Versuche nicht einem das zu tun, was du dir nicht wünschst, dass andere dir tun"* [...] Wenn wir über eine Gesellschaft sprechen, die Liebe geben soll, kann das nur jene Gesellschaft machen, in deren Sozialkapital der Glaube zugrunde liegt. [...] Der Glaube kann eine wichtige Rolle bei der Meinungsfreiheit und beim Verständnis der Demokratie in unserem Land spielen. [...]

d. Der Vertreter der Apostolischen Kirche Pogradec, Herr Ardi Shkullaku

[...] Ich spreche hier zumindest vom Christlichen Glauben, der den Gläubigen motiviert, Beziehungen aufzubauen, Verpflichtungen wahrzunehmen und der Gesellschaft zu dienen. [...]

Gruppe 2: Vertreter der Gesellschaft, der Politik und des Staates

1. Vertreter der Gesellschaft und Politik

a. Der inländische Vertreter, Herr Mark Marku

[...] Auf der anderen Seite ist die Religion eine Form des Identitätsausdrucks und damit eine Garantie für die Freiheit. Der Kommunismus war sehr hart gegenüber dem Glauben, weil dieser die letzte Widerstandskraft für die Demokratie und gegen die Diktatur in Albanien war. [...] Das Regime attackierte die Religion so sehr, um alle Freiheiten eines Menschen zu vernichten. [...]

b. Der ausländische Vertreter, Herr Bernd Borchardt

Ich habe bisher keine herausgehobene Rolle der Religionen in Albanien in dieser Hinsicht beobachtet.

	c.	**Der ausländische Vertreter, Herr Hans Ahlfeld**
		[...] Kirchlich engagierte Menschen haben Werte!! Sie sind also auch ein Stückweit Fundament einer Demokratie und damit ein hohes „Sozialkapital"! Gelebter Glaube heißt auch gelebte Demokratie. [...]
2.		**Vertreter des Staates**
	a.	**Der jetzige Vertreter (Staatliches Komitee für Glaubensfragen), Herr Rasim Hasanaj**
		Die Religion ist in sich erzieherisch. Die Bildung ist Teil des Glaubens und Teil der Bildung ist eine Kultur der Demokratie, weil es ohne eine solche keine Religion geben kann. Die Religion ist also damit verflochten. Sie hilft bei der Emanzipation einer demokratischen Gesellschaft. Sie erzieht die Jugend mit Tugenden und Eigenschaften wie Respekt und Vertrauen gegenüber dem Staat.
	b.	**Der ehemalige Vertreter (Staatliches Komitee für Glaubensfragen), Herr Fatri Sinani**
		Ich denke nicht, dass die Theorie des amerikanischen Soziologen R. Putnam über die Rolle der Religion bei der Sozialkapitalbildung und über die Beziehungen der Menschen untereinander wichtig ist. [...]Die Gründe dafür sind leicht zu verstehen. Diese Rolle der Religion hat ihren Ursprung in ihrer Zweitrangigkeit bei der Identität der Albaner.

Quelle: Eigene Darstellung

Das Sozialkapital ist kein ganz neues Thema mehr in den öffentlichen Debatten in Albanien. Wenn es aber um die Rolle der Religion bei der Bildung des Sozialkapitals geht, dann ist das selbst für Leiter und Geistliche der verschiedenen Religionsgemeinschaften ein schwieriges und noch unberührtes Thema. Wie die Antworten belegen, beziehen sich die meisten von ihnen auf die Prinzipien, die fest in der Bibel oder im Koran niedergeschrieben sind. *„Liebe deinen Nächsten wie dich selbst" – „Liebe Gott" – „Liebe die Verwandten und sogar deinen Feind".*

Das ist die Basis ihrer Argumentation, durch die sie klar machen wollen, dass die Sozialkapitalbildung ihre Wurzeln in diesen Prinzipien hat. Sie begründen, dass selbst das Bestehen der Religion für sie eine Form der Meinungsfreiheit und der Demokratie ist. Sie gibt den Menschen die Freiheit sich zu versammeln, frei und horizonterweiternd zu denken, zu handeln, und sich zu organisieren. Das ist nichts anderes als die Anwendung demokratischer Prinzipien.

Auch wenn in manchen Aussagen nur kurz erwähnt und auch nicht mit dem genauen Wortlaut, besteht doch die Überzeugung, dass die Religion den Menschen hilft, diese „civic skills" zu lernen, indem sie die Gläubigen motiviert, wie z.B. Herr Ardi Shkullaku sich äußert, wenigstens im Bezug auf den christlichen Glauben, Beziehungen aufzubauen, Verpflichtungen wahrzunehmen und der Gesellschaft zu dienen. Wenn auch in Oberbegriffen ausgedrückt, steckt doch in dieser Aussage viel Inhaltliches, das unter den Begriff der Sozialkapitalbildung subsummiert werden kann. Ohne es expressiv zu erwähnen ist doch zu erkennen, dass sich die Religionsgemeinschaften über ihre Potenziale und über ihre besondere Rolle bei der Einübung der „civic skills", durch die vielen Aktivitäten, die sie veranstalten, engagieren. Wegweisend sind hier die protestantischen und katholischen Kirchen, Kirchengemeinden und Organisationen. Ein Beispiel dazu ist aus der Sicht von Herrn Fitor Muça die Nehemia Stiftung in Albanien, die, wie er sie beschreibt, durch die Entwicklungsphilosophie vom „Samen" bis zur „Frucht" die Menschen verändert, indem sie zuerst dessen Identität versteht und diese Identität verwendet, um Werte in die religiöse und persönliche Integrität der Person zu bringen. Er sieht dies als ein Beispiel dafür, wie ein „Europa" innerhalb Albaniens gebildet wird[285].

Ein anderes markantes Beispiel ist die katholische Erzbistumskonferenz Albaniens, die, wie auch Herr Don Gjergj Meta erklärt, vor jeder parlamentarischen oder kommunalen Wahl die Bürger und ihre Gläubigen zu ihrer moralischen Pflicht der Teilnahme an den Wahlen durch eine Erklärung erinnert[286]. Diese und viele andere Beispiele beweisen den bescheidenen Anfang der Beteiligung der Religion an der Sozialkapitalbildung.

Die Vertreter der Gesellschaft und der Politik sind in dieser Frage eher gespalten. Herr Bernd Borchardt erklärt, dass eine Rolle der Religion in dieser Hinsicht nicht zu beobachten sei. Herr Mark Marku hingegen sieht die Rolle der Religion als eine Art des Identitätsausdrucks und eine Garantie der Freiheit. Herr Hans Ahlfeld bestätigt diese Aussicht mit seiner Aussage, dass die Religion ein Stück weit Fundament einer Demokratie und damit ein hohes Sozialkapital bildet.

Ebenso gespalten sind die Meinungen der Vertreter des Staates. Herr Rasim Hasanaj sieht die Religion mit der Emanzipation einer demokratischen Gesellschaft verflochten, da die Religion in sich selbst erzieherisch ist und ihren Gläubigen Respekt und Vertrauen gegenüber dem Staat beibringt. Herr Fatri Sinani sieht dagegen keine Rolle der Religion in dieser Hinsicht. Den Grund dafür sieht er in der Zweitrangigkeit der Religion bei der Identität der Albaner.

Wie auch im Kapitel 6.4.1. aufgeführt, sieht Herr Shkullaku einen wichtigen Aspekt der Religion bei der Erziehung der Gesellschaft zur Ehrenamtlichkeit. Ehrenamtlich und freiwillig sind Begriffe, die Verantwortung auch für Andere ausdrücken und die Bildung von Sozialkapital fördern. Diese Begriffe dürfen nicht Theorie bleiben, sondern müssen auch praktisch erlernt werden, weil sie wie erwähnt, in der Diktatur für die Ziele der Partei missbraucht wurden. In der

---

[285] Vgl. hierzu das Interview vom 21.04.2010 mit Herrn Fitor Muça, Evangelische Allianz Albaniens. S. Anhang. S.57-58

[286] Vgl. hierzu das Interview vom 21.04.2010 mit Herrn Don Gjergj Meta, Katholische Kirche Albaniens. S. Anhang. S.77

Gegenwart müssen sie wieder erlernt werden. Durch die Religionen, die die Verantwortung Gott gegenüber und die Selbstverantwortung der Menschen fördern, wird Verantwortung aufgebaut. Bekannterweise ist ehrenamtliches Engagement, wie z.b. die Freiwillige Feuerwehr in Deutschalnd oder auch beim Roten Kreuz, ein wesentliches Element, Verantwortung für einaner zu fördern, Gemeinschaft zu erleben und staatliche Verantwortung zu entlasten. Ansätze dazu sind erkennbar und werden durch die Religion und deren Projekte gefördert.

Dieses Thema ist in Albanien, wie auch in vielen anderen, aber insbesondere den südosteuropäischen, Ländern, noch sehr jung und wenig erforscht. Persönlich denke ich, dass das generelle Verständnis für das Sozialkapital in der Zukunft wachsen wird, da Albanien seinen Weg in die Europäische Union nun auch schon offiziell beschritten hat und der Weg in die EU bedeutet auch, dass ein Augenmerk auf das Wachstum des Sozialkapitals geworfen wird.

7 Die Religion im Spiegel des nationalen, internationalen und des europäischen Rechts

Zu den Fundamenten der europäischen Rechtskultur gehören die Garantie der Religionsfreiheit und die sog. weltanschaulich-konfessionelle Neutralität des Staates. Der Grundsatz der Glaubens-, Gewissens- und Meinungsfreiheit ist ein Menschen- und Bürgerrecht. Verankert ist dieser Grundsatz im Artikel 5b des Lissabon Verfassungsvertrags der Europäischen Union.[287] Die Religionsfreiheit als Inbegriff einer kulturellen Freiheit wird sogar vom EuGH in der Rechtsprechung „zur Religionsfreiheit EuGH, Rs. 130/75, Slg. 1976, 1589 – Prais" geschützt.[288]

Die Charta der Grundrechte der Europäischen Union, die bislang nicht rechtsverbindlich war und den Teil II des Vertrages über eine Verfassung für Europa bildete, wird mit dem Lissabon Vertrag rechtsverbindlich anerkannt und rechtlich gleichranging mit den Verträgen gestellt (Art.6, Abs.1). Die Charta der Grundrechte gewährleistet im Artikel 10 das Grundrecht der Gedanken-, Gewissens- und Religionsfreiheit. Dieser Artikel ist wortgleich von der Konvention zum Schutze der Menschenrechte und Grundfreiheiten, die am 3. September 1953 in Kraft getreten ist, übernommen worden.

Weiterhin wird die Religionsfreiheit im Artikel 18 der Allgemeinen Erklärung der Menschenrechte gewährleistet. Diese Erklärung wurde in der Generalversammlung der Vereinten Nationen vom 10. Dezember 1948 beschlossen und ist ebenso Teil der europäischen Rechtskultur.

Die Albanische Verfassung sieht im Artikel 121 die Ratifizierung der internationalen Vereinbarungen und Verträge vor. Mit ihrer Ratifizierung vom Albanischen Parlament sind diese Vereinbarungen den nationalen Gesetzen überge-

---

[287] Art. 5b. Bei der Festlegung und Durchführung ihrer Politik und ihrer Maßnahmen zielt die Europäische Union darauf ab, Diskriminierungen aus Gründen des Geschlechts, der Rasse, der ethnischen Herkunft, der Religion oder der Weltanschauung, einer Behinderung, des Alters oder der sexuellen Ausrichtung zu bekämpfen." Aus dem Lissabon Vertrag über die Europäische Union und dem Vertrag zur Gründung der Europäischen Gemeinschaft vom Dez.2007, Titel II Allgemein geltende Bestimmungen. In: *europa.eu/lisbon_treaty/index_de.htm (eingesehen am 22.07.2010)*

[288] Ehlers, Dirk: Europäische Grundrechte und Grundfreiheiten. S.527.
In:http://books.google.de/books?id=kxAHx5F68JwC&pg=PA527&lpg=PA527&dq=religionsfreiheit+von+eugh&source=bl&ots=5qBGnPcgp-&sig=9wCdm3vuP2_CJ11JaUcSK61avNM&hl=de&ei=CEpJTLe7NMj9sQalkLm3Dw&sa=X&oi=book_result&ct=result&resnum=1&ved=0CBYQ6AEwAA#v=onepage&q=religionsfreiheit%20von%20eugh&f=false (eingesehen am 23.07.2010)

ordnet und erzeugen unmittelbare Anwendbarkeit, wie es im Artikel 122 der Albanischen Verfassung ausgedrückt ist. Das bedeutet, dass die Allgemeine Erklärung der Menschenrechte und die Konvention zum Schutze der Menschenrechte und Grundfreiheiten von Albanien als Mitglied der jeweiligen Strukturen anerkannt und rechtlich verbindlich sind.[289] Die Charta der Grundrechte ist mit dem Lissabon Vertrag nur für die EU-Mitgliedsländer verbindlich.

7.1 Die albanische Verfassung

Die Verfassung der Republik Albanien wurde durch eine Volksabstimmung am 22. November 1998 angenommen und trat am 28. November 1998 in Kraft. Diese Verfassung enthält erstmals Aussagen zur Religionsfreiheit. Der wichtigste Artikel dazu ist der Artikel 10[290]:

- In der Republik Albanien gibt es keine offizielle Staatsreligion. Der Staat verhält sich in den Fragen des Glaubens und des Gewissens neutral und gewährleistet die freie Religionsausübung im öffentlichen Leben.
- Der Staat anerkennt die Gleichstellung der religiösen Gemeinschaften.
- Der Staat und die religiösen Gemeinschaften erkennen ihre Unabhängigkeit gegenseitig an und arbeiten gemeinsam für das Wohlergehen des Einzelnen und der Gemeinschaft.
- Die Beziehungen zwischen dem Staat und den religiösen Gemeinschaften werden auf der Basis von Vereinbarungen zwischen deren Repräsentanten und dem Ministerrat geregelt. Diese Vereinbarungen werden im Parlament ratifiziert.
- Die religiösen Gemeinschaften sind juristische Personen. Sie besitzen Unabhängigkeit in der Verwaltung ihres Besitzes entsprechend ihrer Prinzipien, Regeln und religiösen Vorschriften, solange die Freiheit Dritter dadurch nicht verletzt wird.

Relevant und mit dem Artikel 10 verbunden ist der Artikel 24[291]:

- Die Freiheit des Gewissens und der Religion ist gewährleistet.
- Jeder ist frei, seine Religion oder seine Überzeugungen zu wählen oder zu wechseln, und sie individuell oder kollektiv, in der Öffentlichkeit oder im Privatleben, durch den Kult, (Anmerkung A.M.: Religionsausübung, Gottesdienst) die Bildung, die Ausübung oder die Ausführung von Ritualen zu äußern.

---

[289] Notiz A.M.: Albanien ist Mitglied der Vereinten Nationen seit 14.12.1955 und Mitglied des Europarats seit 13.07.1995

[290] Kushtetuta e Republikës së Shqipërisë (1998): S.11

[291] Ebd.: S.14-15

- Niemand darf gezwungen oder behindert werden, an einer religiösen Gemeinschaft oder an ihrer Ritualen teilzunehmen oder seinen Glauben öffentlich bekannt zu machen.

Die Artikel 10 und 24 der Albanischen Verfassung sichern die rechtliche Grundlage für die Existenz der Religion in Albanien.

7.2 Die albanische Gesetzgebung und die Besonderheit der Vereinbarungen mit dem Staat

Eine Besonderheit der albanischen Verfassung, die aus Artikel 10, Abs.5 abgeleitet wird, sind die Vereinbarungen, die zwischen den Religionsgemeinschaften und dem Staat abgeschlossen werden.[292] Vereinbarungen sind in jüngster Zeit mit dem Heiligen Stuhl (Gesetz Nr.8902 vom 23.05.2002), mit der Orthodoxen Religionsgemeinschaft (Gesetz Nr.10057 vom 22.01.2009), mit der Muslimischen Religionsgemeinschaft (Gesetz Nr.10056 vom 22.01.2009) und mit der Bektashi Religionsgemeinschaft (Gesetz Nr.10058 vom 22.01.2009) unterschrieben worden. Die Vereinbarung mit dem Heiligen Stuhl ist schon im Jahre 2002 unterschrieben worden. Diese Vereinbarung regelt u.a. die diplomatischen Beziehungen zwischen dem Heiligen Stuhl und dem Albanischen Staat. Alle Vereinbarungen folgen im Allgemeinen die gleichen Ziele, wie auch im Folgenden dargestellt wird.

Bei einem Vergleich der Vereinbarungen mit der Muslimischen, Bektashi und Orthodoxen Religionsgemeinschaft stellt man fest, dass sie dieselbe Gliederung und weitgehend den selben Wortlaut haben. Auch aus eigener Erfahrung als Übersetzerin in einem diesbezüglichen Gespräch weiß ich, dass hier von staatlicher Seite viele Formulierungen und Vorgaben Einfluss genommen haben. In der Vereinbarung mit der Muslimischen Religionsgemeinschaft sind folgende zwei Besonderheiten enthalten:

Im Art. 2 der Vereinbarung werden die verschiedenen muslimischen Sekten als Teil der Muslimischen Religionsgemeinschaft erwähnt.

Art. 3, Punkt f: Ziel dieser Vereinbarung ist, dass die Muslimische Gemeinschaft Albaniens selbst Deformationen, extremistische Tendenzen oder jede andere Erscheinung von Grobheiten unter den eigenen Gläubigen erkennt, und selbst reagiert und eingene Maßnahmen trifft. In jedem Fall wird die Muslimische Gemeinschaft Fälle dieser Art den zuständigen Instanzen anzeigen.

Die Gliederung der Vereinbarungen mit 23 Artikeln sieht allerdings dann wieder ähnlich aus: Kapitel 1 – Allgemeine Bestimmungen, Kapitel 2 – Die

---

[292] Notiz A.M.: Die herrschende Meinung vertritt die Ansicht, dass dies verpflichtend gemeint ist.

Organisation und die juristische Persönlichkeit der Religionsgemeinschaft, Kapitel 3 – Der Finanzstatus, Kapitel 4 – Die Zusammenarbeit zugunsten der Bürger, Kapitel 5 – Die Eigentumsangelegenheiten, Kapitel 6 – Übergangs- und Schlussbestimmungen.

Die Tatsache, dass in diesen Vereinbarungen dieselbe Gliederung und teilweise derselbe Wortlaut verwendet wurde, lässt hier Raum für Überlegungen, ob die Individualität der jeweiligen Religionsgemeinschaft genügend gewährleistet ist, oder ob von staatlicher Seite doch gewisse Vorgaben die Individualität beeinträchtigt haben. Eine genauere Untersuchung dieser Feststellung würde aber vermutlich den Rahmen dieser Arbeit sprengen und vermutlich auch keine wesentliche Relevanz bei der Beantwortung der Forschungsfrage bedeuten. In diesem Zusammenhang könnte auch noch der Entwurf der Vereinbarung mit den Protestanten zu untersuchen sein, was aber ebenfalls als nicht relevant für die Beantwortung der Forschungsfrage angesehen wird.

Ziel dieser Vereinbarungen ist die Ausübung der Rechte, wie sie in der Verfassung vorgesehen sind, und die Erfüllung der Gesetze im Bezug auf die Freiheit des Gewissens und der Religion. Durch diese Vereinbarungen erkennt der Staat die Religionsgemeinschaften als Institutionen an und ermöglicht eine Reihe von Erleichterungen zu ihren Gunsten wie z.B. Befreiung von Steuern, Eröffnung von Bildungsstätten auch mit religiösem Charakter, Durchführung sozialer Aktivitäten, Nutzung der Möglichkeiten der öffentlichen Kommunikation, die Unantastbarkeit der religiösen Institutionen, den Schutz des religiösen Erbes, die Anerkennung der religiösen Feiertage, die Verknüpfung der Kontakte mit ausländischen Religionsgemeinschaften, soweit dies nicht gegen das albanische Gesetz verstößt, mögliche finanzielle Unterstützung durch den Staat usw. Allerdings respektiert der Staat in diesen Vereinbarungen die Unabhängigkeit der Religionsgemeinschaften und gewährleistet die religiöse Koexistenz. Der Staat anerkennt auch die Prinzipien der Organisation, die Tätigkeit der jeweiligen Religionsgemeinschaften, den juristischen Charakter der Religionsgemeinschaften und all die anderen Organisationen, die mit einer bestimmten Religionsgemeinschaft zur Erfüllung ihrer Mission zusammen arbeiten möchten, oder auch Teil dieser Religionsgemeinschaft werden wollen. In diesen Vereinbarungen ist auch die Restitution der religiösen Einrichtungen und des Eigentums der Religionsgemeinschaften, die während des Kommunismus enteignet wurden, vorgesehen. Inzwischen ist schon aus der Vergangenheit bereits Vieles entschädigt worden.

Eine solche Vereinbarung wird auch mit der Protestantischen Religionsgemeinschaft angestrebt[293]. Der Entwurf dazu wurde im Frühling 2010 abgegeben und liegt seitdem auf dem Tisch des Kultusministers (Stand der Information Juli

---

[293] Notiz A.M.: In Albanien hat sich die Protestantische Religionsgemeinschaft in erster Linie durch die VUSH organisiert.

2010). Gefragt nach einer Aussage über den Stand der Vereinbarung mit der VUSH, bestätigt der jetztige Direktor des Staatlichen Komitees für Glaubensfragen, Herr Rasim Hasanaj, dass die Vereinbarung schon fertig ist und auf die Zustimmung staatlicher Instanzen wartet. Weiter fügt er hinzu:

> „Die Protestanten sind seit dem 19.Jahrhundert in Albanien. Sie gehören bei uns zu den „alten" Glaubensgemeinschaften. Sie zeigen die stärkste Entwicklung in Albanien seit der Wende und sind jetzt überall im Land mit ca. 100 protestantischen Kirchen vertreten."[294]

Interessant finde ich an dieser Stelle seine Aussage über die Gleichstellung der Religionen in Albanien:

> „Wir sind auch das einzige Land, in dem der Staat im Bezug auf die Beziehungen zwischen Staat und Religion niemandem das Privileg des „Großen" gibt. Alle werden gleich behandelt. Wichtig diesbezüglich ist nicht die Zahl der Gläubigen, sondern das Verhältnis der Freiheit im Glauben."[295]

Die Verfassung und die Gesetzgebung schaffen Freiraum für die anderen Religionsgruppen, sich auch versammeln zu können und Vereinigungen gründen zu können. Allerdings ist die Frage zu stellen, ob es von staatlicher Seite aus gewährleistet ist, dass alle religiösen Vereinigungen die Möglichkeit haben, mit dem Staat ein Abkommen zu schließen. Selbst die Verfassung lässt Freiraum für Interpretation über eine Definition der „Religionsgemeinschaft". Dann könnte die Gefahr bestehen, dass eine Verknüpfung zwischen Staat und Religion stattfindet, indem zum Beispiel einigen Gruppierungen bestimmte Privilegien eingeräumt werden.

Bei einem Vergleich der verschiedenen Verfassungen der Mitgliedsländer der Europäischen Union ist die Freiheit des Gewissens und der Religion als ein Hauptartikel in allen Grundrechtsordnungen der europäischen Staaten zu erkennen.[296] Wie aber die Beziehungen zwischen dem Staat und den Religionsgemein-

---

[294] Vgl. hierzu das Interview vom 26.04.2010 mit Herrn Rasim Hasanaj, Staatliches Komitee für Glaubensfragen. S. Anhang. S.135; Vgl auch Kapitel 9 Epilog

[295] Ebd. S.135

[296] Notiz A.M.: Beispiele: Verfassung Bulgariens vom 12.Juli 1991 – Art. 13; Verfassung Dänemarks vom 5. Juni 1953 – Art. 67; Verfassung Deutschlands vom 23. Mai 1949 – Art. 4; Verfassung Estlands vom 28. Juni 1992 – Art. 40; Verfassung Finnlands vom 11. Juni 1999 – Art 11; Verfassung Frankreichs vom 4. Oktober 1958 – Art. 1 (geändert am 4.08.1995); Verfassung Griechenlands vom 9.Juni 1975 – Art. 13; Verfassung Maltas vom 21.Sept.1964 - Art.40; Verfassung Zyperns vom 6. April 1960 – Art. 18; Verfassung Spaniens vom 29. Dez. 1978 – Art. 16; Verfassung Rumäniens vom 21. Nov. 1991 – Art. 29; Verfassung Portugals vom 2. April 1976 – Art.41

schaften konkret geregelt werden, wird unterschiedlich interpretiert und umgesetzt. Die Verfassung Polens z.b. sieht im Artikel 25 den Abschluss eines völkerrechtlichen Abkommens mit dem Heiligen Stuhl vor. Artikel 25, Abs. 5 sagt:

> „Beziehungen zwischen der Republik Polen und anderen Kirchen sowie Religionsgemeinschaften werden durch Gesetze geregelt, die aufgrund von Abkommen verabschiedet werden, die vom Ministerrat mit ihren zuständigen Vertretern abgeschlossen worden sind."

Das also ähnelt der albanischen Besonderheit der Vereinbarungen, die einer Religionsgemeinschaft mehr Individualität ermöglichen, kann aber auch als „Privilegierung" der katholischen Religionsgemeinschaft ausgelegt werden.

In Deutschland dürfen grundrechtlich garantierte Freiheiten nur auf der Grundlage ausführender Gesetze eingeschränkt werden. Da Gesetze nahezu immer Einschränkungen bedeuten, hat wohl die deutsche Verfassung solch ein Gesetz nicht erwähnt. Im Allgemeinen gilt der grundgesetzliche Freiheitsschutz solange, wie diese Freiheit die Grundrechte anderer nicht einschränkt. Die deutsche Gesetzgebung sieht wohl auch aus diesem Grund kein Religionsgesetz vor. Aber in Nebengesetzen wie z.B. dem Körperschaftsrecht, dem Vereinsrecht usw. ist immer wieder geregelt, was das konkret für die Religionsgemeinschaften bedeutet. So können sich z.B. alle Religionsgemeinschaften als Verein, als Stiftung, oder als andere juristische Personen registrieren lassen und sind dadurch auch amtlich anerkannt.

7.3 Die Trennung von Staat und Religionen als fortschrittliche und geübte historische Praxis in Albanien im Vergleich mit anderen europäischen Ländern

Seit der französischen Aufklärung gelten die Trennung von Staat und Religion und die Säkularität des Staates als eines der Hauptmerkmale einer funktionierenden Demokratie. Heute erkennen alle Mitgliedsländer der Europäischen Union diese Trennung an, setzen sie aber in der Praxis unterschiedlich um.

Griechenland gewährleistet in seiner Verfassung die Freiheit des religiösen Gewissens (Art.13, Abs.1), erkennt aber als vorherrschende Religion die der Östlich-Orthodoxen Kirche Christi an (Art.3, Abs.1). Auch wenn dieses Grundrecht unverletzlich ist und jede bekannte Religion in Griechenland frei ist, ist der Proselytismus (Übertritt in eine andere Religionsgemeinschaft) verboten (Art.13. Abs.1). Aus der Verfassung geht nicht ganz klar hervor, wie die Trennung zwischen dem Staat und der Religion aussieht. Artikel 13, Abs. 3 sieht vor, dass die Geistlichen aller bekannten Religionen derselben Staatsaufsicht wie die Ortho-

doxe Kirche unterliegen.[297] Die Regierung Griechenlands erkennt das Kanonge-
setz der Orthodoxen Kirche nicht nur in den kirchlichen Strukturen, sondern
auch in vielen Bereichen des Zivilgesetzes an. Laut dem „International Religious
Freedom Report" des U.S. Department of State für das Jahr 2009 ist der orthodoxe Religionsunterricht in den griechischen öffentlichen Grund- und Haupt-
schulen obligatorisch und wird vom Staat finanziert. Ein alternativer Religionsunterricht für die nicht-orthodoxen Kinder wird nicht angeboten.[298] Ein anderer
Punkt, im Bericht angesprochen und kritisiert, sind die Rechte der Muslime. Das
Lausanner Abkommen vom 1923 verleiht den Muslimen in Thrakien das Recht
auf Gründung von sozialen und humanitären Organisationen. Gemäß diesem
Abkommen dürfen auch die islamischen Imame auf der Basis des islamischen
Rechts, insbesondere in den Bereichen der Familie und des Erbschaftsrechts
handeln. Die Muslime, die nicht in Thrakien wohnen, sind von diesem Abkom-
men allerdings ausgeschlossen und genießen die oben genannten Rechte nicht.

Ein anderes Beispiel ist Deutschland. Mit der Reformation von Martin Lu-
ther kam es zu einer dauerhaften Zweiteilung der christlichen Welt in Deutschland und somit auch zu religiösen Problemen über die Ansicht, wie ein Staat
aufgebaut werden könnte und dabei die Machtausübung in einer religiös gespal-
tenen Gesellschaft organisiert werden kann. Die Probleme und Konflikte, die aus
dieser Spaltung zwischen den Landesherren aufkamen, wurden mit dem Augs-
burger Religionsfrieden vom 1555 zunächst gelöst. Das Prinzip, dass der Herrschende die Religion bestimmt *(cuius regio, eius religio)*, konnte aber langfristig
keine Stabilität sichern. Infolge der französischen Aufklärung und der Men-
schenrechtsidee wurden Staat und Religion getrennt und die Freiheit des Gewissens und der Religion im Art. 4 des Grundgesetzes verankert. Zwar sind Staat
und Kirche in Deutschland grundsätzlich getrennt, aber doch in vielen Bereichen
eng miteinander verflochten, insbesondere im sozialen und schulisch-kulturellen
Bereich. z.B. sind viele Institutionen in kirchlicher Trägerschaft vom Staat mitfi-
nanziert: Kindergärten, Schulen, Pflegeheime usw. Die Kirchensteuer wird vom
Staat eingezogen und an die jeweiligen Religionsgemeinschaften weitergeleitet.
Der Religionsunterricht ist als einziges Unterrichtsfach im Grundgesetz als or-
dentliches Lehrfach für öffentliche Schulen abgesichert (Art. 7 Abs. 3), also
Pflichtfach, in einigen Bundesländern ist die Religionsnote sogar versetzungsre-
levant. Schüler anderer Bekenntnisse, für die kein Religionsunterricht angeboten
wird, können grundsätzlich auch am Religionsunterricht einer Konfession teilnehmen, der sie nicht angehören, allerdings nicht gegen den Willen der hierfür
verantwortlichen Religionsgemeinschaft. Wer sich vom Religionsunterricht

---

[297] Die Verfassung der Griechischen Republik.
In: http://www.verfassungen.eu/griech/verf75-index.htm (eingesehen am 23.07.2010)
[298] U.S. Department of State: 2009 Report on International Religious Freedom: Greece.
In: http://www.state.gov/g/drl/rls/irf/2009/127313.htm (eingesehen am 23.07.2010)

befreien lässt, muss in der Regel am Ethikunterricht teilnehmen.[299] Herr Bernd Borchardt, der Deutsche Botschafter in Albanien, äußert sich über diese Angelegenheit in folgender Weise:

> „Deutschland, wo z. B. der Staat für die Kirchen von deren Mitgliedern eine Kirchensteuer einzieht, dürfte – was die Trennung zwischen Staat und Religion in Europa angeht – einen Platz im Mittelfeld einnehmen.''[300]

> „Albanien würde ich demgegenüber zu den besonders säkularen Staaten rechnen.''

bewertet Botschafter Borchardt Albanien.[301] Schon mit der Verkündigung der Unabhängigkeit und mit der Gründung der ersten albanischen Regierung wurde der säkulare Staat ausgerufen. Die Religion durfte aufgrund der Geschichte und der Religionsvielfalt im Land keine Rolle spielen, sondern es sollte Ausgewogenheit im jungen Staat Albanien herrschen. Deshalb war auch die erste Regierung paritätisch mit Muslimen und Christen besetzt.[302] Das Prinzip der Säkularität wurde auch weiterhin bewahrt. Das Legale Statut der Religionsgemeinschaften vom 14.06.1923 sah die finanzielle Unabhängigkeit der Religionsgemeinschaften im Bezug auf Zuschüsse für die Renovierung und Errichtung von religiösen Einrichtungen vor.[303] Die Beziehungen zwischen dem Staat und den Religionen wurden auch im Weiteren durch ein Gesetz über die Statuten der Gründung der Religionsgemeinschaften festgelegt.[304] Diese Statuten sahen die Individualität der Religionsgemeinschaften vor und schafften den Freiraum für ihre Aktivitäten unabhängig vom Staat.

Als die Religionen vom kommunistischen Staat nach dem Zweiten Weltkrieg im Jahr 1967 verboten wurden, wurde dieses Prinzip missachtet; der Staat hatte die volle Kontrolle über die Religionen, da die Religionen als ein Hindernis auf dem Weg zum perfekten Kommunismus angesehen wurden.

Im Jahr 1991, als das kommunistische Regime zusammenbrach, gab es fast keine rechtliche Grundlage für die Religion. Noch im August desselben Jahres wurde ein Staatssekretariat für Religion unter dem Schirm des Kultusminis-

---

[299] Sander (2007): Einige Anmerkungen zum Verhältnis von Kirche.... In: Marga; Sander; Sandu (Hrsg.): Religion zwischen Kirche, Staat und Gesellschaft. S. 27

[300] Vgl. hierzu das Interview vom 26.04.2010 mit Herrn Bernd Borchardt, Botschaft der Bundesrepublik Deutschland in Albanien. S. Anhang. S.93

[301] Ebd. S.93

[302] Bartl (1995): Albanien. S.135

[303] Staatliches Archiv: Fondi 178, Ministria e Financave, Viti 1924, Dosja I-679, fq.6-7

[304] Komiteti Shtetëror për kultet (Staatliches Komitee für Glaubensfragen): Dekret-Ligji mbi Formimin e Komuniteteve Fetare (Gesetz über die Statuten der Gründung der Religionsgemeinschaften) vom 9.Juli 1929. In: http://www.kshk.gov.al/?fq=brenda&gj=gj1&kid=8 (eingesehen am 23.07.2010)

teriums gegründet. Die Aufgabe dieser Instanz war die Registrierung der verschiedenen Religionsgemeinschaften, die nach der Wende nach Albanien kamen. 1993 berichtete dieses Staatssekretariat direkt dem Premierminister. 1999 beschloss der Ministerrat die Gründung des Staatlichen Komitees für Glaubensfragen, das 2004 noch einmal durch einen Beschluss des Premierministers bestätigt wurde, aber seitdem dem Ministerium für Tourismus, Kultur, Jugend und Sport zugeordnet ist. Diese Instanz hat den Auftrag beim Aufbau, bei der Änderung der Form und bei der Beendung der Beziehung zwischen dem Staat und den Religionsgemeinschaften zu helfen. Also tritt diese Instanz als „Facilitator" (Möglichmacher) in Erscheinung.[305]

Das Prinzip der Säkularität des Staates ist in der albanischen Verfassung verankert. Der Artikel 10, Abs. 1 und 2 besagen, dass es in Albanien keine offizielle Staatsreligion gibt und dass der Staat sich in den Fragen des Glaubens und des Gewissens neutral verhält. Der „International Religious Freedom Report" des U.S. Department of State für das Jahr 2009 gibt eine Darstellung der Lage der Religionen in Albanien. Der Bericht stellt keinerlei Diskriminierungen aufgrund der Religion, religiös gelebter Freiheit und der Säkularität des Staates, auch nicht im Bildungsbereich fest.[306] Der Fortschrittsbericht der Europäischen Kommission über Albanien für das Jahr 2009 gibt folgende Bewertung im Bezug auf die Religion:

> „As regards freedom of religion, the government signed an agreement with the three main religious communities to regulate their relations with the state. In February, the National Strategy for the Alliance of Civilisations in support of inter-cultural and inter-religious dialogue was adopted. Interfaith relations continue to be good."[307]

Beide Berichte stellen fest, dass der Vorgang der Restitution des Eigentums an die Religionsgemeinschaften beschleunigt werden soll.

Eine ähnliche Entwicklung wie Albanien hatte auch Rumänien. Im Januar 1990 wurde das Ministerium für Glaubensfragen gegründet. Sein Ziel war, die Beziehungen zwischen dem Staat und der Kirche zu regulieren. Dies geschah auf dem Hintergrund der schon existierenden Probleme und der neuen Bewegungen, die nach den 90er Jahren in Rumänien auftraten. Einige Monate später wurde aus diesem Ministerium das Staatssekretariat für Glaubensfragen, das direkt dem Premierminister berichtete. Diese Instanz funktioniert auch heute als „Facilita-

---

[305] Die offizielle Internetseite des Staatlichen Komitees für Glaubensfragen. In: http://www.kshk.gov.al/?fq=brenda&m=shfaqart&aid=8 (eingesehen am 22.07.2010)

[306] U.S. Department of State: 2009 Report on International Religious Freedom: Albania. In: http://www.state.gov/g/drl/rls/irf/2009/127295.htm (eingesehen am 23.07.2010)

[307] Commission of the European Communities: Albania 2009 Progress Report: In: http://mie.gov.al/skedaret/1256019592-AL_Rapport.pdf, S.15 (eingesehen am 23.07.2010)

tor" auf der Grundlage des Prinzips der Freiheit des Gewissens und des Glaubens.[308]

Das Prinzip der Freiheit des Gewissens und der Religion ist im Artikel 29 in der Verfassung Rumäniens verankert. Der „International religious Freedom Report" des U.S. Department of State für das Jahr 2009 kritisiert die rumänische Regierung, weil

„although the Constitution and the law provide for freedom of religion, the Government exercises considerable influence over religious life through laws and decrees."

Weiter stellt der Bericht fest:

„A survey on the relationship between state and religion, conducted by the Association for the Defense of Human Rights in Romania – the Helsinki Committee (APA-DOR-CH) between September 2007 and March 2008, criticized the ambiguous provisions of the religion law regarding tax exemption for religious associations and the fact that the Fiscal Code does not make any reference to religious associations, stipulating tax exemption for buildings used for social-humanitarian activities by associations, foundations, and religions."[309]

Die Trennung zwischen Staat und Religion ist ein hochgeschätztes Prinzip der heutigen Demokratien. Nur auf diese Weise kann ein Rechtsstaat als solcher funktionieren. Albanien hat diesen Wert bis jetzt weitestgehend bewahrt und auch in der Praxis gelebt. Die wiederholten Versuche, ein Religionsgesetz zu erlassen, was mit erheblichen verfassungsrechtlichen Problemen behaftet ist, und die verspätete Bearbeitung des Antrages der Evangelischen Allianz Albaniens lassen jedoch Bedenken aufkommen, ob Albanien diesen eingeschlagenen guten Weg weiter fortsetzen kann und will... Das bestätigt auch der Deutsche Botschafter, Herr Borchardt, in seinem Interview, wenn er sagt:

„Der albanische Staat ist dabei, sein Verhältnis zu den religiösen Gruppen in Ihrem Land durch Abkommen zu regeln. Dies reicht m. E. völlig aus. Ein Religionsgesetz kann Risiken vor allem für kleinere religiöse Gruppen, die keine große Lobby und keine große Tradition in Albanien haben, mit sich bringen. Dies ist unnötig. Religiöse Gruppen, die Extremisten nahestehen, kann der Staat auch auf der Grundlage bestehender Gesetze kontrollieren."[310]

---

[308] Tanase (2007): Religious plurality and pluralism in Romania after 1989. In Marga; Sander; Sandu (Hrsg): Religion zwischen Kirche, Staat und Gesellschaft. S. 155

[309] U.S. Department of State: 2009 Report on International Religious Freedom: Romania. In: http://www.state.gov/g/drl/rls/irf/2009/127332.htm (eingesehen am 23.07.2010)

[310] Vgl. hierzu das Interview vom 26.04.2010 mit Herrn Bernd Borchardt, Botschaft der Bundesrepublik Deutschland in Albanien. S. Anhang. S.94

Dieselbe Ansicht teilt auch Herr Hans Ahlfeld, langjähriger Berater für Kommunalverwaltung in Albanien:

„Die praktizierenden Religionen sind aktiv und müssen sich selber weiterentwickeln. Eine Bevormundung oder Gängelung des Staates wird eher Widerstand hervorrufen als hilfreich sein."[311]

Die Notwendigkeit der Trennung von Staat und Religion wird im folgenden Themenkomplex dargestellt und bewertet.

Abbildung 9:   Themenkomplex 8: Notwendigkeit der Trennung von Staat und Religion[312]

Gruppe 1: Vertreter der Religionsgemeinschaften		
1.	**Die islamischen Glaubensrichtungen**	
	a.	**Der Vertreter der Muslime, Herr Dorian Demetja**
		Meiner Meinung nach ist eine enge Beziehung zwischen Staat und Religion nicht notwendig. Die Religion bezieht sich mehr auf die geistliche Seite und predigt keine Politik. [...]
	b.	**Der Vertreter der Bektashi, Herr Syrja Xhelaj**
		Aus unserer Sicht als Bektashi sollte es durchaus eine Trennung zwischen Staat und Religion geben, aber keine absolute. Der Staat soll eine Reihe Verpflichtungen gegenüber seinen Bürgern übernehmen. [...] Der Staat sollte in die Lehre einer Gemeinschaft nicht eingreifen, er sollte aber meiner Meinung nach für das Wohlergehen der formalen Ausübung jedes Glaubens verantwortlich sein. [...]
2.	**Die christlichen Glaubensrichtungen**	
	a.	**Der Vertreter der Orthodoxen, Herr Andon Merdani**
		Albanien hat einen säkularen Staat. [...] Alle religiösen Organisationen, Gemeinschaften und Einrichtungen sind vom Staat getrennt. [...]der Staat sollte nicht gleichgültig gegenüber verschiedenen Angelegenheiten der Religion sein [...] Es gibt also viele Angelegenheiten, die gemeinsam mit dem Staat zu lösen sind, weil die religiösen Organisationen Teil der Gesellschaft und der Aktivität innerhalb eines Staates sind. [...]
	b.	**Der Vertreter der Katholiken, Herr Don Gjergj Meta**
		[...] In Albanien ist der Staat säkular. [...] Es ist notwendig, dass sie getrennt sind, da die Säkularität des Staates ein europäischer Grundsatz ist, der seine Basis selbst im Evangelium hat. Es ist das Christentum selbst, das

---

[311] Vgl. Hierzu das Interview vom 04.05.2010 mit Herrn Hans Ahlfeld, WA-Office- Consulting. S. Anhang. S.109

[312] Notiz A.M.: Siehe Frage 6 im Muster des Leitfadens der Interviews im Anhang. S.6

	die Trennung von Staat und Religion eingeführt hat eben durch den berühmten Satz Jesu: „Gib dem Kaiser, was des Kaisers ist und Gott, was Gottes ist."
c.	**Der Vertreter der Evangelischen Allianz Albaniens, Herr Fitor Muça**
	Wenn wir zu Staat und Religion kommen, bin ich der Meinung, dass diese zwei Institutionen voneinander vollständig getrennt sein sollten. […] In einem Staat, wo Staat und Religion verbunden sind, hätte die gegenseitige Instrumentalisierung dramatische Folgen für die Nation, insbesondere im Fall Albaniens. […]
d.	**Der Vertreter der Apostolischen Kirche Pogradec, Herr Ardi Shkullaku**
	Ja, ich denke, dass eine Trennung von Staat und Kirche notwendig ist. […] Wenn sie Hand in Hand gehen sollen, muss sich einer dem anderen unterordnen oder es müssen Kompromisse gemacht werden. […] Weiterhin schafft eine Trennung ein besseres Klima für die Entwicklung der Harmonie zwischen den verschiedenen Glaubensrichtungen. […]
	Gruppe 2: Vertreter der Gesellschaft, der Politik und des Staates
1.	**Vertreter der Gesellschaft und Politik**
a.	**Der inländische Vertreter, Herr Mark Marku**
	Die Säkularität ist ein grundlegendes Prinzip jedes europäischen Staates. Es gibt Staaten, in denen diese Säkularisation stärker ausgeprägt ist oder in denen sie schwächer ist. Wenn dieses Prinzip für diese Länder eine Voraussetzung zum besseren Funktionieren der Demokratie und der Gesellschaft ist, ist es für Albanien eine Voraussetzung für dessen Existenz, nicht nur der Demokratie, sondern des albanischen Staates, der albanischen Nation, der Gesellschaft. […]
b.	**Der ausländische Vertreter, Herr Bernd Borchardt**
	Der säkulare Staat hat sich in den Staaten der Europäischen Union seit der Aufklärung in sehr unterschiedlicher Form entwickelt. Überall gibt es dabei eine Trennung zwischen Staat und Religion. Wie weit diese Trennung geht, hängt von den Traditionen der einzelnen Staaten ab. […] Diese Trennung von Staat und Religion ist Teil des Erbes der europäischen Aufklärung und unverzichtbar für unser modernes Staatsverständnis.
c.	**Der ausländische Vertreter, Herr Hans Ahlfeld**
	Diese Trennung gibt es ja bereits in Albanien und daran lässt sich auch wenig ändern. Im Gegenteil, es wäre in Albanien nicht besonders hilfreich, wenn der Staat in diese aufkeimende Religionsfreiheit „regulierend" eingreifen würde. So funktioniert es besser.

2.	Vertreter des Staates	
	a.	**Der jetzige Vertreter (Staatliches Komitee für Glaubensfragen), Herr Rasim Hasanaj**
		In allen Ländern Europas gibt es eine Trennung zwischen Staat und Religion. Die Beziehung zwischen Staat und Religion muss aber auf gesetzlicher Grundlage geregelt werden, denn schließlich gilt heute in jedem Land Religion als eine Privatangelegenheit. [...]
	b.	**Der ehemalige Vertreter (Staatliches Komitee für Glaubensfragen), Herr Fatri Sinani**
		Mit der französischen Revolution, die das Fundament der modernen Demokratie gelegt hat, wurden Staat und Religion getrennt. [...] Eine Intervention des Staates auf religiöse Angelegenheiten oder umgekehrt ist ein Verstoß des demokratischen „Codes". [...] Deshalb denke und glaube ich, dass die Trennung von Staat und Religion nicht nur notwendig ist, sondern auch im Interesse beider Seiten liegt. [...]

Quelle: Eigene Darstellung

Das Prinzip der Trennung zwischen Staat und Religion wird von allen Interviewten als ein vorrangiges demokratisches Prinzip gewertet. Experten sind der Meinung, dass in diesem Sinn die Säkularität des Staates notwendig ist, um ein besseres Funktionieren der Demokratie zu garantieren. Eine enge Beziehung zwischen dem Staat und der Religion würde, nach Meinung von Herrn Ardi Shkullaku, eine Unterordnung des einen unter den anderen bedeuten. Weiterhin, sagt Herr Shkullaku, sorgt die Säkularität für die Entwicklung eines besseren Klimas der Harmonie zwischen den Religionen. Im Fall Albaniens, sagt Herr Mark Marku, bedeutet diese Säkularität die Voraussetzung für dessen Existenz und Demokratie. Herr Rasim Hasanaj erklärt die Intervention des Staates auf religiöse Angelegenheiten oder umgekehrt als ein Verstoß gegen den demokratischen „Code". Dieses Prinzip ist, mit den Worten von Herrn Bernd Borchardt ausgedrückt,

„Teil des Erbes der europäischen Aufklärung und unverzichtbar für unser modernes Staatsverständnis."

Allerdings muss man an dieser Stelle in Erinnerung bringen, dass die europäischen Staaten einen langwierigen Weg bis zur Trennung zwischen Kirche und Staat begangen haben. In manchen Fällen kannte dieser Weg auch blutige Spuren, wie z.B. die Französische Revolution. Albanien wird von allen als ein besonders säkularer Staat betrachtet. Dies ist bereits tief in der Geschichte Albaniens festzustellen. Schon die Gründung des ersten albanischen Staates wurde auf das europäische Modell der Säkularität aufgebaut. Dieser Wert wurde auch weiterhin von den nachfolgenden Regierungen beibehalten und besonders gefördert.

Dies wird z.b. in dem Fall des Königreichs Zogu deutlich, in dem die Bektashi, die muslimische und die orthodoxe Religionsgemeinschaften die Albanische Sprache als offizielle Sprache für ihre Gottesdienste in ihren Statuten aufnahmen.

Die albanische Geschichte kannte aber auch Spannungen bei der Bewahrung dieses Konzepts. Zu nennen ist dazu ein begrenzter, einmaliger Fall, der kurz nach dem Sturz der Regierung vom Fürst Wilhelm zu Wied zu registrieren ist. Muslimische Unterstützer von Haxhi Qamil versuchten in Albanien eine Regierung auf muslimischer Basis zu gründen, die aber sehr bald scheiterte. Dies ist auch die Befürchtung, die die meisten Interviewten auch weiterhin an manchen Stellen ihrer Interviews äußern. Ein Staat auf der Basis einer Religion in einem Land der Multireligiosität, wie Albanien sie praktiziert, würde Instabilität schaffen und vor allem von weiten Teilen der Gesellschaft nicht akzeptiert werden. Auch die politischen Parteien die sich auf eine religiöse Basis stützen, werden als eine Gefahr für die Demokratie gesehen. Die Stärkung der Säkularität wird als wichtiger Punkt zur Bewahrung dieses Wertes geschätzt.

Trotz der Trennung zwischen Staat und Religion ist die allgemeine Meinung der Interviewten, dass die Beziehungen zwischen Staat und Religion auf gesetzlicher Basis durch Vereinbarungen geregelt werden sollen. Natürlich soll der Staat sich nicht in den Glaubensfragen der Religionsgemeinschaften einmischen, sondern er soll sich der Probleme der Religionsgemeinschaften annehmen, wie dies auch von den Vertretern der Bektashi und der Orthodoxen erwünscht wird. Ein Beispiel dazu ist die Restitution der enteigneten Grundstücke und Einrichtungen während des Kommunismus. Ein geregeltes Verhältnis zwischen Staat und Religion dient dem nationalen Zusammenhalt, der Stabilität des Landes und seinem Fortschritt.

In den Ländern der Europäischen Union ist die Säkulariät stärker oder schwächer ausgeprägt. Wie oben festgestellt, kann die albanische Säkularität als besonders stark ausgeprägt angesehen werden. Die Tradition, auch wenn manche sie als „jung" bezeichnen würden, kennt einen fast 100 Jahre alten Weg und das stellt schon einen Erfolg dar. Wenn wir über die Europäische Union der modernen Zeit sprechen, die mit dem Gedanken der Sicherung und Stärkung des Friedens gegründet wurde, dann dürfen wir nicht vergessen, dass auch die Sicherung eines friedlichen Zusammenlebens der Religionen ihren eigenen besonderen Wert trägt. Diese Sicherung beginnt mit der Trennung von Staat und Religion und hierzu könnte Albanien, als potentieller Beitrittskandidat der EU als Orientierungsrahmen geschätzt und beachtet werden.

8 Ergebnisse und Schlussfolgerungen

Erst seit dem politischen Umbruch in den 90er Jahren beginnt Albanien mehr und mehr ins Bewusstsein Europas zu treten. Zuerst war es der große Exodus nach Westen, der besonders viele Politiker aufhorchen ließ. Vielen ist aus den zahlreichen Pressemeldungen dieser Zeit das Bild der überfüllten Schiffe mit Albanern auf der Fahrt nach Westen in Erinnerung geblieben. Es war genau dieses Bild, das zunächst das Image über Albanien und die Albaner prägte: Der große Exodus und die in Albanien und in Armut hinterlassenen Verwandten und Familien. Dann wurde das Land in der europäischen Öffentlichkeit, insbesondere in der italienischen, griechischen und deutschen Öffentlichkeit, für seine großen Probleme mit der Kriminalität und Prostitution bekannt. Das ist ein Bild, das leider immer noch in den Köpfen vieler Menschen vorhanden ist. Es muss jedoch die Frage gestellt werden, ob Albanien heutzutage nicht deutlich mehr als diese Problembereiche in der öffentlichen Diskussion anzubieten hat. Muss dieses Bild auf der Grundlage neuer Erkenntnisse ergänzt oder korrigiert werden? Hat Albanien inzwischen eine weitere Entwicklungsstufe auf der europäischen Werteskala erreicht?

In den vorherigen Kapiteln wurde der Versuch unternommen, die Religion unter verschiedenen Aspekten darzustellen. Zuerst erfolgte eine Einführung in die Geschichte Albaniens, in die Geschichte der verschiedenen Religionen und in die Rolle der Religion als Identitätsmerkmal der Albaner. Diese Kapitel zeigen die historischen Zusammenhänge und dienen als Verständnisgrundlage für die folgenden Kapitel. Danach wurde die Aktualität der Religionen in der Gegenwart unter verschiedenen Aspekten aufgrund der Interviews und zahlreicher Literaturhinweise erörtert und bewertet. Dabei wurde deutlich, dass in Albanien die Trennung von Staat und Religion eine lange Tradition hat.

Wie nachfolgend gezeigt wird, ist das Verhältnis der Religionen in Albanien zunehmend als ein besonderes „Markenzeichen" für das Land erkennbar. Interreligiöse Harmonie, Koexistenz, Toleranz und Akzeptanz sind die Wörter, die für das Verhältnis der Religionen in Albanien verwendet werden. Solche Bewertungen kommen nicht nur von den Albanern selbst, sondern sind auch von der Internationalen Gemeinschaft, und auch von Menschen, die Albanien privat besuchen, zu hören. Entspricht das der Realität? Gibt es diese Harmonie und Toleranz im Land wirklich? Ist das albanische Modell der Multireligiösität als Modell des friedlichen Zusammenlebens faktisch begründet oder handelt es sich mehr um eine Illusion oder gar nur um Propaganda? Wenn Albanien ein friedliches Modell der multireligiösen Zusammenarbeit bietet, stellt sich weiterhin die Frage, ob Albanien hier möglicherweise bereits auf seinem Weg in die EU einen Orientierungsrahmen für andere Mitgliedsländer oder Beitragskandidaten liefern kann, oder ob dieses Modell aufgrund von historischen Besonderheiten vielleicht doch nur in Albanien funktioniert. Durch die Auswertung der nächsten Themenkomplexe werden diese Fragen bzw. die Forschungsfrage beantwortet, zusammengefasst und Schlussfolgerungen gezogen.

8.1 Religiöse Toleranz und Akzeptanz in Albanien - Eine Realität oder ein Mythos?

Heutzutage gibt es, auch wenn man diesen Wert des friedlichen Zusammenlebens hoch schätzt und ihn versucht zu propagieren, doch auch konträre Meinungen von Kritikern, die Impulse in die öffentlichen Diskussionen bringen und die Frage stellen, ob dieses friedliche Zusammenleben real ist, oder nur ein Mythos, der als Propaganda aufgebaut ist. Wenn das gute Verhältnis der Religionen in Albanien als Markenzeichen für das Land erwähnt wird, soll der folgende Themenkomplex klären, ob es tatsächlich so ist.

Abbildung 10: Themenkomplex 9: Religiöse Akzeptanz und Toleranz in Albanien - Realität oder Mythos?[313]

Gruppe 1: Vertreter der Religionsgemeinschaften	
1.	**Die islamischen Glaubensrichtungen**
a.	**Der Vertreter der Muslime, Herr Dorian Demetja**
	Für mich ist es (die religiöse Akzeptant und Toleranz) ein sehr wertvoller Beitrag für die Europäische Union, die davon sehr profitieren wird. Europa muss lernen, keine Vorurteile zu haben, weil es in näherer Zukunft eine Religionsvielfalt geben wird.
b.	**Der Vertreter der Bektashi, Herr Syrja Xhelaj**
	Die Toleranz in Albanien kann kein Mythos der Albaner sein. Im geschichtlichen Kontext betrachtet, ist und wird sie immer ein unbestreitbarer Wert sein und wird zweifellos als ein Beitrag innerhalb der Europäischen Union dienen.

---

[313] Notiz A.M.: Siehe Frage 10 im Muster des Leitfadens der Interviews im Anhang. S.6

2.	Die christlichen Glaubensrichtungen
a.	**Der Vertreter der Orthodoxen, Herr Andon Merdani**
	---- (keine Aussage)
b.	**Der Vertreter der Katholiken, Herr Don Gjergj Meta**
	[...] Für mich ist das religiöse Zusammenleben eine sehr schöne und wertvolle Realität. Wenn wir das nicht bewahren, wird es nicht immer so sein [...]Der Schlüssel zur Bewahrung dieser Tradition ist das Treffen, Treffen zu offiziellen Anlässen wie bei offiziellen Feiertagen, wie auch zu informellen Treffen. [...]
c.	**Der Vertreter der Evangelischen Allianz Albaniens, Herr Fitor Muça**
	---- (keine Aussage)
d.	**Der Vertreter der Apostolischen Kirche Pogradec, Herr Ardi Shkullaku**
	Es ist ein Fakt, eine Realität. [...] die so sicher steht und welche man am besten noch verstärken sollte anstatt ihn zu schwächen.
	Gruppe 2: Vertreter der Gesellschaft, der Politik und des Staates
1.	**Vertreter der Gesellschaft und Politik**
a.	**Der inländische Vertreter, Herr Mark Marku**
	[...] Im Kern und in der Tat ist es etwas, das existiert, da es keine Fakten für das Gegenteil gibt, es gibt keine Fakten für Konflikte. [...] Beispiel der religiösen Toleranz: warum wurden z.B. die Juden in Albanien nicht getötet? Weil kein Albaner sie anzeigte. [...] Die Albaner haben sich gegenseitig während dem Kommunismus endlos angezeigt, aber nie aus religiösen Motiven. Das zeigt, dass diese Kultur im Lande existiert.
b.	**Der ausländische Vertreter, Herr Bernd Borchardt**
	Ich habe in den fast drei Jahren, die ich in Albanien lebe, nur selten über Probleme zwischen Gruppen unterschiedlicher religiöser Zugehörigkeit gehört. Gleichzeitig weiß ich aber, dass in diesen wenigen Fällen die Führung der jeweiligen Religion in Albanien eingegriffen hat und Hitzköpfe zur Vernunft gebracht hat. Daher kann ich den Kritikern nicht beipflichten.
c.	**Der ausländische Vertreter, Herr Hans Ahlfeld**
	Nein, das ist kein Mythos! Das ist Realität! Seit über 9 Jahren bin ich in Albanien tätig und habe mehr als 5 Jahre dort gelebt und gearbeitet. [...] Weiter habe ich mich in Moscheen und Kirchen gleich welcher Richtung aufgehalten und mit vielen Kirchenführern, Bürgermeistern und engagier-

		ten Bürgern über Gott und die Welt unterhalten [...] und weiß wovon ich rede.
2.	**Vertreter des Staates**	
	a.	**Der jetzige Vertreter (Staatliches Komitee für Glaubensfragen), Herr Rasim Hasanaj**
		---- (keine Aussage)
	b.	**Der ehemalige Vertreter (Staatliches Komitee für Glaubensfragen), Herr Fatri Sinani**
		Die religiöse Toleranz ist eine reale Tatsache, offensichtlich und leicht nachweisbar. Sie ist ein greifbares Beispiel, welches auch für besondere Orte der Europäischen Union als Modell dienen kann.

Quelle: Eigene Darstellung

Auffällig ist bei dieser Frage, dass die Aussagen der Vertreter der Religions-gemeinschaften und der Vertreter der Gesellschaft, der Politik und des Staates übereinstimmend sind und sich gegenseitig bestätigen. Die Vertreter der Religi-onsgemeinschaften bezeichnen diese religiöse Akzeptanz und Toleranz als einen Fakt und eine schöne und wertvolle Realität, die aber auch bewahrt und gepflegt werden muss. Der Vertreter der Muslime, Herr Dorian Demetja, erklärt, dass diese religiöse Akzeptanz und Toleranz ein wertvoller Beitrag für die Europäi-sche Union ist. Er weist sogar daraufhin, dass Europa lernen muss, keine Vorur-teile zu haben. Nach seinen Worten wird es in Europa in der näheren Zukunft eine Religionsvielfalt geben. Deshalb kann Europa, ihm zufolge, von Albanien profitieren. Dieselbe Ansicht teilt auch der Vertreter der Bektashi, Herr Syrja Xhelaj. Er bezeichnet diesen Wert als unbestreitbar und glaubt, dass er innerhalb der EU dienen kann.

Auch die Vertreter der Gesellschaft, der Politik und des Staates sind einig in ihren Aussagen. Der Vertreter des Staates, Herr Fatri Sinani, beschreibt diese Akzeptanz und Toleranz als leicht nachweisbar und als ein greifbares Bespiel für andere Länder. An dieser Stelle finde ich es wichtig und interessant die Erlebnis-se und die Erfahrungen der ausländischen Vertreter der Gesellschaft und der Politik hervorzuheben. Herr Bernd Borchardt äußert sich zu Akzeptanz und To-leranz folgendermaßen:

„Ich habe in den fast drei Jahren, die ich in Albanien lebe, nur selten über Probleme zwischen Gruppen unterschiedlicher religiöser Zugehörigkeit gehört. Gleichzeitig weiß ich aber, dass in diesen wenigen Fällen die Führung der jeweiligen Religion in Albanien eingegriffen hat und Hitzköpfe zur Vernunft gebracht hat. Daher kann ich den Kritikern nicht beipflichten."

Auch Herr Hans Ahlfeld bringt seine Eindrücke und Meinung zum Ausdruck. Er beschreibt die Akzeptanz und Toleranz:

„Nein, das ist kein Mythos! Das ist Realität! Seit über 9 Jahren bin ich in Albanien tätig und habe mehr als 5 Jahre dort gelebt und gearbeitet. Albanien hat 65 Städte und 308 Kommunen. Ich war in ALLEN Städten und in vielen Kommunen, kenne jeden Bürgermeister und habe mit 5 verschiedenen Regierungen (Premierministern und Ministern) zusammengearbeitet. Weiter habe ich mich in Moscheen und Kirchen gleich welcher Richtung aufgehalten und mit vielen Kirchenführern, Bürgermeistern und engagierten Bürgern über Gott und die Welt unterhalten. Ich war beim Freitagsgebet, bei katholischen Messen, bei orthodoxen Gottesdiensten, Taufen, Hochzeiten und Beerdigungen dabei und weiß wovon ich rede."

Diese Kultur der religiösen Toleranz und Akzeptanz hat in Albanien auch in schwierigen Zeiten existiert, wie Mark Marku betont:

„Die Albaner haben sich gegenseitig während des Kommunismus endlos angezeigt, aber nie aus religiösen Motiven."

Als ein anderes Beispiel nennt er die Rettung der Juden in Albanien während des Zweiten Weltkriegs. Seiner Meinung nach beweisen diese einfachen Beispiele, dass diese Kultur im Lande existiert (vgl. auch Kapitel 6.3.4.).

Wie man aus den Antworten der Experten feststellen kann, ist dieser Wert der religiösen Toleranz und Akzeptanz eine Realität für Albanien und die Albaner, die auch in schwierigen Zeiten existiert hat, und die von Generation zu Generation vererbt wurde. Dieser Wert soll auch für die Zukunft weiter bewahrt werden, wie Fitor Muça erklärt:

„Diese religiöse Harmonie und Toleranz soll kein Siegeskranz sein, auf dem wir ruhig schlafen können und ihn als Axiom bezeichnen, welches keine Bestätigung braucht oder das nie zusammenbrechen wird. Deshalb denke ich, dass hier viel Wachsamkeit gefordert ist."[314]

Diese Einheit ist also etwas Herausragendes in Albanien und könnte auch innerhalb der Europäischen Union als eine Besonderheit gesehen werden.

---

[314] Vgl. hierzu das Interview vom 21.04.2010 mit Herrn Fitor Muça, Evangelische Allianz Albaniens. S. Anhang. S.62

8.2 Die Besonderheiten Albaniens auf dem „breiten Markt" der Religionen

„Was die Religionen angeht, ist Albanien ein kleines Amerika in Europa."

So beschreibt Rasim Hasanaj, der jetzige Direktor des Staatlichen Komitees für Glaubensfragen, die Vielfalt der Religionen in Albanien. Auch viele europäische Länder können in diesem Sinn wegen ihrer religiösen Struktur als „Amerika" bezeichnet werden. Was aber macht Albanien nun besonders? Dieser Frage wird im folgenden Themenkomplex nachgegangen.

Abbildung 11: Themenkomplex 10[315]: Besonderheiten Albaniens im Vergleich zu anderen Ländern der Europäischen Union auf dem „breiten Markt" der Religionen (ab den 90er Jahren)

Gruppe 1: Vertreter der Religionsgemeinschaften	
1.	**Die islamischen Glaubensrichtungen**
a.	**Der Vertreter der Muslime, Herr Dorian Demetja**
	Das Zusammenleben und die Zusammenarbeit unter einander. Die Albaner schätzen auch Menschen anderer Religionen als Freunde und das hat sie nicht davon abgehalten auch mit anderen gut zusammenzuarbeiten.
b.	**Der Vertreter der Bektashi, Herr Syrja Xhelaj**
	Im Vergleich mit anderen Ländern der Europäischen Union ist Albanien aufgrund des Dialogs und der Harmonie unter den Religionen besonders. [...]
2.	**Die christlichen Glaubensrichtungen**
a.	**Der Vertreter der Orthodoxen, Herr Andon Merdani**
	[...] Albanien hat [...] seine Besonderheiten im historischen Aspekt und bezüglich der Strukturen der Glaubensgemeinschaften und deren Beziehung zum Staat. Diese seit Jahrhunderten in Albanien bestehenden Glaubensgemeinschaften haben eine Rolle in der Staats- und Kulturbildung und in der Übertragung von Werten. [...] Aus diesem Grunde betrachtet der Staat diese religiösen Gemeinschaften oder Gemeinden in der Verfassung auch als besonders. [...]
b.	**Der Vertreter der Katholiken, Herr Don Gjergj Meta**
	Im Vergleich zu anderen Ländern der Europäischen Union ist Albanien in dieser Hinsicht nichts Besonderes, es ist wie ganz Europa da dies ein Erbe ist. [...]

---

[315] Notiz A.M.: Siehe Frage 9 im Muster des Leitfadens der Interviews im Anhang. S.6

	c.	**Der Vertreter der Evangelischen Allianz Albaniens, Herr Fitor Muça**
		[...] Die Sekten tauchten in Albanien zur gleichen Zeit auf, während sie in Europa schon mit Ihrer Entstehung auftauchten. In Albanien hatten sie den gleichen Zustrom. Innerhalb von fünf Jahren setzte sich ein ganzes Netz verschiedener Sekten durch. Der größte Unterschied ist aber, dass Albanien während dieser Periode eine starke Konsolidierung der sogenannten historischen Religionsgemeinschaften erlebt hat.
	d.	**Der Vertreter der Apostolischen Kirche Pogradec, Herr Ardi Shkullaku**
		[...] Wir haben einfach viele Glaubensgemeinschaften bei uns, die es schaffen nicht in Konflikte miteinander zu kommen. Das ist unsere Besonderheit.
	Gruppe 2: Vertreter der Gesellschaft, der Politik und des Staates	
1.	**Vertreter der Gesellschaft und Politik**	
	a.	**Der inländische Vertreter, Herr Mark Marku**
		Sicherlich sind wir besonders, erstens weil fast alle europäischen Länder einen religiösen Konflikt unter sich oder mit anderen gehabt haben. Zum Glück haben die Albaner nie solche Konflikte gehabt. Sie leben auch ohne staatliche Organisationsformen natürlich zusammen, da die Gesellschaft diese Kultur hat, die authentisch albanisch ist. [...]
	b.	**Der ausländische Vertreter, Herr Bernd Borchardt**
		Die Toleranz zwischen den religiösen Gruppen in Albanien halte ich im europäischen Maßstab für vorbildlich, hier kann Albanien durchaus etwas in die Europäische Union einbringen, insbesondere, was das Zusammenleben von Muslims und Christen angeht.
	c.	**Der ausländische Vertreter, Herr Hans Ahlfeld**
		Ganz besonders die Toleranz untereinander. Besonders hervorzuheben sind Pogradec durch das starke Engagement von NEHEMIA, und Berat, wo Moschee und Kloster unmittelbar nebeneinander liegen. [...]
2.	**Vertreter des Staates**	
	a.	**Der jetzige Vertreter (Staatliches Komitee für Glaubensfragen), Herr Rasim Hasanaj**
		---- (keine Aussage)
	b.	**Der ehemalige Vertreter (Staatliches Komitee für Glaubensfragen), Herr Fatri Sinani**
		Der breite „Markt" der Religionen in Albanien war bedingt durch die jahrhundertelange Präsenz und Koexistenz der vier Glaubensrichtungen (Moslems, Bektashi, Orthodoxe und Katholiken), aber auch durch Verständnis und Respekt einer jüdischen Kommunikation gegenüber, die im

16. Jh., zur Zeit des Sultan Suleiman, in Albanien zu spüren war. (Zu dieser Zeit war Vlora nach Istanbul und Thessaloniki die drittgrößte Stadt auf dem Balkan mit dem größten Judenanteil). Dadurch dass Albanien schon jahrhundertelang ein breiter „Markt" im Wettbewerb der Glaubensrichtungen ist, hat es sich in den 90er Jahren des 20. Jh. viel einfacher mit dem Fluss an unterschiedlichen religiösen Missionen und Organisationen ausgesöhnt als andere Balkanstaaten, in denen auf die eine oder andere Art die Nation mit der religiösen Glaubensrichtung gleichgesetzt wird.

Quelle: Eigene Darstellung

Wie auch hier dargestellt, bringen die Vertreter der Religionsgemeinschaften zu dieser Frage vielfältige Meinungen. Die Vertreter der Muslime und der Bektashi sind sich einig in dem Punkt, dass Albanien Besonderheiten aufweist, die relevant für andere Länder sein können. Der Vertreter der Bektashi hebt insbesondere den Dialog der Religionsgemeinschaften und die Harmonie als Besonderheit Albaniens hervor. Der Vertreter der Muslime ist der Meinung, dass das Zusammenleben und die Zusammenarbeit unter den verschiedenen Religionen eine wichtige Besonderheit Albaniens sind. Er fügt hinzu, dass Albaner auch Menschen anderer Religionen schätzen und mit ihnen gut zusammenarbeiten. Diese Aussage wird auch von einer Studie des Herrn Fatri Sinani bestätigt. In seiner Befragung hat er die Frage gestellt: Wie ist Ihre professionelle, politische und soziale Zusammenarbeit mit anderen Menschen anderer Religionszugehörigkeit?[316] Die Antworten dieser Frage hat er in dieser Tabelle dargestellt:

Abbildung 12: Zusammenarbeit unter Menschen verschiedener
Religionszugehörigkeit

Frage: Wie ist Ihre Zusammenarbeit mit Menschen anderer Zugehörigkeit?	Befragte 1088 Personen	Befragte 99,27%
a. kontinuerlich und stark	776 P.	71,32%
b. schwach	36 P.	3,32%
c. selten	65 P.	5,97%
d. Ich kenne deren Religion nicht und interessiere mich auch nicht dafür	211 P.	19,39%

Quelle: Sinani: Veçori të besimit ndër shqiptarë. In: Fuga: Rrugë drejt dialogut ndërfetar në Shqipëri. S.133

Wie man dieser Tabelle entnehmen kann, wird die Zusammenarbeit mit Menschen anderer Religionszugehörigkeit als sehr stark empfunden. Interessant ist

---

[316] Sinani: Veçori të besimit ndër shqiptarë. In: Fuga: Rrugë drejt dialogut ndërfetar në Shqipëri. S.133

auch das Ergebnis, dass 19,39% der Befragten die Religionszugehörigkeit nicht als Basis für eine Zusammenarbeit im Vordergrund sehen. Das ist ein anderes Zeichen der Toleranz und Akzeptanz unter den Menschen.

Verschieden sind ebenso die Meinungen der Vertreter der christlichen Glaubensrichtungen. Der Vertreter der Orthodoxen erwähnt die Rolle der Religion in der Staats- und Kulturbildung und in der Übertragung von Werten. An dieser Stelle bezieht er sich auf die traditionellen Religionsgemeinschaften, die seiner Meinung eine historische, kulturelle und soziale Besonderheit haben.

Der Vertreter der Evangelischen Allianz nennt in diesem Zusammenhang die Konsolidierung dieser traditionellen Religionsgemeinschaften als Besonderheit. Er ist der Meinung, dass diese Konsolidierung ein gesundes Gerüst für das Land geschaffen hat. Aus diesem Grund sagt er, dass die verschiedenen Sekten oder neuen Religionen in Albanien ein harmonisches Land fanden. Bei der Etablierung dieses „breiten Marktes" der Religionen ist eine Besonderheit Albaniens, dass diese vielen Glaubensgemeinschaften es schaffen, nicht in Konflikte mit einander zu kommen, so die Meinung von Herrn Ardi Shkullaku. Anderer Meinung als seine Kollegen, ist der Vertreter der Katholiken, der behauptet, dass Albanien in dieser Hinsicht nichts Besonderes ist, sondern wie ganz Europa, da dies ein Erbe Europas ist. Diese Aussage ist zu ergänzen, indem festgestellt werden muss, dass zwar die Religionsvielfalt in Europa vorhanden ist, jedoch einzelne Mitgliedsländer sehr starke und unterschiedliche Prägungen mitbringen. Diese Prägungen werden durch traditionell bedingte Mehrheitsverhältnisse bei den Religionen erklärt, führen aber dazu, dass die Anerkennung kleinerer Religionsgemeinschaften in diesen Ländern wesentlich geringer ausgeprägt ist, als das in Albanien der Fall ist. (z.B. Griechenland, Polen usw.)

Im Bezug auf den Begriff „breiter Markt" der Religion gibt der Vertreter des Staates, Herr Fatri Sinani, einen Einblick in die Formung dieses Marktes. Während in vielen Ländern geschichtlich die Dominanz einer einzelnen Religion zu bemerken war, war Albanien schon im 16. Jh. ein breiter Markt. Laut Herrn Sinani hatten sich im Laufe der Jahrhunderte die muslimische, bektashi, orthodoxe und katholische Glaubensrichtung etabliert. Während dieser Zeit, sagt Herr Sinani, blühte in Albanien auch eine jüdische Gemeinschaft in Vlora, die nach Instanbul und Thessaloniki die drittgrößte Stadt auf dem Balkan in Bezug auf den Judenanteil war. An dieser Stelle ist zu ergänzen, dass die protestantische Gemeinschaft schon Anfang des 19. Jh. in Albanien präsent war und sich in vielen Teilen Albaniens verbreitete. Herr Sinani ist der Meinung, dass aufgrund dieses breiten Marktes, die Verbreitung und Etablierung der verschiedenen religiösen Missionen und Organisationen in Albanien einfacher und ausgesöhnter als in anderen Balkanstaaten verlief.

Herr Bernd Borchardt und Herr Hans Ahlfeld heben die Toleranz unter den Religionen und das friedliche Zusammenleben von Christen und Muslimen als

Besonderheit Albaniens hervor. Herr Mark Marku bringt noch einen weiteren Aspekt zum Ausdruck. Wie auch Herr Shkullaku, erläutert Herr Marku als Besonderheit Albaniens das friedliche Zusammenleben ohne Konflikte unter allen Religionen. Zusätzlich fügt er hinzu, dass ein solches Zusammenleben auch ohne staatliche Strukturen bei den Albanern möglich ist, da diese Kultur tief in den Albanern steckt.

Wie aus den Antworten der Experten hervorgeht, hat Albanien auf dem breiten „Markt" der Religionen einige Besonderheiten. Toleranz, Harmonie und Zusammenleben sind die auffälligsten Begriffe, die immer wieder auftauchen. Auch wenn diese Frage nach den Besonderheiten Albaniens eingeschränkt auf den Zeitraum nach den 90er Jahren gestellt wurde, so soll doch an dieser Stelle hervorgehoben werden, dass diese Besonderheiten eine tiefe geschichtliche Basis haben. Diese sind übereinstimmend sowohl in der Geschichtsliteratur als auch in den Zeugnissen der Gegenwart festzustellen. Eine Kritik, die einige Historiker anbringen, sagt, dass die Ursprünge der Toleranz, der Harmonie und des friedlichen Zusammenlebens der Religionen in der Zeit der türkischen Besatzung liegen, d.h. im 15.Jh. Herr Alfred Moisiu, der frühere Präsident der Republik Albanien, erklärte in seinem Vortrag über *„The inter-religious tolerance in the tradition of the Albanian people"* im Oxford Forum in London im Jahre 2005, dass diese Toleranz unter den Albanern bereits vor der türkischen Eroberung existiert hat. Die albanischen Gebiete waren an den Grenzen der Kirchenspaltung im Jahr 1054. Dort trafen sich und trennten sich die zwei großen Reiche des Mittelalters und trotzdem, wie Präsident Moisiu bestätigt, galt:

> „The two Empires and the two Churches, although strong revivals and adversaries of one another, never became a cause for conflict among the Albanians."[317]

Weiterhin sieht Präsident Moisiu als Ursprung dieser Toleranz den christlichen Kern in jedem Albaner. Er begründet:

> „The Albanians are often called a Muslim people or with a Muslim majority. This is a very superficial reading of the Albanian reality. First of all, because Islamism in Albania is neither a resource religion, nor a religion spread at the time of origin. It is neither a residential belief, but it is an imported and inherited phenomenon in the language and liturgy of the factor that brought it. The Islamism in Albania is an Islam with a European Face."[318]

Diese Einstellung hat Albanern geholfen, den Islam während der osmanischen Besatzung anzunehmen und diese Religion an ihre Region anzupassen

---

[317] Lecture of President Alfred Moisiu at the Oxford Forum on „The inter-religious tolerance in the tradition of the Albanian people". November 9, 2005, London. p.5

[318] Ebd. S.7

und trotzdem in Frieden mit den anderen Religionen zu leben, auch wenn z.b. manche Religionen innerhalb des Osmanischen Reiches einen eigenen *„millet"* Status hatten, also als eine eigene Volksgemeinschaft betrachtet wurden, wie z.b. die Orthodoxen oder die Muslime

Weiterhin sind die Ursprünge der Toleranz und Harmonie und des friedlichen Lebens zwischen den Religionen auch in dem gemeinsamen Leiden unter dem kommunistischen System zu sehen. Wie kurz unter Kapitel 5.3 erwähnt, erlitten viele Geistliche den Märtyrertod, viele andere wurden in den kommunistischen Gefängnissen und Lagern gefoltert. Nur wenige überlebten. Der Leidensweg jedes einzelnen Geistlichen, ob muslimisch, bektashi, orthodox, katholisch oder protestantisch, wurde nach der Wende gewürdigt, indem man die schöne Tradition der interreligiöse Toleranz und Harmonie, die sie auch gemeinsam durch die Zeit der Folter und Unterdrückung mitgetragen hatten, weiter fortführte. Hans Ahlfeld bestätigt dies durch seine Aussage:

„Insgesamt ist ein entscheidender Punkt, dass ALLE Religionen gleichermaßen unter dem Regime gelitten haben. Das hat sie zusammen geschweißt und daher gibt es kein Land in Europa (...der Welt!??) in dem so tolerant untereinander / miteinander umgegangen wird."[319]

Auch heute versuchen die Religionsgemeinschaften in Albanien diesen Wert zu bewahren. Das ist in ihren Aktivitäten, im Verhalten der Geistlichen und im alltäglichen Leben der Gläubigen bemerkbar. Hierbei gibt es einige „Schlüssel":

- „Die Albaner schätzen auch Menschen anderer Religionen als Freunde"
  – um es mit den Worten eines Experten der Religionsgemeinschaften auszudrücken. Anders gesagt bedeutet das einen gegenseitigen Respekt, der nicht nur in Worten, sondern auch in Taten ausgedrückt wird. Die geistlichen Leiter der Religionsgemeinschaften besuchen sich bei religiösen Feierlichkeiten gegenseitig. Sie treten zusammen in der Öffentlichkeit auf und nehmen gemeinsam zu wichtigen Themen Stellung, die sie dann auch durch das interreligiöse Konzil Albaniens veröffentlichen. Dieser gegenseitige Respekt findet seinen Ausdruck auch unter den Albanern selbst. In einer Familie werden z.B. nicht nur die christlichen Feste, sondern auch die muslimischen gefeiert.
- „...und das hat sie nicht davon abgehalten auch mit anderen gut zusammenzuarbeiten."
  – so sagt der gleiche Experte weiter. Anders ausgedrückt: Die verschiedenen Religionen arbeiten gut zusammen, um dem Land zu dienen. Ein Er-

---

[319] Vgl. hierzu das Interview vom 04.05.2010 mit Herrn Hans Ahlfeld, WA-Office-Consulting. S. Anhang. S.108

scheinungsbild dieser Zusammenarbeit beschreibt ein Vertreter der Religionsgemeinschaften in einer Episode:

> „Eine Gruppe, zusammengesetzt aus einigen orthodoxen Priestern und Bektashi Lei-
> tern, ist nach Amerika geflogen, um einige Aktivitäten der dortigen Glaubensge-
> meinschaften zu besuchen. Ein orthodoxer Priester und ein Bektashi Leiter waren in
> Detroit unterwegs, als vor ihnen ein Auto anhielt. Der Mann im Auto fragte sie ob
> sie Albaner seien. Überrascht fragten der orthodoxe Priester und der Bektashi Leiter,
> wie der unbekannte Mann sie denn erkannt hatte. Der Mann antwortete: Nur in Al-
> banien ist es möglich dass ein orthodoxer Priester und ein Bektashi Leiter zusammen
> bleiben."[320]

Zu der guten Zusammenarbeit gehört auch das Treffen bei offiziellen und
informellen Anlässen. Die gegenseitige Akzeptanz und Identitätsanerkennung
sind ein wichtiger Punkt für die Toleranz und Harmonie zwischen den Religionen. Die verschiedenen Religionsgemeinschaften respektieren sich gegenseitig
in dieser Hinsicht. Hans Ahlfeld erzählt über seine Erlebnisse:

> „Die Toleranz untereinander: Besonders hervorzuheben [...] ist Berat, wo Moschee
> und Kloster unmittelbar nebeneinander liegen. (Ich bin Ehrenbürger von Berat seit
> dem 3. Oktober 2003 und in der Feierstunde haben die kirchlichen Spitzen aller Re-
> ligionen eine kleine Laudatio gehalten und anschließend alle beieinander gesessen,
> zusammen gegessen und gefeiert. Das hat mich tief beeindruckt!)"[321]

- Ein sehr wichtiger Schlüssel ist das friedliche Zusammenleben, anders ausgedrückt, ein Zusammenleben ohne Konflikte. At Gjergj Fishta, ein katholischer Priester, dessen Werk im Kommunismus verboten wurde, würdigte
diesen Wert in den 30er Jahren symbolisch, indem er in Shkodra das Mina-
rett der Moschee und den Kirchturm der Kirche als Zeichen des Friedens
zwischen den Religionen mit einer strahlenden Lichterkette verband[322]. Zu
erwähnen, ist auch die Würdigung der geistlichen Leiter der vier traditionellen Religionsgemeinschaften am 05. April 2010 durch den Albanischen Präsidenten, Herrn Bamir Topi. In seiner Rede anlässlich der Verleihung des
Skanderbegs Ordens betonte der Präsident die Rolle der Religionsgemeinschaften und deren geistlicher Leiter und ehrte sie für ihre Taten zur Bewah-

---

[320] Vgl. hierzu das Interview vom 26.04.2010 mit Herrn Andon Merdani, Orthodoxe Autokephali-
sche Kirche Albaniens. S. Anhang. S.25

[321] Vgl. hierzu das Interview vom 04.05.2010 mit Herrn Hans Ahlfeld, WA-Office-Consulting. S.
Anhang. S.110

[322] Hasanaj (2010): Shqipëria – Vendi i harmonisë fetare. S.2

rung und Fortführung der interreligiösen Toleranz, Harmonie und des friedlichen Zusammenlebens.[323]

- Als bedeutungsvoll ist auch die Rolle der Religionsgemeinschaften bei der Staats- und Kulturbildung und in der Übertragung von Werten anzusehen. In diesem Sinn sind auch die jahrhundertealten ethno-kulturellen Werte der Gastfreundschaft und des Ehrenwortes (Besa) zu verstehen. Die Toleranz und Harmonie spielen in diesen Werten eine sehr wichtige Rolle: *„Das Haus eines Albaner gehört Gott und dem Gast"* *(Shtëpia e shqiptarit është e Zotit dhe e mikut)*. Dieses alte Sprichwort wird von Generation zu Generation vererbt. Ein Albaner sieht sein Zuhause als ein Dach für alle Gäste, unabhängig davon welcher Religion sie angehören. Jeder wird geehrt und respektiert.

8.3 Ein möglicher Beitrag Albaniens im Prozess der Integration in die Europäische Union

Albanien ist auf seinem europäischen Weg, der offiziell eröffnet ist. Das Land bereitet sich auf die Integration in die Europäische Union vor. Diese Integration soll aber als ein gegenseitiger Austausch von Werten verstanden werden. Albanien ist ein kleines Land und wie auch Herr Marku sich äußert, haben es die kleinen Länder schwierig in einem großen Rahmen von Werten einen spezifischen Wert anzubieten. Deshalb die Frage, die sich an dieser Stelle stellt, ist, was ein Beitrag Albaniens für die Europäische Union sein könnte.

Abbildung 13: Themenkomplex 11[324]: Ein möglicher Beitrag Albaniens im Prozess der Integration in die Europäische Union

Gruppe 1: Vertreter der Religionsgemeinschaften	
1.	Die islamischen Glaubensrichtungen
	a.	Der Vertreter der Muslime, Herr Dorian Demetja
		Die Fortführung dieser Harmonie und Toleranz unter den Religionen als Modell und Vorbild für die Europäische Union.

---

[323] Die offizielle Internetseite des Präsidialamtes Albaniens: Përshëndetja e Presidentit Topi në ceremoninë e dekorimit të katër udhëheqësve më të lartë shpitërorë të bashkësive fetare shqiptare. (Grußwort des Präsidenten Topi anlässlich der Auszeichnung der vier religiösen Leiter der Religionsgemeinschaften in Albanien).
In: http://www.president.al/shqip/info.asp?id=5750 (eingesehen am 27.08.2010)

[324] Notiz A.M.: Siehe Frage 11 im Muster des Leitfadens der Interviews im Anhang. S.6

	b.	**Der Vertreter der Bektashi, Herr Syrja Xhelaj**
		Je nach den Möglichkeiten, natürlich nicht für ewig, denke ich, dass Albanien in der Europäischen Union einen wertvollen Beitrag auf sozialem Gebiet leisten könnte. Dieser Beitrag bezieht sich auf die albanische Familie. Trotz der Schwierigkeiten und unserer grotesken Übergangszeit, trotz Auswanderungen, ist die albanische Familie im Allgemeinen hervorragend im Rahmen des islamischen Modells geblieben.
2.	**Die christlichen Glaubensrichtungen**	
	a.	**Der Vertreter der Orthodoxen, Herr Andon Merdani**
		Ein Beitrag ist auf jeden Fall der gute Wert der interreligiösen Toleranz und Harmonie, der in Albanien existiert. Oft werden Besucher von den guten Beziehungen zwischen den Glaubensgemeinschaften und unter der Bevölkerung überrascht. […] Alle stellen das fest und äußern sich oft, dass dies etwas Einmaliges für Albanien ist. Es ist ein Wert, der nicht nur in der Region, sondern auch im Allgemeinen gefördert werden soll. […]
	b.	**Der Vertreter der Katholiken, Herr Don Gjergj Meta**
		Religiöse Toleranz könnte ein möglicher Beitrag sein.
	c.	**Der Vertreter der Evangelischen Allianz Albaniens, Herr Fitor Muça**
		Europa ist als ein christlicher Raum mit einer Geschichte von über 2000 Jahren bekannt, in dem heute auch einige Strömungen anderer Religionen bemerkbar sind. Wenn Albanien der Europäischen Gemeinschaft beitritt, wird es auch seine religiöse Situation mitbringen. Dies wird eine Hilfe für die Europäische Union (EU) sein, die immer noch in dem Dilemma der Aufnahme der Türkei in die EU steckt. Es genügt wenn die EU in dieser Hinsicht nach Albanien sieht, um zu verstehen, wie es in der Zukunft aussehen wird. Wir kommen zu Europa als ein fertiges Modell für die Zukunft und Europa kann sich selbst sehen, wo es in der Zukunft sein wird.
	d.	**Der Vertreter der Apostolischen Kirche Pogradec, Herr Ardi Shkullaku**
		Wir gehören nicht nur einfach geografisch und kulturell zu Europa, wir haben auch unsere eigene, besondere Identität und Kultur, die durch unsere einzigartige Geschichte in Europa heraussticht. Was wir vielleicht noch mehr als Beitrag für die Europäische Union leisten können, ist wahrscheinlich wirklich der Aspekt der interreligiösen Harmonie in einem Europa welches aufgrund der Immigration demografisch und kulturell immer heterogener wird.

Gruppe 2: Vertreter der Gesellschaft, der Politik und des Staates		
1.	Vertreter der Gesellschaft und Politik	
	a.	Der inländische Vertreter, Herr Mark Marku
		Die kleinen Länder haben es schwer in einem großen Rahmen von Werten einen spezifischen Wert anzubieten. Ich denke, dass das religiöse Zusammenleben das Beste ist, was wir haben und ich finde es schade, dass es in Europa nicht so bekannt ist. [...]
	b.	Der ausländische Vertreter, Herr Bernd Borchardt
		Ich habe den Eindruck, dass die albanischen Religionsgruppen einen positiven Beitrag zum Diskurs zwischen den Religionen und Konfessionen in Europa leisten können.
	c.	Der ausländische Vertreter, Herr Hans Ahlfeld
		Diese gelebte Toleranz als Beispiel in die EU einbringen! Alle bisherigen EU-Staaten können daraus lernen und dadurch vielleicht ihre Kirchen wieder „füllen"! [...]
2.	Vertreter des Staates	
	a.	Der jetzige Vertreter (Staatliches Komitee für Glaubensfragen), Herr Rasim Hasanaj
		Albanien gibt ein absolut positives Beispiel in Bezug auf die interreligiösen Beziehungen. Heute ist es ein Modell der interreligiösen Beziehung für die Welt. [...] Wenn Europa Glaubensmehrheiten hat, wie z.B. die Türkei, Griechenland usw., hat Albanien eine Vielzahl an Glaubensrichtungen und Religionen und erkennt keine Mehrheit an. [...] Wir bevorzugen keinen Glauben, sowie es in Griechenland oder Kroatien der Fall ist. Albanien ist in dieser Hinsicht besonders. Es bewahrt fanatisch die Kultur des Zusammenlebens der vier Religionsgemeinschaften welche historischen Wert hat.
	b.	Der ehemalige Vertreter (Staatliches Komitee für Glaubensfragen), Herr Fatri Sinani
		[...] ich denke, dass der größte Beitrag Albaniens bei der Integration in die Europäische Union die Kultur sein wird, die jahrhundertealte kulturelle Tradition einer der ältesten Ethnien auf dem Kontinent.

Quelle: Eigene Darstellung

Auffällig bei diesem Thema ist die Einstimmigkeit in den Antworten der meisten Vertreter der Religionsgemeinschaften. Die Vertreter der Muslime, der Orthodoxen, der Katholiken und der Protestanten sind der Meinung, dass ein möglicher Beitrag Albaniens für die Europäische Union die Fortführung dieser Harmonie und Toleranz unter den Religionen ist. Dieser Wert soll nach deren Meinung weiter gefördert werden und für andere Länder als ein gutes Beispiel dienen. Herr Fitor Muça sieht die religiöse Situation in Albanien als ein fertiges Beispiel für die Zukunft Europas. Einen ganz anderen Aspekt des Beitrags Albaniens für die EU bringt der Vertreter der Bektashi, der der Meinung ist, dass die albanische Familie im Rahmen des islamischen Modells ein Beispiel für die EU sein kann.

Auch die Vertreter der Gesellschaft, der Politik und des Staates sind in ihrer Meinung einig. Ihre Aussagen beziehen sich auf das religiöse Zusammenleben, das Verhältnis unter den Religionen, die gelebte Toleranz und die jahrhundertalte kulterell Tradition Albaniens.

Diese Aussagen bringen zum Ausdruck, dass die interreligiöse Toleranz und Harmonie, sowie das friedliche Zusammenleben der Leiter der Gemeinschaften und der Glaubenden ein Beitrag Albaniens als potentieller EU Mitgliedskandidat für die Europäische Union sein könnten. Die Befürchtung, dass diese Einheit eine Illusion ist, bzw. ein Mythos, ist in keinem der untersuchten Interviews oder der Literatur, weder der Gegenwart noch der Vergangenheit gestützt oder belegt worden. Gerade das Gegenteil wurde immer wieder lobend und als vorbildlich erwähnt.

8.4 Zusammenfassung: Was kann von Albanien gelernt werden?

Im Europa-Lexikon von Wolf Gruner und Wichard Woyke wird Albanien, verglichen mit anderen ost- und südosteuropäischen Staaten, als ein Staat mit den schwächsten Traditionen eines demokratischen Pluralismus und einer zivilen Kultur bezeichnet.[325] Dieser sehr starken Formulierung widerspreche ich teilweise. Das Verhältnis der Religionen ist ein gutes Beispiel einer vielfältigen, zivilen Kultur, die die höchsten Werte trägt und besonders in ganz Europa ist. Festgestellt in den Interviews und ergänzt durch einen beachtlichen Umfang an Literatur der Gegenwart und der Geschichte und selbst in der Praxis erlebt ist dieses gute Verhältnis der Religionen in Albanien ein wertvoller Orientierungsrahmen für die Europäische Union. Von Albanien können also gelernt werden: Praktizierte Religionsfreiheit, Religionsvielfalt, Religionsfriede, Religionsakzeptanz, Religionstoleranz, Religionsharmonie, gutes Zusammenleben ohne Konflikte und gute Zusammenarbeit. Die Annahme mancher, dass dies ein Mythos sei, ist hiermit also klar widerlegt, wie auch in Kapitel 8.1. dargestellt.

Albanien ist eine nach-atheistische Gesellschaft, und gerade darin vermag es, in einer großen Offenheit die verschiedenen Religionen anzuerkennen. Dies könnte für viele Staaten des ehemaligen Ostblocks fruchtbar gemacht werden. Weiterhin ist auch die gelebte Trennung zwischen Staat und Gesellschaft ein positiver Impuls für andere EU Länder. Albanien muss sich diese Tradition er-

---

[325] Gruner; Woyke (Hrsg.): Europa-Lexikon....S.367

halten, auch wenn in der Vergangenheit Bestrebungen erkennbar waren, die verfassungsmäßige Besonderheit der Vereinbarungen mit den Religionsgemeinschaften durch ein in der Verfassung nicht erwähntes Religionsgesetz zu ergänzen, oder zu untergraben, so hat es sich doch gezeigt, dass sich Albanien immer wieder für die Trennung zwischen Staat und Religion entschieden hat und an dieser verfassungsmäßigen Besonderheit auch in der Praxis festgehalten hat. Die Säkularität in Albanien soll jedoch, wie schon einige Historiker das darzustellen versuchen, nicht als „atheistisch" oder religionslos bzw. „ungläubig" verstanden oder interpretiert werden.

Diese Eigenschaften sind keine historisch-bedingten Eigenschaften, die nur in Albanien festzustellenden sind. Sie sind ebenso nicht die einzigen Eigenschaften, die von Albanien übernommen oder gelernt werden können. Es war auch bezeichnend, dass in keinem der Interviews über die jeweils andere Gruppe negativ geredet wurde. Auch die Medien halten sich mit Wertungen von Glaubensgemeinschaften zurück, wenn man von einzelnen Ausnahmen absieht. Die Kommunikation auf Augenhöhe unter den religiösen Leitern, die Religionstoleranz ohne Infragestellung oder Schwächung der eigenen Identität, die Anpassung der Religionen an die Besonderheiten des Landes, der erklärte Wille zur Klärung von Spannungsfällen sowie die Übersicht, die die muslimische und bektashi Religionsgemeinschaften, sowie das Staatliche Komitee für Glaubensfragen über die muslimischen Sekten in Albanien haben, sind weitere Eigenschaften, die ein Orientierungsrahmen für die Europäische Union sein können und die in Albanien stark ausgeprägt sind.

Diese Werte sind allerdings nicht ewig. Sie müssen gepflegt und bewahrt werden. Die Kultur des Dialogs, des Austausches und des Brückenbaus zwischen verschiedenen Kulturen soll weiter gefördert werden. Durch diese Kultur ist es leichter die Herausforderung des neuen Jahrhunderts, vor dem wir als Europäer stehen, zu bewältigen. Wie auch Art. 1 des Europäischen Kulturabkommens vom Jahr 1954 besagt, verpflichtet sich jede Vertragspartei zu geeigneten Maßnahmen *„zum Schutz und zur Mehrung ihres Beitrags zum gemeinsamen kulturellen Erbe Europas".[326]* Aufgrund meiner Untersuchungen, der Befragungen und der themenbezogenen Literatur kann man deshalb die gestellte Forschungsfrage mit einem Ja beantworten. Albanien als ein historisch europäisches Land würde diesem gemeinsamen europäischen Kulturerbe bewährte Werte verleihen. Das Beispiel Albaniens der Akzeptanz und Toleranz verschiedener Religionen in Anpassung an die nationale Kultur könnte ein Orietierungsrahmen auch für andere EU-Länder sein.

---

[326] Häberle (1997): Europäische Rechtskultur. S.10

9 Epilog

Diese Arbeit wurde im September 2010 im Rahmen der Masterstudien im Bereich „European Studies" an der Universität Leipzig erstellt. Inzwischen gibt es in Albanien neue Entwicklungen, über die ich hier noch berichten möchte. 2012 ist ein wichtiges Jahr, nicht nur wegen der symbolischen Bedeutung der Zahl 2012 (Maya – Kalender, Spekulationen über das Weltende) und wegen der großen politischen Ereignisse (Griechenland, Euro, Präsidentenwahlen, usw.), sondern auch für etwas anderes: Albanien – hofft darauf, als Kandidat für den Beitritt in die Europäische Union (EU) aufgenommen zu werden. Manche werden vielleicht zynisch lächeln, denn in der aktuellen politischen und wirtschaftlichen Situation der EU erscheint eine weitere Erweiterung fast undenkbar. Hier fällt mir ein Satz des Fußballers Andi Möller ein, der aus Anlass eines Sieges in den 90er Jahren sagte: „Wir sind an ein Limit gekommen, wo es im Moment nicht drüber geht.". Dieser Satz stellt für manche aktuell die Situation der EU dar. Albanien hat sich aber große Ziele gesetzt und will den Kandidaten-Status noch innerhalb des Jahres 2012 erreichen.

Warum 2012? In diesem Jahr wird das 100. Jubiläum der Unabhängigkeit Albaniens seit der Proklamation im Jahr 1912 gefeiert. Diese 100 Jahre kennzeichnen gleichzeitig die Geschichte und den Versuch einen „soliden" Staat zu bilden. Schon damals, wie im Hauptteil dieser Arbeit erwähnt, bestanden die erste albanische Regierung, sowie die nachfolgenden, aus Christen und Muslimen. Das war eine Besonderheit für diese Zeit und ein starkes Zeichen für Harmonie und gutes Zusammenleben der verschiedenen Religionen in Albanien.

Dieser Harmonie und diesem Zusammenleben wird besondere Aufmerksamkeit geschenkt, sowohl von den verschiedenen Glaubensgemeinschaften selbst, die einen interreligiösen Dialog pflegen, als auch vom albanischen Staat, der diesen Glaubensgemeinschaften staatliche Anerkennung verleiht. Bis September 2010 waren in Albanien vier Glaubensgemeinschaften (die katholische, die orthodoxe, die muslimische (sunnitisch) und die bektashi) staatlich anerkannt. Dies ist eine Besonderheit der albanischen Verfassung, die aus Artikel 10, Abs.5 abgeleitet wird und vorsieht, dass Vereinbarungen zwischen den Religionsgemeinschaften und dem Staat abgeschlossen werden. Glaubensgemeinschaften, die vom albanischen Staat erst nach der Beendigung der Masterarbeit anerkannt wurden, sind die protestantische und die jüdische Glaubensgemeinschaft.

Im Oktober 2011 wurde eine Volkszählung durchgeführt (wie in Punkt 6.4.3. später bereits angekündigt), allerdings sind bisher nur einzelne Ergebnisse daraus veröffentlicht worden. Zahlen darüber, wie viele Einwohner Albaniens sich zu welchen Glaubensgemeinschaften bekennen, sind immer noch nicht bekannt gegeben worden. Interessanterweise wurde auch die Art der Formulierung der Fragen zu diesem Thema bereits vor der Befragung intensiv in der albanischen Öffentlichkeit diskutiert. Die vorgelegte Variante überlässt es dem Ausfüllenden weitestgehend selbst, seine Weltanschauung zu formulieren. Es war keine der – auch vom Staat zu diesem Zeitpunkt anerkannten – Religionsgemeinschaften namentlich aufgelistet, in denen z.b. durch ankreuzen die Zugehörigkeit mitgeteilt werden konnte. Insofern ist möglicherweise die Auswertung und Veröffentlichung der gewonnenen Erkenntnisse erschwert bzw. kann auch Anlass zu weiteren Diskussionen innerhalb der Religionsgemeinschaften werden. Sicher werden die Veröffentlichungen dazu eine weitere Bewährungsprobe bestehen müssen, an der erkannt werden kann, wie tief die gegenseitige Toleranz und Akzeptanz wirklich ist.

Durch das Gesetz Nr. 10394 vom 10.03.2011 wurden die Protestanten als fünfte Glaubensgemeinschaft anerkannt. Der Wortlaut der Vereinbarung mit der protestantischen Glaubensgemeinschaft ist weitestgehend gleichlautend mit den früheren Vereinbarungen mit den anderen Glaubensgemeinschaften.[327] Der Staat erkennt die protestantische Religionsgemeinschaft als Institution an und ermöglicht eine Reihe von Erleichterungen zu ihren Gunsten wie z.B. Befreiung von Steuern, Eröffnung von Bildungsstätten auch mit religiösem Charakter, Durchführung sozialer Aktivitäten. Ebenso die Nutzung der Möglichkeiten der öffentlichen Kommunikation, die Unantastbarkeit der religiösen Institutionen, den Schutz des religiösen Erbes, die Anerkennung der religiösen Feiertage, die Verknüpfung der Kontakte mit ausländischen Religionsgemeinschaften, soweit dies nicht gegen andere albanische Gesetze verstößt. Der Staat erkennt auch die Prinzipien der Organisation, der Tätigkeit, den juristischen Charakter der Glaubensgemeinschaft an und all die anderen Organisationen, die mit der protestantischen Glaubensgemeinschaft zur Erfüllung ihrer Mission zusammen arbeiten möchten oder auch Teil dieser Religionsgemeinschaft werden wollen.

Ebenso wie bei den Vereinbarungen mit den anderen Glaubensgemeinschaften setzt sich der Staat dafür ein, die Restitution der religiösen Einrichtungen und des Eigentums der Religionsgemeinschaft, die während des Kommunismus enteignet wurden, zu sichern. Was aber bei der Vereinbarung mit der protestantischen Glaubensgemeinschaft im Vergleich zu den anderen fehlt, ist die Möglichkeit, Finanzierungen vom albanischen Staat zu bekommen. Da stellt sich die Frage, ob der Staat gerecht und gleich behandelt und ob eine solche mögliche Finanzierung durch den Staat der Unabhängigkeit der Religionsge-

---

[327] Vgl. mit Punkt 7.2.

meinschaft schadet (gemäß dem Sprichwort: Wes' Brot ich ess, des' Lied ich sing)? Es bleibt abzuwarten, wie sich dies weiter entwickelt.

Ein interessanter Punkt in dieser Vereinbarung ist Artikel 14, der besagt, dass diejenigen protestantischen Organisationen, die als juristische Person im Gericht registriert und unter dem Dach der Evangelischen Allianz sind, von verschiedenen Steuern ausgenommen sind, wenn sie z.b. zweckgebundene oder andere Spenden oder jedes andere legale Einkommen für die Erfüllung der eigenen Mission bekommen. Das Gleiche gilt wenn sie neue Gebäude bauen, die der Erfüllung ihrer Mission dienen, oder wenn sie Gebäude von einer Organisation zur anderen verschenken. Oder: wenn sie Gebäude einer Organistaion einer anderen schenken.

Nach der Anerkennung der protestantischen Glaubensgemeinschaft wurde interessanterweise sehr schnell bekannt, dass auch die jüdische Gemeinschaft als Glaubensgemeinschaft anerkannt werden soll. Laut Aussage des Vorsitzenden des Parlamentsausschusses für die albanisch-israelischen Freundschaft, Herrn Fatbardh Kadilli, gibt es bis jetzt seit der Anerkennung der Glaubensgemeinschaft im September 2011 noch keine unterschriebene Vereinbarung, sondern nur einen Beschluss der albanischen Regierung über die Anerkennung dieser Glaubensgemeinschaft. Außerdem gibt es gegenseitige Absichtserklärungen über die Verstärkung der diplomatischen und wirtschaftlichen Beziehungen. Das wurde während des Besuchs des israelischen Außenministers, Advigdor Lieberman[328], im Juni 2011 in Albanien und während des Besuchs des albanischen Premierministers, Prof. Dr. Sali Berisha, im November 2011 in Israel stark zum Ausdruck gebracht.[329] Um die Zusammenarbeit weiter zu verstärken, wird erwartet, dass der Staat Israel im Jahr 2012 eine diplomatische Vertretung in Albanien eröffnet. Im September 2011 wurde bereits die erste Synagoge eröffnet. Der Rabiner, der zuständig für Albanien ist, ist Yoel Kaplan.

Einerseits ist es zu begrüßen, dass die Staaten Israel und Albanien näher zusammen kommen, andererseits ist es als kritisch anzusehen, wenn die Verstärkung der diplomatischen und wirtschaftlichen Beziehungen Auswirkung auf die

---

[328] Karadaku: Albania works to lure Israeli investors. In: SETimes vom 1. Juli 2011 In: http://www.setimes.com/cocoon/setimes/xhtml/en_GB/features/setimes/features/2011/07/01/feat ure-01 (eingesehen am 20.02.2012)

[329] Keinon: FM tells Albanian PM-Israeli embassy to open in Albania. In: The Jerusalem Post vom 22.11.2011.
In: http://www.jpost.com/DiplomacyAndPolitics/Article.aspx?id=246485 (eingesehen am 20.02.2012)
Siehe hier auch: Die offizielle Seite des albanischen Ministerrats: Kryeministri Berisha informon në mbledhjen e Këshillit të Ministrave lidhur me vizitën e zhvilluar në Izrael (Premierminister Berisha informiert in der Ministerratssitzung über seinen Besuch in Israel) vom 23.11.2011. In: http://www.keshilliministrave.al/?fq=brenda&m=news&lid=15604 (eingesehen am 20.02.2012)

Anerkennung als Glaubensgemeinschaft hat, wobei man hier nicht vergessen soll, dass Israel ein Religionsstaat ist. Auf den Aspekt und die Bedeutung der Trennung von Staat und Religion bin ich in den vorausgegangenen Kapiteln ausführlich eingegangen.

Albanien ist ein vielfältiges Land und die verschiedenen Glaubensgemeinschaften sind ein interessantes Beispiel dafür. Das fand auch erneute Bestätigung im „International Religious Freedom Report" des U.S. Department of State für das Jahr 2010. Betont wird insbesondere der gute Umgang zwischen den Glaubensgemeinschaften untereinander und die Harmonie, die in Albanien diesbezüglich herrscht.[330] Auch der neuste Fortschrittsbericht der Europäischen Kommission über Albanien hebt die gute kontinuierliche Koexistenz der Religionen hervor.[331] Albanien gilt immer noch als ein gutes Beispiel der religiösen Vielfältigkeit und Harmonie und nach wie vor bin ich der Meinung, dass Albanien als potentielles Beitrittsland hierfür einen Orientierungsrahmen innerhalb der Europäischen Union geben könnte.

---

[330] U.S. Department of State: 2010 Report on International Religious Freedom: Albania. In: http://www.state.gov/j/drl/rls/irf/2010/148905.htm (eingesehen am 20.02.2012)
[331] European Commission (2011): Albania 2011 Progress Report. Brussel. S. 18.

Quellen- und Literaturverzeichnis

Akademia e Shkencave e Shqipërisë (Die albanische Akademie der Wissenschaften) (2002): Historia e Popullit Shqiptar I (Geschichte des albanischen Volkes). Tiranë: Toena

Archiv der Nehemia Stiftung Albanien: Balkan Gathering „Strengthening Friendship" (Zugang am 28.April 2010)

Aref, Mathieu (2007): Shqipëria. Odiseja e pabesueshme e një populli parahelen. (Albanie. Ou l'incroyable adyssee d'un peuple prehellenique). Tiranë: Plejad.

Baba Rexhepi (1976): Mistiçizma Islame dhe bektashisma. (Islamische und bektashi Mystizismen) 3. Aufl. (2006). Tiranë: Urtësia.

Bartetetzko, Dieter (2009): Zu viel Istanbul, zu wenig Duisburg. FAZ 286 vom 09.12.2009. S.31

Bartl, Peter (1968): Die albanischen Muslime zur Zeit der nationalen Unabhängigkeitsbewegung (1878 – 1912). Wiesbaden: Otto Harrassowitz.

Bartl, Peter: Religionsgemeinschaften und Kirchen in Grothusen, Klaus-Detlev (Hrsg.): Albanien. Mit 138 Tabellen. Göttingen: Vandenhoeck & Ruprecht. (1993). S.587-614.

Bartl, Peter (1995): Albanien. Regensburg: Pustet.

Basha, Ali M. (2000): Islami në Shqipëri gjatë shekujve. (Der Islam in Albanien während der Jahrhunderte). Tiranë: Biblioteka Islame.

Benincasa, Rino (1995): Der Pharao des Sozialismus und der Söhne des albanischen Adlers. Lengwil: PrismaPoint.

Betz, Hans Dieter; Browning, Don S.; Janowski, Bernd; Jüngel, Eberhard (Hrsg.): Religion in Geschichte und Gegenwart. Handwörterbuch für Theologie und Religionswissenschaft. Band 1. 4. Aufl. Tübingen: Mohr Siebeck. (1998).

Biçaku, Dashamir: Amerikanët marrin dosjen Gërdeci (Die Amerikaner übernehmen den Gërdeci Fall) vom 10.04.2008. In: http://www.panorama.com.al/index.php?id=12976 (eingesehen am 21.07.2010)

Bremer, Jörg: Die Heimkehr der albanischen Juden in Israel in FAZ vom 8. Mai 1991. In: http://cf.jiddisch.org/kehilot/albania/alban-allg.htm (eingesehen am 21.07.2010)

Clayer, Nathalie: Der Balkan, Europa und der Islam. In: http://wwwg.uni-klu.ac.at/eeo/Clayer_Balkan (eingesehen am 18.04.2010)

Clayer, Nathalie: Islam, State and Society in Post-Communist Albania. In: Poulton, Hugh; Taji-Farouki, Suha (ed.): Muslim Identity and the Balkan State. London: Hurst & Company. (1997). pp.115-139.

Clayer, Nathalie: Miti i Ali Pashës dhe bektashinjtë (ose mendime mbi një „Histori Kombëtare të bektashinjve shqiptarë") [The myth of Ali Pasha and the bektashi (or thoughts for „An Albanian bektashi national History"]. In: Endeavour (Përpjekja), issue: 15+16 / 1999, pages: 39-43, on www.ceeol.com.(eingesehen am 01.07.2010).

Clayer, Nathalie (2007): Në fillimet e nacionalizmit shqiptar. Lindja e një kombi me shumicë myslimane në Europë (Aux origines du nationalisme albanais. La nassance d'une nation majoritairement muslumane en Europe). Tiranë: Marin Barleti.

Commission of the European Communities: Albania 2009 Progress Report. In: http:// mie.gov.al/skedaret/1256019592-AL_Rapport.pdf (eingesehen am 23.07.2010)

Della Rocca, Roberto Morozzo (1990): Nazione e religione in Albania (Nation und Religion in Albanien). Nardo: Besa.

Der Lissabon Vertrag über die Europäische Union und der Vertrag zur Gründung der Europäischen Gemeinschaft vom Dez.2007. In: *europa.eu/lisbon_treaty/index_de.htm (eingesehen am 22.07.2010)*

Dervishi, Shaban; Çaushi, Ilira N.: Fetë në Shqipëri. Shembull i bashkëjetesës së diversiteteve brenda një kulture (The religions in Albania. An Example of the Coexistence of Diversities within a culture.). In: Historical Studies (Studime Historike), Issue 3-4 /2002, 81-90 on www.ceeol.com

Die Bibel „Hoffnung für alle". 2. Aufl. der revidierten Fassung (2002). Basel: Brunnen Verlag.

Die offizielle Internetseite der Bektashi Gemeinschaft Albaniens. In: http://www.komunitetibektashi.org (eingesehen am 03.07.2010)

Die offizielle Internetseite der Evangelischen Allianz Albaniens. In: http://www.vush.org (eingesehen am 18.07.2010)

Die offizielle Internetseite der Kirche Jesu Christi der Heiligen der Letzten Tage. In: Albanien. In: http://www.mormon.al/informacion-rreth-kishes/kisha-ne-shqiperi/filli met-e-kishes-ne-shqiperi.html (eingesehen am 18.07.2010)

Die offiziele Seite des des albanischen Ministerrats: Kryeministri Berisha informon në mbledhjen e Këshillit të Ministrave lidhur me vizitën e zhvilluar në Izrael (Premierminister Berisha informiert in der Ministerratssitzung über seinen Besuch in Israel) vom 23.11.2011. In: http://www.keshilliministrave.al/?f: =brenda&m=news&lid= 15604 (eingesehen am 20.02.2012)

Die offizielle Internetseite der Muslimischen Gemeinschaft Albaniens. In: http://www.kmsh.al (eingesehen am 19.07.2010)

Die offizielle Internetseite der Orthodoxen Autokephalen Kirche Albaniens. In: http://www.orthodoxalbania.org (eingesehen am 20.07.2010)

Die offizielle Internetseite des Präsidialamtes Albaniens: Përshëndetja e Presidentit Topi në ceremoninë e dekorimit të katër udhëheqësve më të lartë shpirtërorë të bashkësive fetare shqiptare. (Grußwort des Präsidenten Topi anlässlich der Auszeichnung der vier religiösen Leiter der Religionsgemeinschaften in Albanien). In: http://www.president.al/shqip/info.asp?id=5750 (eingesehen am 27.08.2010)

Die offizielle Internetseite von Sheh Muamer Pazari. In: http://shehmuamerpazari.com/ (eingesehen am 21.07.2010)

Die offizielle Internetseite des Staatlichen Komitees für Glaubensfragen. In http:// www.kshk.gov.al/?fq=brenda&m=shfaqart&aid=8 (eingesehen am 22.07.2010)

Die Verfassung der Griechischen Republik. In: http://www.verfassungen.eu/griech/verf75-index.htm (eingesehen am 23.07.2010)

Doja, Albert (2008): Bektashismi në Shqipëri. Histori politike e një lëvizjeje fetare. (Der Bektashismus in Albanien. Politische Geschichte einer Religionsbewegung). Tiranë: AIIS.

Dom Lush Gjergji: Gjendja aktuale fetare në Shqipëri. In: Krishtërimi ndër shqipëtarë (Die aktuelle Lage der Religionen in Albanien. In: Das Christentum unter den Albanern). Tiranë: Toena. (2000). S.470-493.

Don Shan Zefi: Kuvendi i Arbërit (1703) në aspektin teologjik, dogmatik, juridik dhe moral. (Das Arbër Konzil (1703) in der theologischen, dogmatischen, juristischen und moralischen Hinsicht in Demiraj, Bardhyl; Don Pashk Dani; Berisha, Anton Nikë (Hrsg.): Das Albanische Nationalkonzil 1703. Kulturwissenschaftliche Tagung zu seinem 300- Jubiläum. Prishtinë: Shpresa. (2004). S.88-114.

„Drita Islame" Zeitung (Islamisches Licht), Organ der Muslimischen Gemeinschaft Albaniens, Nr. 4 (327), April 2010.

Duda, Helge (1991): Nationalismus, Nationalität, Nation: der Fall Albanien. Unter Berücksichtigung des Kosovo. München: Vögel.

Duijzings, Ger: Religion and the politics of „Albanism": Naim Frashëri's Bektashi Writings in Schwandner-Sievers, Stephanie; Fischer, Bernd J. (ed.): Albanian Identities. Myth and History. Bloomington: Indiana University Press. (2002). pp.60-70.

Ehlers, Dirk: Europäische Grundrechte und Grundfreiheiten. S.527. In: http://books: google.de/books?id=kxAHx5F68JwC&pg=PA527&lpg=PA527&dq=religionsfreihe it+von+eugh&source=bl&ots=5qBGnPcgp-&sig=9wCdm3vuP2_CJ11JaUcSK61av NM&hl=de&ei=CEpJTLe7NMj9sQaIkLm3Dw&sa=X&oi=book_result&ct=result &resnum=1&ved=0CBYQ6AEwAA#v=onepage&q=religionsfreiheit%20von%20 eugh&f=false (eingesehen am 23.07.2010)

Elsie, Robert: Der Islam und die Derwisch-Sekten Albaniens. Anmerkungen zu ihrer Geschichte, Verbreitung und zu ihrer derzeitigen Lage. In: http://www.kakanien.ac.at/beitr/fallstudie/RElsie2.pdf (eingesehen am 21.07.2010)

Elsie, Robert (2002): Handbuch zur albanischen Volkskultur. Mythologie, Religion, Volksglaube, Sitten, Gebräuche und kulturelle Besonderheiten. Wiesbaden: Harrassowitz.

European Commission: Special Eurobarometer: Social capital. February 2005. In: http:// ec.europa.eu/public_opinion/archives/ebs/ebs_223_en.pdf (eingesehen am 29.07.2010)

European Commission (2011): Albania 2011 Progress Report. Brussel. S. 18.

Eurostat: Population by citizenship – Foreigners. In: http://epp.eurostat.ec.europa.eu/tgm/table.do?tab=table&plugin=1&language=en&p code=tps00157 (eingesehen am 30.06.2010)

Faensen, Johannes (1980): Die albanische Nationalbewegung. Berlin: Heenemann GmBH & Co.

Franz, Albert; Baum, Wolfgang; Kreutzer, Karsten (Hrsg.): Lexikon philosophischer Grundbegriffe der Theologie. Freiburg am Breisgau: Herder. (2003).

Gläser, Jochen; Laudel, Grit (2009): Experteninterviews und qualitative Inhaltsanalyse. 3. Überarbeitete Aufl. Wiesbaden: VS Verlag für Sozialwissenschaften.

Gruner, Wolf D.: Europa-Anmerkungen zu einem geographischen, kulturellen, politischen, historischen, konfessionellen, wirtschaftlichen und sozialen Raum. In: Gruner, Wolf D.; Woyke, Wichard (Hrsg.): Europa-Lexikon. Länder-Politik-Institutionen. 2. Erweiterte Aufl. 2007. München: Verlag C.H. Beck oHG. (2004). S.14-61.

Häberle, Peter (1997): Europäische Rechtskultur. Baden-Baden: Nomos.
Hasanaj, Rasim (2010): Shqipëria – Vendi i harmonisë fetare. (Albanien – Das Land der religiösen Harmonie). Tiranë: Komiteti Shtetëror për Kultet (Staatliches Komitee für Glaubensfragen)
Hasenclever, Andreas; Hörter, Michael: Um Gottes Willen Kriege? Religionen als Brandbeschleuniger und Friedenskräfte in Krisenregionen. In: Deutschland und Europa: Identitätskonflikte in Europa. Reihe für Gemeinschaftskunde, Geschichte, Deutsch, Geographie, Kunst und Wirtschaft. Landeszentrale für politische Bildung. Baden-Württemberg. Heft 53 / 2007. S. 4
Haupt, Heinz-Gerhard; Langewiesche Dieter (Hrsg.): Nation und Religion in Europa. Mehrkonfessionelle Gesellschaften im 19. und 20. Jahrhundert. Frankfurt am Main: Campus. (2004).
Hellsten, David (2008): Historia e Krishtërimit në Shqipëri (Die Geschichte des Christentums in Albanien). Tiranë: Vernon Publishing.
Historia e Partisë së Punës së Shqipërisë (Die Geschichte der Arbeitspartei Albaniens). Tiranë: Naim Frashëri. (1968).

Interview mit Herrn Xhavit Shala, Direktor der Albanischen Studienzentrums für Nationale Sicherheit für die Sendung „Xhungël" für den albanischen Sender News 24. In: http://www.acnss.com/html/intervista/VEHABI-SELEFIZ-MI%20GODET%20DEMOKRACINE%20DHE%20IDENTITETIN%20TONE%20KOMBETAR..pdf (eingesehen am 21.07.2010)

Jacques, Edwin (1995): Shqiptarët. Historia e popullit shqiptar nga lashtësia deri në ditët e sotme (The Albanians: An Ethnic History from Pre-Historic Times to the Present). Tiranë: Lajmi i mirë.
Jacques, Edwin; Young, David (1998): Battle for Albania. Wrexham: Albanian Evangelical Mission.
Jordan, Peter; Kaser, Karl; Lukan, Walter; Schwandner-Sievers, Stephanie; Sundhausen, Holm (Hrsg.): Albanien. Geographie-Historische Anthropologie-Geschichte-Kultur-Postkommunistische Transformation. Frankfurt am Main: Peter Lang GmbH. (2003)
Jung, Siegfried (1990): Skanderbegs Erben. Christen in Albanien. Uhldingen: Stephanus Edition Verlag GmbH.

Kaça, Eduart (2004): Shqipëria. Nga diktatura në demokraci. (Albanien. Von der Diktatur bis zur Demokratie). Tiranë: Kristalina-KH.
Karadaku, Linda: Albania works to lure Israeli investors. In: SETimes.com vom 01.07.2011. In: http://www.setimes.com/cocoon/setimes/xhtml/en_GB/features/setimes/features/201 1/07/01/feature-01 (eingesehen am 20.02.2012)

Keinon, Herb: FM tells Albanian PM: Israeli Embassy to open in Tirana. In: The Jerusalem Post vom 22.11.2011. In: http://www.jpost.com/DiplomacyAndPolitics/Article.aspx?id=246485 (eingesehen am 22.02.2012)

Klausen, Jytte: Europas neue muslimische Elite. In: Politik und Zeitgeschichte 20 / 2005. In: http://www.bpb.de/publikationen/Q4Y3QR,1,0,Europas_neue_muslimische_Elite.ht ml (eingesehen am 30.06.2010)

Komiteti Shtetëror për kultet (Staatliches Komitee für Glaubensfragen): Dekret-Ligji mbi Formimin e Komuniteteve Fetare (Gesetz über die Statuten der Gründung der Religionsgemeinschaften) vom 9.Juli 1929. In: http://www.kshk.gov.al/?fq=brenda&gj=gj1&kid=8 (eingesehen am 23.07.2010)

Kulpok, Alexander (1981): Europas letztes Geheimnis-Albanien. Frankfurt/M, Berlin, Wien: Ullstein.

Kumar, Ranjit (2005): Research Methodology. A step-by-step guide for beginners. 2.edt. London. Thousand Oaks.New Dehli: Saga Publications.

Kushtetuta e Republikës Popullore Socialiste të Shqipërisë (Die Verfassung der Sozialistischen Volksrepublik Albaniens). Tiranë: 8 Nëntori. (1976).

Kushtetuta e Republikës së Shqipërisë (Die Verfassung der Republik Albaniens). Tiranë: accapp/qakapp (1998).

Lakshman-Lepain, Rajwantee (2000): Bektashis of Albania. Center for Documentation and Information on Minorities in Europe – Southeast Europe. In: www.greek helsinki.gr/pdf/cedime-se-albania-bektashis.doc (eingesehen am 19.07.2010).

Lecture of President Alfred Moisiu at the Oxford Forum on „The inter-religious tolerance in the tradition of the Albanian people". November 9, 2005, London.

Linz, Juan J.: Der religiöse Gebrauch der Politik und/oder der politische Gebrauch der Religion. Ersatz-Ideologie gegen Ersatz-Religion. In: Maier, Hans (Hrsg.): Totalitarismus und politische Religionen. Konzepte des Diktaturvergleichs. Band 1. Paderborn: Ferdinand Schöningh. (1996). S.129-155.

Lord Byron: Childe Harold. S.58 in http://books.google.de/books?id=i8KEbe-o054C& printsec=frontcover&dq=childe+harold+%C3%BCber+albanien&source=bl&ots=6z mhP6e3VJ&sig=SQsO0yzNp8N-XSWUrct9Ag-u-l0&hl=de&ei=kCgqTIPkCMT aOJru7LID&sa=X&oi=book_result&ct=result&resnum=5&ved=0CCAQ6AEwBA# v=onepage&q&f=false (eingesehen am 29.06.2010)

Luli, Faik: Gjykim në emër të Popullit (Verurteilung im Namen des Volkes). In: Musta, Agim; Memisha, Enver (Hrsg.): Antologjia e plagëve nën terrorin komunist 2. (Die Anthologie der Wunden unter dem kommunistischen Terror 2.). Tiranë: Geer. (2006)

Mayer, Horst Otto (2009): Interview und schriftliche Befragung. Entwicklung, Durchführung, Auswertung. 5. Aufl. München: Oldenbourg Verlag.

Meyers online Lexikon. In: http://www.retrobibliothek.de/retrobib/seite.html?id=127795 (eingesehen am 21.07.2009)

Musta, Agim (2005): Burgjet e diktaturës komuniste në Republikën e Shqipërisë 1944-1991. (Die Gefängnisse der kommunistischen Diktatur in der Republik Albanien 1944-1991). Tiranë: Mirgeeralb.

Norris, Harry T. (1993): Islam in the Balkans. Religion und Society between Europe and the Arab World. Columbia: Columbia University of South Carolina Press.

Notizen aus einer Vorlesung von Prof. Dr. Bardhyl Demiraj, Leiter des Albanologischen Instituts an der LMU München über das Thema „Die Anfänge und die Dauer des Christentums bis zur Trennung der Kirche" am 15.06.2010

Paul, Jonny: New booklets reveals Muslim acts of heroism during Holocaust in „The Jerusalem Post" vom 07.07.2010.
In: http://www.jpost.com/JewishWorld/JewishFeatures/Article.aspx?id=180647 (eingesehen am 21.07.2010)

Pepa, Pjetër (2007): Tragjedia dhe lavdia e kishës katolike në Shqipëri. Vol. 1. (Die Tragödie und der Ruhm der Katholischen Kirche in Albanien. Band 1.). Tiranë: BK.

Peters, Markus (2001): Die Geschichte der Katholischen Kirche in Albanien seit der Pariser Friedenskonferenz 1919/20 bis zur Pastoralvisite Papst Johannes Pauls II. im Jahre 1993. Bonn: Univ.

Pickel, Gert (2010): Religion und Sozialkapital. In: https://moodle.uni-leipzig.de/file. php/2599/vl_rel_inges_9_sozkapital.pdf (eingesehen am 27.01.2010)

Pickel, Gert: Revitalization of Religiosity as Normalization? – Romania in European Comparative Perspective. In: Voicu, Malina; Faszto, Laszlo; Gog Sorin (ed.): Twenty years after the fall of official atheism: the contemporary Romanian religious landscape. Cluj-Napoca: Studia Universitatis Babes-Bolyai Sociologia. 2/2009. p.9-37.

PPSH Dokumente Kryesore, Vëll. V 1966-1970 (Die Arbeitspartei Albaniens – PPSH Wichtige Dokumente, Band V 1966-1970). Tiranë: 8 Nëntori. (1974).

Prendi, Vlash (2003): Don Shtjefën Kurti. Kronikë e një jete në amshim. Vol. 1. (Don Shtjefën Kurti. Chronik seines Lebens. Band 1.). Tiranë: Skanderbeg Books.

Prifti, Kristaq: Botimi dhe përhapja në Evropë e veprës së Pashko Vasës „E vërteta për Shqipërinë dhe Shqiptarët" (The publication and the spread in Europe of the work of Pashko Vasa „The truth on Albania and the Albanians"). In: Historical Studies (Studime Historike), Issue 1-2 /2002, 51-59 on www.ceeol.com

Religions for Peace – European Council of Religious Leaders: Albania's president expresses strong support at launch of interreligious Council. In: http://www.rfp-europe.eu/index.cfm?id=264191 (eingesehen am 24.08.2010)

Religions for Peace – European Council of Religious Leaders: Mission. In: http://www.rfp-europe.eu/ECRL (eingesehen am 24.08.2010)

Religions for Peace: Mission. In: http://www.religionsforpeace.org/about/ (eingesehen am 24.08.2010)

Religions for Peace: Press Release – World Summit of Religious Leaders, Baku. In: http://religionsforpeace.org/news/press/press-release-world-summit.html (eingesehen am 24.08.2010)

Reller, Horst; Kießig, Manfred; Tschoerner, Helmut (Hrsg.): Handbuch Religiöse Gemeinschaften. Freikirchen, Sondergemeinschaften, Sekten, Weltanschauungen, missionierde Religionen d. Ostens, Neureligionen, Psycho-Organisationen. 4. Aufl. (1993). Gütersloh: Gütersloher Verlagshaus. (1978).

Roßteutscher, Sigrid (2009): Religion, Zivilgesellschaft, Demokratie. Eine international vergleichende Studie zur Natur religiöser Märkte und der demokratischen Rolle religiöser Zivilgesellschaften. Baden-Baden: Nomos Verlagsgesellschaft.

Ruh, Ulrich; Seeber, David; Walter, Rudolf (Hrsg.): Handwörterbuch religiöser Gegenwartsfragen. Freiburg. Basel. Wien: Herder. (1986)

Ryklin, Mikhail (2008): Kommunismus als Religion. Die Intellektuellen und die Oktoberrevolution. Frankfurt am Main; Leipzig: Verl. der Weltreligionen.

Sander (2007): Einige Anmerkungen zum Verhältnis von Kirche, Staat und Gesellschaft in Deutschalnd. In: Marga, Irimie; Sander, Gerald G.; Sandu, Dan (Hrsg.): Religion zwischen Kirche, Staat und Gesellschaft. Hamburg: Dr. Kovac. Bd.5. (2007). S.23-31.

Schipperges, Karl-Josef: Zur Instrumentalisierung der Religion in modernen Herrschaftssystemen. In: Maier, Hans (Hrsg.): Totalitarismus und politische Religionen. Konzepte des Diktaturvergleichs. Band 3. Paderborn: Ferdinand Schöningh. (1996). S.223-237.

Schlögel, Karl (1998): Berlin. Ostbahnhof Europas. Russen und Deutsche in ihrem Jahrhundert. Berlin: Siedler.

Schmidt Fabien: Religion in Albanien. In Südosteuropa Mitteilungen 05-06/2007. Donauwörth: Ludwig Auer GmbH.

Schramm, Gottfried (1999): Anfänge des albanischen Christentums. Die frühe Bekehrung der Bessen und ihre langen Folgen. 2., überarbeite Aufl. Freiburg im Breisgau: Rombach.

Schulze Wessel, Martin (Hrsg.): Nationalisierung der Religion und Sakralisierung der Nation im östlichen Europa. Stuutgart: Steiner. (2006).

SEDA Albanian NGO (2000): Albania. A Patrimony of European Values. Tiranë: SEDA.

Seubert, Sandra (2009): Das Konzept des Sozialkapitals. Eine demokratietheoretische Analyse. Frankfurt/New York: Campus Verlag.

Shakman Hurd, Elisabeth (2008): The politics of secularism in International relations. Princeton: Princeton University Press.

Sinani, Fatri: Veçori të besimit fetar ndër shqiptarë. (Besonderheiten des Glaubens bei den Albanern). In: Fuga, Artan (Hrsg.): Rrugë drejt dialogut ndërfetar në Shqipëri. (Wege zum interreligiösen Dialog in Albanien). Tiranë: Fondacioni „Zgjidhja e konflikteve dhe Pajtimi i Mosmarrëveshjeve". (2010) S. 115-135.

Sinani, Shaban (2009): Hebrenjtë në Shqipëri. Prania dhe shpëtimi. (Die Juden in Albanien. Ihre Anwesenheit und ihre Rettung). Tiranë: Naimi.

Staatliches Archiv: Fondi 178, Ministria e Financave, Viti 1924, Dosja I-679, fq.6-7

Stadtmüller, Georg: Die Islamisierung bei den Albanern. In: Jahrbücher für Geschichte Osteuropas N.F. 3 (1955). S.404-429.

Stadtmüller, Georg (1966): Forschungen zur albanischen Frühgeschichte. 2., erweiterte Aufl. Wiesbaden: Otto Harrassowitz.

Stadtmüller, Georg (1978): Albanien. Berlin: de Gruyter. In Realenzyklopädie: http://refworks.reference-global.com/Xaver/start.xav?col=Coll_EBR-TRE&startbk=deGruyter_TRE (eingesehen am 30.06.2010)

Sufi Association. In: http://www.sufiassociation.org/DE/page_zikr.shtml (eingesehen am 21.07.2010)

Tanase, Laurentiu D. (2007): Religious plurality and pluralism in Romania after 1989. In: Marga, Irimie; Sander, Gerald G.; Sandu, Dan (Hrsg.): Religion zwischen Kirche, Staat und Gesellschaft. Hamburg: Dr. Kovac. Bd.5. (2007). S.149-175.

Turczynski, Emanuel: Nationalism and Religion in Eastern Europe. In: East European Quarterly. Vol. V. No.4. (1971/1972). Pp.468-486.

U.S. Department of State: 2009 Report on international Religious Freedom. In: http://www.state.gov/g/drl/rls/irf/2009/index.htm (eingesehen am 23.07.2010)

U.S. Department of State: 2010 Report in International Religious Freedom: Albania. In: http://www.state.gov/j/drl/rls/irf/2010/148905.htm (eingesehen am 20.02.2012)

Vickers, Miranda (2008): Islam in Albania. In: www.da.mod.uk/colleges/arag/document-listings/.../08(09)MV.pdf (eingesehen am 18.04.2010)

von Kohl, Christine (1998): Albanien. München: Beck.

Walter: Das Verhältnis von Religion und Staat in ausgewählten europäischen Staaten: Unterschiede und Gemeinsamkeiten. In: Langenfeld, Christine; Schneider, Irene (Hrsg.): Recht und Religion in Europa. Zeitgenössische Konflikte und historische Perspektiven. Göttingen: Universitätsverlag. (2008). S.192-194.

Westle, Bettina; Gabriel, Oscar W. (Hrsg.): Sozialkapital. Eine Einführung. Baden-Baden: Nomos Verlagsgesellschaft. (2008).

World Christian Encyclopedia (2001): Summary of Religious Bodies in Albania. Oxford University Press.Vol.1. p.51. In: http://religiousfreedom.lib.virginia.edu/nationprofiles/Albania/rbodies.html (eingesehen am 20.07.2010)

Xhuvani, Nos; Haxhillazi, Pavli (Hrsg.): Visarion Xhuvani. Në kishë. Në Parlament. Dhe në burg. (Visarion Xhuvani. Für die Kirche. In Parlament. Und im Gefängnis.). Tiranë: 55. (2007).

Young, John F.: Rapture or Rupture? Religion and Civil Society. In: Marga, Irimie; Sander, Gerald G., Sandu, Dan (Hrsg.): Religion zwischen Kirche, Staat und Gesellschaft. In: Schriften zu Mittel- und Osteuropa in der Europäischen Integration. Band 5. Hamburg: Verlag Dr. Kovac. (2007). S.11-23

VS Forschung | VS Research
Neu im Programm Politik

If you have any concerns about our products,
you can contact us on
ProductSafety@springernature.com

In case Publisher is established outside the EU,
the EU authorized representative is:
Springer Nature Customer Service Center GmbH
Europaplatz 3, 69115 Heidelberg, Germany

Printed by Libri Plureos GmbH
in Hamburg, Germany